침례와 세례 무엇이 다른가?

What Is the Difference Between Baptism by Immersion
and Baptism by Sprinkling or Pouring?

침례와 세례 무엇이 다른가?

2006년 5월 1일 · 제1판 1쇄 발행

지은이 · 노영식
펴낸이 · 이상대
펴낸데 · 요단출판사

158-053 서울특별시 양천구 목 3동 605-4
편집 · (02)2643-9155~6
영업 · (02)2643-7290~1
　　　FAX (02)2643-4383
등록 · 1973. 8. 23. 제13-10호
ⓒ 노영식 2006

편집팀장 · 송수자　편집 · 박신영　김민정
디자인 · 유미숙　이명애　제작 · 박태훈　이혜진

정가 10,000원
ISBN 89-350-0952-0 03230

이 책의 저작권은 저자가 소유하고 있습니다.
저자와 출판사의 사전 승인 없이 책의 내용이나 표지 등을 복제, 인용할 수 없습니다.

www.jordanbook.com

침례와 세례 무엇이 다른가?

노영식 지음

요단

차례

추천의 글 / 8
서문 / 11

PART I 침례에 대한 성경적 고찰(1-5장)

제1장 완전 침수례(完全 浸水禮)의 내력 / 17
    A. 구약의 정결법(淨潔法)과 목욕(ablution)
    B. 유대교의 정결법과 믹바(Mikkvah)
    C. 에세네파와 쿰란 공동체의 제의적 목욕
    D. 유대교의 개종침례

제2장 침례요한의 회개침례 / 28
    A. 침례요한에 대한 예언과 소명
    B. 침례요한의 사명
    C. 침례요한의 사역과 침례의 특성
    D. 침례요한과 다른 종파들과의 관계

제3장 예수 그리스도의 침례 / 41
    A. "메시야"로서 예수님의 각성과 준비
    B. 침례요한으로부터 침례를 받으심
    C. 메시아가 침례를 받으신 이유와 목적
    D. 주님의 침례와 신자의 침례와의 관계

제4장 예수 그리스도의 목회사역과 대분부 / 55
    A. 예수 그리스도의 목회사역
    B. 부활 후 주님의 사역과 대분부

제5장 그리스도인의 침례(신자의 침례) / 67
    A. 오순절 성령강림의 목적과 의미
    B. 사도행전에 나타난 성령의 사역과 침례
    C. 사도들의 서신에 나타난 침례의 의미
    D. 주님이 직접 명하신 두 가지 교회의식

PART II 침례가 변질된 역사적 고찰(6-9장)

제6장 교부시대에 침례가 변질된 과정 / 97
    A. 연대별로 요약한 침례의 변질과정
    B. 교부들에 의해 침례가 변질된 결과

제7장 중세기에 침례가 변질된 과정(600-1517년) / 112
    A. 중세 가톨릭교회의 구원론
    B. 스콜라주의의 성례관
    C. 스콜라주의의 세례관
    D. 스콜라주의의 유아세례관
    E. 스콜라주의의 성찬론
    F. 연대별로 본 침례의 변질과정
    G. 신약교회 의식과 가톨릭교회 성례전의 대조표

제8장 종교개혁가들의 교회의식에 대한 견해 / 131
    A. 루터(Martin Luther)의 견해
    B. 츠빙글리(Ulrich Zwingli)의 견해
    C. 재침례교도들(Anabaptists)의 견해
    D. 칼빈(John Calvin)의 견해

제9장 영국의 종교개혁과 침례교회의 발생 / 155
  A. 성공회의 종교개혁
  B. 영국 청교도운동
  C. 침례교의 기원
  D. 침례교의 특성

PART III 세례와 유아세례의 성경적, 신학적 고찰(10-12장)

제10장 세례에 대한 성경적, 신학적 고찰 / 181
  A. 가톨릭교파의 관수례에 대하여
  B. 루터교파의 관수례에 대하여
  C. 츠빙글리의 관수례에 대하여
  D. 개혁교파의 세례에 대하여
  E. 성공회의 관수례에 대하여
  F. 반론에 대한 결론
  G. 침례와 세례의 대조표

제11장 유아세례에 대한 고찰 / 202
  A. 유아세례에 대한 역사적 개관
  B. 유아세례에 대한 성경적, 신학적 고찰
    1. 구원의 수단인 유아세례에 대하여
    2. 유아세례와 언약신학에 대하여
    3. 유아세례의 근거로 제시한 성구에 대하여
    4. 유아세례와 교회회원권에 대하여
    5. 유아세례와 영적 유익에 대하여
  C. 결론

제12장 빈번한 논제들에 대한 답변 / 226
    A. 한국어 성경에 "세례"로만 표기되어 온 내력
    B. 하루에 삼천 명에게 침례를 줄 수 있었을까?
    C. "'밥티조'(βαπτίζω)에 '씻다'의 의미도 있다"에 대하여
    D. "결례는 세례가 더 반영한다"에 대하여
    E. "침례나 세례가 구원의 조건이 아니다"에 대하여
    F. "침례와 세례는 지엽적인 것이다"에 대하여
    G. "한쪽만 강조하면 성경 전체의 뜻을 놓칠 수 있다"에 대하여
    H. "침례와 세례를 함께 수용하는 것이 원만하다"에 대하여
    I. "어떤 경우에 침례를 다시 받아야 하나?"에 대하여
    J. "재침례파는 역사적 계속성을 부인했다"에 대하여

부록

A. 신약교회 의식과 가톨릭교회 성례전의 대조표 / 252

B. 침례와 세례의 대조표 / 258

참고문헌(Bibliography) / 262

추천의 글

● **Dr. Albert W. Gammage Jr.** (지대명 박사) | 한국 침례신학대학교 전 학장
이 책은 침례에 대한 침례교인들의 견해를 노영식 박사가 설명하고 변호한 것으로 학구적으로 매우 잘 구성되어 있다. 그런고로 이 책은 침례교인들뿐만 아니라 다른 교파 교인들에게도 반드시 많은 도움이 될 것으로 생각한다. 나는 성경적 관점에서 침례를 보다 더 충분히 이해하는 것에 관심이 있는 모든 사람들에게 이 책을 진심으로 추천한다.

● **정진황** 박사 | 한국 침례신학대학교 전 학장
이 책은 45년간의 목회에서 경험한 침례와 세례에 대한 논제들을 정리하여 학구적으로 풀어낸 목회에 매우 필요한 실용서이다. 침례와 세례가 무엇이 다른가에 관심을 가지신 분이라면 꼭 읽어야 할 책이다. 침례와 세례에 대한 논제를 쉽고 간결하게 풀이해 놓은 책이라 누구에게든 일독을 권하고 싶다.

● **허긴** 박사 | 한국 침례신학대학교 전 총장
한국의 개신교는 오늘에 이르기까지 장로교회가 주도적인 역할을 하면서 교회생활과 신앙생활의 기틀을 잡아왔다. 이런 상황 속에서 침례와 세례 문제는 목회현장과 교인들의 교회생활이나 신앙생활에 때때로 첨예한 시비와 논쟁거리가 되곤 했다. 이런 문제점을 쉽고 명쾌하게 설명하고 시시비비를 가려주는 저술의 아쉬움을 절감해 왔다. 이러던 차에 노영식 박사의 「침례와 세례 무엇이 다른가?」의 출간은 목회자와 교인들의 난제를 풀어주는 쾌거(快擧)가 아닐 수 없다. 목회자와 신학생들 그리고 모든 평신도들에게 일독을 권하며 추천하는 바이다.

● **노윤백** 박사 | 한국 침례신학대학교 명예교수
교회의식을 포함한 모든 신학은 교회에서 생성(生成)되는 것이고, 교회는 바로 말씀(성경)에서 생성된 것이기 때문에 결국 교회의식의 옳고 그름의 잣대는 말씀이 되겠다. 이 책의 저자는 침례와 세례의식에 대해 그 근본부터 밝히면서 말씀의 잣

대로 복잡했던 역사의 과정 중에서도 길을 잃지 않도록 독자들을 잘 인도해 주고 있다. 성경말씀이 일러주는 침례의 참뜻을 알기 원하는 성도들에게 진심으로 이 책을 추천한다.

● **도한호** 박사 | 한국 침례신학대학교 현 총장

"침수침례"는 번역상의 어휘보다 그 의식이 상징하는 의미, 즉 죄로 인한 죽음과 땅에 묻힘과 부활이 더 중요하다 하겠다. 그래서 침례교인들은 단순히 씻는다는 의미의 세례보다 침례를 더 존중하는 것이다. 이 책은 한국과 미국에서 평생 침례교회 목사로 목회를 하신 저자의 "침례의식"에 대한 신앙고백이자 신약성서적 교회의 기본교리이다. 교파를 초월해서 모든 기독교인들이 한 번은 읽어야 할 책으로 추천하는 바이다.

● **김용복** 박사 | 한국 침례신학대학교 조직신학 교수

한국인의 손에 의해 침례와 세례의 문제가 직접 다루어져 한 권의 책으로 출판되기는 이번이 처음이 아닌가 생각한다. 누군가 해야 할 일을 열정과 사명감으로 집필하신 노영식 박사님께 진심으로 감사를 드린다. 이 책 「침례와 세례 무엇이 다른가?」는 "신자의 침례"(Believer's Baptism)와 "침수침례"(Baptism by Immersion)가 내포하고 있는 진리를 성경말씀에 근거하여 소상히 밝혀준 것으로 한국 침례교인들뿐만 아니라 전체 기독교인들에게 - 신학생, 목회자, 일반 성도 모두에게 - 그 동안 잘못 인식되어 왔던 침례와 세례의 실상을 바로잡아 주고, 침례의 참 의미를 깨우치는 데 귀중한 자료가 될 것으로 믿는다.

● **이지춘** 목사 | 북미남침례회 한인교회총회 전 총무

목회를 하면서 항상 마음속에 이 진주같이 보배로운 "침례"의 진리에 대해 간략하게 그러나 양보 없이 그 진수를 전하는 책이 한 권 필요하다고 생각해 왔다. 그런데 이번에 노영식 목사님께서 속시원하게 「침례와 세례 무엇이 다른가?」를 저술하여

출간하게 된 것을 진심으로 기뻐하는 바이다. 이 책은 침례의 진면(眞面)을 성경과 교회사와 현실에 대한 통찰을 통해 명확하게 나타낸 것으로서, 마지막 제12장은 침례교인과 침례교 목회자뿐만 아니라 다른 교파의 교인과 목회자까지도 반드시 읽어 보았으면 하는 소원이 생겼다. 앞으로 이 소원이 꼭 이루어지기를 간절히 바라면서 저자에게 심심한 축하를 드리는 바이다.

● **홍경표** 박사 ｜ 모퉁이 돌 한인침례교회 담임목사

한국교계에서 현재까지도 많은 논쟁과 혼란을 불러일으키는 "침수침례"와 "세례"에 관한 올바른 견해를 성서적 연구와 해석 그리고 성경의 가르침에 입각하여 결론내려 주신 노영식 목사님의 노고에 깊은 감사를 표한다. "침수침례"가 바로 그리스도의 고난과 죽으심 그리고 부활을 선포하는 기쁜 소식을 전하는 매개체임을 밝혀준 이 책이 성경의 가르침을 따라 순종하며 살려고 하는 성도들에게 길잡이가 되어 그들의 신앙여정에 빛을 비추는 등(燈)과 도움을 주는 지팡이가 되기를 바란다.

● **박성근** 박사 ｜ L. A. 한인침례교회 담임목사, 남침례회 대학 및 신학대학원 학장

흔히 침례는 기독교 신앙의 본질적 문제가 아니라고 생각한다. 그리고 의미가 중요하지 형태가 중요한 것은 아니라고도 한다. 그러나 여기에 대한 가장 논리적이면서도 정당한 답변을 제시한 책이 노영식 박사가 집필한 「침례와 세례 무엇이 다른가?」이다. 이것은 단순히 "침례냐 세례냐"에 대한 문제를 다룬 책이 아니다. 기독교 신앙의 핵심인 복음에 대한 문제를 다룬 것이다. 침례는 우리가 가진 내면적 신앙의 외적 표현이기도 하지만, 사실은 복음의 핵심인 "십자가와 부활"을 선포하는 가장 강력한 신앙고백의 행위다. 그러므로 침례는 단순히 "지엽적인 형태"에 대한 문제가 아니라 복음의 내용을 대변하는 본질에 속한다. 이런 의미에서 이 책을 복음에 관심을 가진 모든 분들에게 추천하고 싶다. 저자의 철저한 연구와 해박한 논리가 침례와 복음에 대한 새로운 안목을 갖게 하리라고 믿는다.

서문

"그러므로 너희는 가서 모든 족속으로 제자를 삼아 아버지와 아들과 성령의 이름으로 침례(Baptism by Immersion)를 주라"고 하신 지상명령은 부활하신 주님께서 그의 구속사역을 성취하심으로 하나님 아버지로부터 위임받은(빌 2:5-11) "하늘과 땅의 모든 권세" 즉 메시아 왕국의 통치권에 근거하고 있다는 점을 강조하고 있다. 이 명령의 근본적 의미는 예수 그리스도의 왕권(神的 權威)의 명령으로서 이를 소홀히 하거나 임의로 무엇을 바꾸거나 가감(加減)하지 않고 온전히 순종할 것을 주지시키고 있다.

그런데 이 침수침례(浸水浸禮)를 가톨릭교회가 "성례(聖禮)는 신비한 하나님의 은혜의 통로라"는 미신적인 "성례주의"(Sacramentalism) 사상과 "세례는 중생을 주입시킨다"는 이단적 "세례 중생설"(Theory of Baptismal Regeneration)에 근거하여 물을 이마에 붓는 관수례(Affusion)로 바꾸어 오늘날까지 유아와 성인에게 행하고 있다. 그리고 물을 이마에 뿌리는 세례(Baptism by Sprinkling)는 가톨릭교회의 관수례에서 유래된 것으로 그 형식이 똑같다. 이 세례는 칼빈(John Calvin)의 제자들에 의해 보급된 것인데, 종교개혁이 일어난 지 500여 년이 되고 있는 오늘날까지도 유독 "세례"를 성경적인 "침수침례"(Baptism by Immersion)로 개혁하지 아니하고 대부분의 개신교 교파들이 가톨릭교회의 구습(舊習)을 그대로 따르고 있다. 하나님의 말씀에 "범사에 헤아려 좋은 것을 취하고, 악은 모든 모양이라도 버리라"(살전 5:21-22)고 하셨는데, 이단적 "세례 중생설"과 미신적 "성례주의"를 믿지 않는다고 하면서도 구태여 이단과 미신적 사상을 담고 있는 "세례"를 고집하고 있는 이유가 무엇인지? 이것은 분명히 하나님의 말씀을 따르지 아니하는 불순종의 행위라 아니 할 수 없다.

주님께서 선교의 명령과 함께 침수침례(Baptism by Immersion)를 행하라고 명하신 지상명령의 근본의도와 목적은 침수침례를 케뤼그마(κήρυγμα, 복음선포)의 구체적 표현으로써 복음의 핵심인 자신의 "죽음"과 "장사"와 "부활"을 상징적으로 실연(實演, demonstrate)해 보이는 매개체(媒介體)로 삼기 위함이었다. 즉 침수침례는 바로 예수 그리스도가 성취하신 "부활의 개가"(고전 15: 50-58)요, "구원의 개가"(롬 8:31-39)이다. 그리고 "복음"을 설명하는 드라마(Drama)이다. 이보다 더 힘찬 설교가 어디 있으며, 이보다 더 우렁찬 구호와 찬송이 어디 있는가? 그러므로 그리스도의 구속적 "죽음"과 "장사"와 "부활"을 상징할 수 없는 세례와 관수례는 침수침례를 대신(代身)할 수 없다.

그러나 많은 한인기독교인들이 이 사실을 모르고 있다. 심지어 "왜 침례교회는 성경에 없는 '침례'를 주장하여 세례교인들을 괴롭히고 있습니까?"라는 질문까지 받아본 적이 있다. 이러한 분은 「개역한글」 성경만 읽었고, 다른 번역판은 읽어본 적이 없으며, 또 침례와 세례에 대한 원어나 교회사를 공부한 적이 없음을 말해 주고 있다. 침례가 세례로 변질되어 온 과정이 기독교의 역사만큼 길고, 또 변질될 때마다 내세운 이유들이 신학분야 전반에 얽혀 있어, 침례와 세례에 대한 논쟁은 학구적으로 체계 있게 그 논제들을 순서에 따라 충분한 시간을 갖고 차근차근히 토론을 하지 아니하면 언쟁으로 비화되기 쉬운 매우 첨예한 논쟁이다. 그래서 필자는 목회사역 초기부터 교인들에게 교회의식에 대해 가르치거나 세례교인에게 "성경적 침례"를 논할 때마다 항상 침례와 세례에 관해 성경적, 역사적, 그리고 신학적으로 보다 더 자세히 설명해 놓은 책이 있다면, 내가 못 다한 말을 대신해 줄 수 있어 많은 도움이 되리라는 생각을 해왔다. 그러나 45년이 지난 오늘까지 이에 관해 한국말로 우리의 실정을 참작해 집필한 책이 없어 늦게나마 필자가 집필하게 된 것이니 모쪼록 이 책이 여러분들의 "성경적 침례사역"에 많은 도움이 되기를 바란다.

마지막으로 이 책을 집필할 사명을 완수할 수 있도록 건강을 지켜주신 하나님께 감사와 영광을 돌리면서 이 책을 우리 주님께 바친다. 그리고 고령에 지병으로 고생을 하시면서도 이 책을 처음부터 끝까지 감수(監修)해 주시고, 추천사까지 써주신 은사 지대명 박사님(Dr. Albert W. Gammage, Jr.)께 진심으로 감사를 드리는 바이다. 그리고 정진황 박사, 허긴 박사, 노윤백 박사, 도한호 박사, 김용복 박사, 이지춘 목사, 홍경표 박사, 박성근 박사, 김성수 박사 등 제위께서 감수도 해주시고 추천사까지 써주신 점에 또한 감사를 드린다. 또 나의 집필을 돕기 위해 모든 희생을 감수해 온 나의 아내 영자(Elizabeth)와 출판비용을 마련해 준 아들 경훈(Joseph)과 경국(Stephen)에게 진심으로 감사한다. 끝으로 본서의 출판을 위하여 수고해 주신 기독교한국침례회 교회진흥원 이상대 원장과 요단출판사 직원 일동에게 감사한다.

2006년 3월 8일
Foothill Ranch, California에서

저자 **노영식**

PART I

침례에 대한 성경적 고찰
(1-5장)

"PART I : 침례에 대한 성경적 고찰(1-5장)"에서는 성경말씀에 근거하여 완전 침수례(Total Immersion)의 내력, 침례요한의 침례, 예수 그리스도의 침례, 그리스도인의 침례(신자의 침례)를 고찰함으로 신약성경이 말하고 있는 침수침례(Baptism by Immersion)의 참된 의미, 그 목적, 형식(Mode), 그리고 대상자의 자격 등에 대하여 공부를 하고, 또 우리 주 예수 그리스도께서 선교명령과 함께 침수침례를 행하라고 지상명령으로 명하신 원래의 의도와 선교적 의의가 무엇인가를 고찰하고자 한다.

제1장

[완전 침수례(完全 浸水禮)의 내력]

본 장에서는 온몸을 물 속에 잠갔다가 다시 물 속에서 끌어올리는 "완전 침수례"(完全 浸水禮, Total Immersion)의 내력(來歷)을 탐구하기 위해 구약의 징결법(혹은 설례)과 이스라엘 민족들이 바벨론 포로시대부터 전통적으로 지켜오고 있는 "믹바"(Mikkvah), 에세네파와 쿰란 공동체의 제의적 목욕, 그리고 유대교의 개종침례를 고찰하고자 한다.

A. 구약의 정결법(淨潔法)과 목욕(ablution)

1. 구약, 레위기서는 크게 둘로 나누어 1-17장은 죄인들이 희생제사를 통해 죄 사함을 받아 하나님께 나아갈 수 있는 다섯 가지 제사법(祭祀法)을 언급했고, 17-27장은 죄 사함을 받은 백성들이 하나님과 동행할 수 있는

성별(聖別)에 관한 법규들을 말해 주고 있다. 그리고 제사법에는 정결법(淨潔法)이 함께 다루어져 있는데, 제사를 집행할 제사장들과 레위인들이 물로 몸을 씻어 정결하게 하는 규정(레 8:6; 16:4, 24-26), 정결한 음식과 부정한 음식에 대한 규정(레 11:1-47), 출산에 관한 규정(레 12:1-8), 문둥병에 관한 규정(레 13:1-14:57), 유출병에 대한 규정(레 15:1-33) 등이 있다. 이 정결법은 제사법과 함께 매우 엄중하고도 철저하게 다루어졌다.[1]

2. 레위기 12:1-8은 출산에 관한 규정을 말하고 있는데, 아들을 낳은 산모는 40일간, 딸을 낳은 산모는 80일간 집안에 머물러 있어야 하고, 그 기간이 끝나면 일 년 된 어린양 한 마리나 집비둘기 새끼 한 마리, 아니면 산비둘기 한 마리를 제사장에게 갖고 가서 속죄제를 드려야 한다. 이 의식을 결례(Purification)라고 한다.

3. 레위기 15:1-33은 유출병(流出病)에 대한 규정을 언급하고 있다. 첫째로, 성병(性病)에 걸린 남자가 앉았거나 누웠던 자리, 접촉한 사람이나 물건 모두가 부정(不淨)하므로 그 남자와 접촉한 사람은 즉시 "물로 목욕을 하고"(bathe himself in water), 옷을 빨아야 하며(wash his clothes), 물건들은 물로 씻어야 하고, 오지그릇은 깨뜨려버려야 한다. 그리고 성병에 걸린 사람은 병이 회복되어도 7일이 지난 후 옷을 빨고, 흐르는 물에 목욕을 해야 하고, 또 8일째 되는 날에 산비둘기 두 마리나, 집비둘기 새끼 두 마리를 제사장에게 갖고 가서 속죄제를 드려야 한다. 심지어 남자가 정액을 흘렸어도 옷을 빨고 목욕을 하라고 했다. 둘째로, 여자가 생리(生理)나 병으로

---

[1] Bruce Wilkinson and Kenneth Boa, *Talk Thru The Bible* (Nashville: Thomas Nelson Publishers, 1983) PP. 20-26.

출혈을 하면 부정하므로 그 여자가 닿은 모든 것이 부정해진다. 그런고로 그 여자와 닿은 사람은 목욕을 하고, 옷은 빨고, 물건들은 물로 씻어야 한다. 그리고 그 여자는 피가 멎고 난 후에도 7일이 지난 후 옷을 빨고, 목욕(bathe)을 해야 하며, 또 8일째 되는 날에 산비둘기 두 마리나, 집비둘기 새끼 두 마리를 제사장에게 갖고 가서 속죄제를 드려야 한다.

4. 민수기 19장은 누구의 주검이든지 사람의 시체를 접하거나 뼈나 무덤에 몸이 닿은 사람은 붉은 암소를 태운 재를 그릇에 담고 생수를 부어 그 잿물을 우슬초에 찍어 부정한 몸과 옷과, 집과 가구에 뿌려 정하게 하고, 부정한 자는 7일째 되는 날 옷을 빨고 목욕을 할 것을 명하고 있다. 만일 이 규례를 지키지 않는 자는 총회에서 제명을 하라고 했다. 여호와 하나님께서 그의 백성 이스라엘에게 정결법을 제정해 주신 목적이 단순히 외부적인 몸의 정결과 위생관리를 강화하기 위한 것만이 아니고, 내부인 심령의 정결과도 관계가 있음을 시편 24:3-4과 51:6-10이 잘 나타내고 있다.[2]

○ 시편 24:3-4
여호와의 산에 오를 자 누구며 그 거룩한 곳에 설 자가 누군고 곧 손이 깨끗하며 마음이 청결하며 뜻을 허탄한 데 두지 아니하며 거짓 맹세치 아니하는 자로다.

○ 시편 51:6-7
중심에 진실함을 주께서 원하시오니 내 속에 지혜를 알게 하시리이다. 우

---

2) C. R. Beasley-Murray, *Baptism in the New Testament* (Grand Rapids, Michigan: William B. Eerdmans Publishing Company), PP. 8-9.

슬초로 나를 정결케 하소서 내가 정하리이다 나를 씻기소서 내가 눈보다 희리이다.

결론적으로 구약의 정결법은 하나님의 백성이 된 자에게 요구되는 거룩함(성결)의 외적 표현으로서 씻음과 청결이 근본개념이라고 본다. 구속사적 측면에서 구약의 의식과 신약의 의식과의 연속성을 인정한다면 강(江)의 시원(始原)을 찾듯이 완전 침수례(Total Immersion)의 시원을 모세의 정결법에서 찾는 것은 무리가 아니라고 본다.

B. 유대교의 정결법과 믹바(Mikkvah)

1. 유대교는 강력한 율법공동체로서 바벨론 포로기간부터 시작하여 에스라와 느헤미야 통치시대, 그리고 하스모니안 왕조를 거쳐 오늘에 이르기까지 정통파인 하시딤과 바리새파에 의해 모세의 율법이 유대인들에게 엄격히 준수되어 왔다. 그리고 히브리 민족의 고유한 풍습인 안식일과 할례 그리고 정결법이 철저히 지켜져 내려왔다. 따라서 레위기 11:1-47의 정결한 음식과 부정한 음식에 대한 규정, 12:1-8의 출산에 관한 규정, 13:1-14:57의 피부병이나 문둥병에 관한 규정, 15:1-33의 유출병에 대한 규정 등에 의하여 부정을 제거하기 위해 물로 그릇을 씻고, 옷을 빨고, 목욕(Ritual Bathe)하는 것이 일상생활의 필수가 되어 왔다. 유대인들은 이 목욕을 "믹바"(Mikkvah)라고 하는데, 그 뜻은 "모인 물"(Gathering Water)이라는 뜻이다. 고대로부터 이 "믹바"가 유대교인들에게는 매우 중요한 것으로서 열 가정만 모여 살게 되면 회당(synagogue)을 짓기 전에 먼저 "믹바"를 위한

건물부터 짓는다고 한다. 하나님의 백성으로 산다는 것은 마땅히 거룩하신 하나님께 성결하게 산다는 것을 의미한다. 유대교의 어린이들은 그들의 교육을 레위기로부터 시작하며, 레위기 19장은 유대교 교리문답의 근본이었다.[3]

그리고 "믹바"를 받기 위해서는 먼저 남여 모두가 손톱과 발톱을 깎고, 여자들은 화장을 지우고, 머리의 핀들을 뽑고, 샤워(Shower)를 해야 한다. 그리고 검사관의 검사를 받아 합격이 되면 축복기도를 받은 다음 목까지 차 있는 "믹바"(40 Sea, 약 500리터의 물)에 들어가 온몸을 완전히 세 번 물 속에 잠근다. 그리고 물 속에서 올라올 때 성령이 임한다고 믿는다.[4] 또 이 "믹바"가 에스겔 36:25 "맑은 물로 너희에게 뿌려서 너희로 정결케 하되 곧 너희 모든 더러운 것에서와 모든 우상을 섬김에서 너희를 정결케 할 것이며"의 말씀을 상징하기도 한다.[5] 여자들이 생리 후 7일 동안 정결의 날을 지킨 다음 행하는 "믹바"를 "니다"(Niddah)라고 한다. 「미쉬나」(Mishna)의 Joma 3,3ff에는 내속죄일에 대제사상은 다섯 번의 잠수목욕과 열 번의 손과 발을 씻는 제의행위(Qidduschin)를 이행해야 한다는 규정이 있다고 한다.[6] 따라서 유대교의 명절 중 대속죄일에는 대제사장의 지도 아래 "믹바"가 더 엄중하고 철저하게 시행되었다고 한다. 유대교에 있어서 정결의 식인 "믹바"는 도덕적 정결과 구분된다. 도덕적 정결은 희생제사를 통해

---

3) 성결교회와 역사연구소 편, 「유아세례 다시보기」 (서울: 도서출판 바울서신, 2004), P. 49; R. E. O. White, The Biblical Doctrine of Initiation (Wm., B. Eerdmans Publishing Company, 1960), P. 59.
4) 현용수, 「IQ는 아버지, EQ는 어머니 몫이다」 (서울: 조선일보사, 2000), PP. 65-68; American Institute of Holy Land Studies, "Baptism" - History of the Jewish Mikveh ⟨www.aihls.org/baptism⟩.
5) ⟨msn.com⟩ ⟨History of Proselyte baptism⟩, "What Is Biblical Baptism", P. 1.
6) Johannes Schneider, Die Taufe im Neuen Testament; 서동수 역, 「유아세례 성서적인가?」 (서울: 도서출판 바울서신, 2003), PP. 35-36.

하나님께 고백하여 사함을 받았다. 결론적으로 정통 유대교에서 종교적 목욕(Ritual Bathe)은 하나님께 종교적으로 접근하는 상태를 가져오는 것을 의미했지만, 도덕적 정결을 입증하는 것은 못되었다.[7] 따라서 침례요한과 예수님의 시대에 와서 유대교의 정결의식이 외식화(外飾化)되고 위선화(僞善化)되어 예수 그리스도로부터 바리새인들이 책망을 받았던 것이다(눅 11:37-12:3).

결론적으로 유대교(Judaism)가 모세의 정결법을 이어 받아 "믹바"라는 형태로 발전시켜 "믹바"를 위한 건물을 그들의 공동체(Community) 안에 지어 일상생활의 중심에 두게 한 것은 마치 회당(synagogue)이 성전 중심의 예배를 보다 더 보편화시킨 것처럼 정결의식을 보편화시킨 것으로 매우 발전적이었다. 그리고 약 500리터의 물 속에 들어가 온몸을 완전히 세 번 물 속에 잠근다는 점에서 완전 침수례(Total Immersion)가 "믹바"에서 처음으로 시작되었음을 부인할 수 없다.

C. 에세네파와 쿰란 공동체의 제의적 목욕

1. 1947년 두 사람의 베두인(Bedouin, 광야에서 양을 치는 유랑민)이 사해(Dead Sea)의 북서편(요단강 최하류에서 11km 거리)에 위치해 있는 쿰란(Qumran)지역의 동굴에서 땅에 묻혀 있는 몇 개의 항아리를 발견하였다. 이를 계기로 하여 그 지역에 있는 200여 개의 동굴을 조직적으로 탐사한 결과 37개의 동

---

7) 성결교회와 역사연구소 편, 「유아세례 다시보기」, PP. 51-52; J. Delome, 'The Practice of Baptism in Judaism at the Beginning of the Christian Era' in Baptism in The New Testament (London: Geoffrey Chapman, 1964), P. 28.

굴에서 질그릇이 발굴되었고, 11개의 동굴에서 문서들이 발굴되었다. 이 문서들을 사해문서(死海文書, Dead Sea Scrolls)라고 한다. 1949년부터는 키르베트 쿰란(Khirbet Qumran)이라고 불리는 지역에 한 공동체가 살았던 폐허의 터전을 발굴했는데 그곳에 24평방미터의 지면에 건설되어 있는 수도관으로 14개의 물탱크에 물을 공급한 흔적이 발견되었다. 그리고 98평방미터의 큰 방과 작은 방들, 그리고 1000개가 넘는 사기그릇이 발굴되었다. 또 동편으로 공동묘지가 발견되었다.[8]

2. 여기서 발굴된 사해문서는 구약성경 사본들과 일반서류들인데, 일반문서에서 에세네파의 사상과 역사를 알리는 문서가 있었고, 또 훈련지침서(Manuel of Discipline)와 찬송가, 그리고 "빛의 아들과 어둠의 아들들의 전쟁"이라는 문서가 나왔다. 또 예언서들과 시편의 몇 부분에 관한 주석들이 있었는데, 그 중에도 하박국 주석이 잘 보존되어 있었다고 한다.[9] 따라서 쿰란 공동체(Qumran Community)의 관습, 의식, 신조 등을 비교해 보면 에세네파(Essenes)였다는 확신을 더욱 굳혀주고 있다고 한다. 특별히 "어두움의 자녀들과 빛의 자녀들의 싸움"에 마지막 때의 서곡이 될 성전(聖戰)의 진행에 관한 작전이 묘사되어 있는데, 이 책의 정신에 따라 쿰란 공동체가 열심당과 합세하여 로마와 싸운 것(66년)으로 여겨진다. 그 결과는 고고학 발굴이 보여준 바와 같이 쿰란의 중심부가 주후 68년에 완전히 파괴된 것으로 본다.[10]

3. 훈련규범에 의하면 이 공동체의 지도권은 3명의 제사장과 12명의

---

8) Werner Forster, *From the Exile To Christ*; 문희석 역, 「신구약 중간사」(서울: 도서출판 컨콜디아사, 2002), PP. 70-72.
9) Ibid., PP. 72-74.
10) D. S. Russell, *Between The Testaments*; 임태수 역, 「신구약 중간사」(서울: 도서출판 컨콜디아사, 1984), P. 63.

평회원이 장악한다. 1년에 한 번씩 총회를 열어 모든 회원들이 시험을 치르게 된다. 그리하여 각자는 자신의 위치를 파악하게 되며, 계급이 승진되기도 하고, 축출되기도 한다. 10명이 한 그룹을 이루며, 한 사람의 제사장이 포함된다. 이 공동체의 가입절차는 (1) 4명의 제사장과 6명의 평회원으로 구성된 심사관의 검열과 시험에 합격을 해야 한다. 이 시험은 주로 공동체에 가입을 원하는 이유와 지원자가 이 공동체의 훈련을 감당할 수 있는가에 대한 것이다. (2) 다음단계는 특별히 언급되지 않은 기간이 경과된 후 다수의 순결(Purity of the Many)이라고 불리는 회원들이 그에 대하여 토의하고 가입여부를 결정한다. 여기서 합격이 되면 (3) 다수의 공동체 회원(Party of Community)이 되어 1년간 수련을 받는다. 여기서 합격이 되면 (4) 다수의 순결(Purity of the Many) 회원으로 인정된다. 그때에 자기의 소유물을 감독에게 양도하고, 순결에 참여하게 된다.[11]

쿰란 공동체는 정결(Lustration)을 회개와 함께 도덕적인 것과 종교적인 것을 의미한다고 보았고, 종말에 대한 그들의 열렬한 대망을 소중히 여겼으며, 자기들이 이사야 40장의 말씀을 따라 메시아의 길을 준비하고 있다고 생각했다. 그러나 그들 이외 다른 유대인들은 그렇게 생각하지 않았다. 이들은 매일 세 번씩 정결의 목욕(Ablution)을 행했는데 그 의미는 첫째, 도덕적으로 더러운 행위에 대한 회개와 함께 물로 씻어 정결케 하는 것이고, 둘째, 종교적인 부정과 불의를 씻어 영혼의 순결을 도모하는 것이며, 셋째, 하나님의 뜻에 복종하는 것이었다.[12]

결론적으로 "에세네파와 쿰란 공동체의 제의적 목욕"은 정결의식으로

---

11) C. R. Beasley-Murray, P. 16; Werner Forster; 문희석 역, 「신구약 중간사」, PP. 123-125.
12) C. R. Beasley-Murray, PP. 17, 39.

서 도덕적, 종교적, 영적 의미를 부여했다는 것은 단순히 의식적 차원이 아니라, 삶과 연결된 의식의 발전이었다는 점에서 비록 침례요한이 에세네파와 어떤 연관이 있었다는 확실한 증거가 없지만, 침례요한의 침례와 그 의미에 영향을 주었을 수도 있다고 본다. 더 상세한 것은 제2장, "침례요한의 회개침례, D. 침례요한과 다른 종파들과의 관계"에서 더 논하기로 한다.

D. 유대교의 개종침례

1. 유대교의 개종침례(改宗浸禮, Proselyte Baptism)란 이방인이 유대교에 가입을 원할 때 받는 절차 중 하나로서 할례를 받는 날부터 7일 후 8일째 몸 전체를 물 속에 잠그는 완전 침수례(Total Immersion)를 말한다. 개종자는 자신이 하나님께 헌신하기 위해 영혼과 몸의 정화(淨化)를 목적으로 몸을 물 속에 잠그고 물로 씻어 성결케 하는 세정식(洗淨式, Ablution)을 말한다.[13] 이 침수례는 개종자가 과거에 속해 있던 이방종교로부터의 분리와 정결을 의미한다. 이 개종침례는 유대교로 개종하는 이방인들에게 있어서, 남성들보다는 여성들에게 할례보다 더 중요한 역할을 감당하였다.[14]

2. 이방인이 유대교로 개종을 하려면 대략 다음과 같은 절차를 밟아야 한다. (1) 유대교에 개종하는 동기와 목적이 분명해야 한다, (2) 개종을 돕고 지도해 줄 랍비(Rabbi)를 찾아야 한다, (3) 유대교에 대한 공부를 해야

---

13) William L. Lumpkin, *A History of Immersion* (Nashville, Tennessee: Broadman Press, 1962); 노윤백 역, 「침례(浸禮)의 역사」 (서울: 침례회출판부, 1976), PP. 7-8.
14) Johannes Schneider; 서동수 역, 「유아세례 성서적인가?」, P. 38.

한다. (4) "베트 딘"(Bet Din)이라고 불리는 종교 심사회의(The Religious Court)의 시험에 합격을 해야 한다. (5) 할례(Circumcision)를 받아야 한다. (5) 할례를 받은 다음 7일 후 8일째 날에 "믹바"(Mikkvah)를 받는다. 이와 같이 개종자에게 주는 "믹바" 의식을 "테빌라"(Tevillah)라고 부른다. 이 의식에는 3명의 남자 증인이 필요하다. (6) 예루살렘 성전이 있을 때는 성전에 가서 희생제사를 드렸으나, 성전이 없어진 뒤에는 출석하는 회당에 헌금을 하게 했다. (7) 마지막으로 공적 축하식을 갖게 된다.[15]

3. 구약성경에 대한 공식 해석집인 「탈무드」(Talmud)는 이방종교로부터 유대교로 개종하는 개종(conversion)의 의미에 새로운 삶(a new life)과 신생(新生, a new birth)을 내포하고 있다.[16] 즉 할례는 무덤(이교, 우상숭배를 의미함)으로부터 자신을 (하나님께) 구별하는 것이고, 개종침례는 하나님의 자녀로 태어난다는 것을 뜻한다.[17]

4. 주의할 점은 이 개종침례(Proselyte Baptism)가 언제부터 시작되었는지에 대하여 정확히 알 수가 없다는 점이다. 독일학자 예레미아스(Jeremias)는 "Test. Levi 14.6"에 근거하여 이 "개종침례"가 주전 1세기 중엽부터 시작되었다고 추정을 하지만 이에 대한 정확한 기록이 없다. 그리고 만일 이 개종침례가 기독교 이전부터 행해졌다면 당시 유대인 저술가인 필로(Philo, 주전 20년-주후 50년경)의 저서나, 유대인 역사가 요세푸스(Josephus, 37-100년경)의 「고대 사기(史記)」, 또는 구약성경이나, 신약성경에서 개종침례에 대하여 언급이 있을 만한데, 이 중 그 어디에도 이를 증거할 만한 기록이

---

15) ⟨www.convert.org/precess⟩, "The Conversion Process" PP. 1-4.
16) C. R. Beasley-Murray, P. 28.
17) Ibid., P. 26.

없다는 것이다. 오히려 주후 80년경의 문서인 「The Fourth Sibylline Oracle」에 개종침례에 대한 기록이 있다고 한다.[18] 그래서 개종침례는 겨우 주후 1세기 동안에 부각되었다고 볼 수 있으며, 주후 2세기에 와서 입회의식으로 자리를 잡게 되었다.[19] 비즐리 머리(Beasley-Murray)는 유대교의 개종침례와 기독교인의 침례(Christian Baptism)간의 관계를 다음과 같이 부인했다.

> 초대교회의 침례형식(Mode)이 유대교 개종침례의 규정과 유사하게 나란히 시행된 것은 확실하지만, 기독교회의 침례와 유대교의 개종침례를 발생적 관계(a genetic connection)로 보거나 유대교의 개종침례를 침수침례가 발전된 중간단계(the middle term)로 보는 것은 그릇된 생각이다. 그 이유는 기독교회의 침례와 유대교의 개종침례의 내적 의미가 전혀 다르기 때문이다.[20]

결론적으로 유대교의 개종침례에 대해 비즐리 머리(Beasley-Murray)는 개종침례를 그리스도인의 침례의 발전적 개념으로 이해하는 것에 반대하지만, 침례요한의 침례나 그리스도인의 침례가 유대교의 개종침례와 같이 완전 침수례(Total Immersion)를 통해 과거 종교와의 단절을 선포하고 이제는 하나님의 백성으로서의 새 삶을 시작한다는 의미를 상징한다는 점에서 적잖은 연계성이 있다고 본다.

---

18) Ibid., PP. 18-23.
19) Johannes Schneider, 서동수 역, 「유아세례 성서적인가?」, P. 37.
20) Ibid., PP. 27-28.

제 2 장

[침례요한의 회개침례]

A. 침례요한에 대한 예언과 소명

○ 이사야 40:3-5

⁽³⁾외치는 자의 소리여 가로되 너희는 광야에서 여호와의 길을 예비하라 사막에서 우리 하나님의 대로를 평탄케 하라. ⁽⁴⁾골짜기마다 돋우어지며 산마다, 작은 산마다 낮아지며 고르지 않은 곳이 평탄케 되며 험한 곳이 평지가 될 것이요 ⁽⁵⁾여호와의 영광이 나타나고 모든 육체가 그것을 함께 보리라 대저 여호와의 입이 말씀하셨느니라.

○ 말라기 3:1

만군의 여호와가 이르노라 보라 내가 내 사자를 보내리니 그가 내 앞에서 길을 예비할 것이요 또 너희의 구하는 바 주가 홀연히 그 전에 임하리니 곧 너희의 사모하는 바 언약의 사자가 임할 것이라.

○ 말라기 4:5-6(개역개정)

⁽⁵⁾보라 여호와의 크고 두려운 날이 이르기 전에 내가 선지자 엘리야를 너희에게 보내리니, ⁽⁶⁾그가 아비의 마음을 자녀에게로 돌이키게 하고 자녀들의 마음을 그들의 아비에게로 돌이키게 하리라 돌이키지 아니하면 두렵건대 내가 와서 저주로 그 땅을 칠까 하노라 하시니라.

○ 누가복음 1:15-17(천사 가브리엘의 예고)

⁽¹⁵⁾이는 저가 주 앞에 큰 자가 되며 포도주나 소주를 마시지 아니하며 모태로부터 성령의 충만함을 입어 ⁽¹⁶⁾이스라엘 자손을 주 곧 저희 하나님께로 많이 돌아오게 하겠음이니라 ⁽¹⁷⁾저가 또 엘리야의 심령과 능력으로 주 앞에 앞서가서 아비의 마음을 자식에게, 거스리는 자를 의인의 슬기에 돌아오게 하고 주를 위하여 세운 백성을 예비하리라.

1. 침례요한은 이사야 40:3-4과 말라기 3:1; 4:5-6의 예언과 같이 "메시아"(Messiah)의 길을 예비하는 사명을 받은 엘리야를 닮은 구약의 마지막 선지자로 가브리엘 천사의 예고(눅 1:15-17)에 따라 제사장 스가랴와 엘리사벳의 아들로 태어났다(눅 1:5-14, 57-66). 침례요한 자신도 "나는 선지자 이사야의 말과 같이 주의 길을 곧게 하라고 광야에서 외치는 자의 소리로라"(요 1:23)고 증언했고, 예수님께서도 이에 대하여 증언을 하셨다(마 11:10, 13, 14). 제사장들과 레위인들이 찾아와 "네가 엘리야냐?", "네가 그 선지자냐?"(요 1:21)라고 질문을 했을 때, 침례요한이 "나는 아니라"고 한 이유는, 그 질문이 "네가 구약 이스라엘의 왕 아합 시대에 활약하다가 아하시야

왕 때 불마차를 타고 승천한 선지자 엘리야(왕상 17:1-19:21; 왕하 1:1-2:12)가 다시 환생(還生)한 것이냐?"라는 뜻이었기 때문에 이를 부인하는 답변으로 "나는 아니라"고 한 것이다.

2. 요한은 부모님으로부터 자신이 아버지가 어느 날 성소에서 제사장 직무를 수행하고 있을 때 가브리엘 천사가 나타나 일러준 예고에 의해 태어났다는 이야기(눅 1:5-25, 57-66), 어머니 엘리사벳이 자신을 임신한 지 6개월이 되었을 때 예수를 임신한 마리아가 찾아와서 3개월이나 함께 있다가 나사렛으로 돌아간 이야기(눅 1:39-56), 예수도 자신과 같이 천사 가브리엘의 예고에 의해 임신되었고(눅 1:26-38), 베들레헴 말구유에서 태어났으며(마 1:18-25; 눅 2:1-21), 성전에서 결례를 드렸을 때 시므온과 예언자 안나가 예수를 메시아로 알아보고 감사와 축복을 한 일(눅 2:22-40), 동방의 박사들의 방문(마 2:1-12), 천사의 지시를 따라 애굽으로 피난을 간 것(마 2:13-15), 헤롯왕이 베들레헴의 유아들을 학살한 사건(마 2:16-18), 지금은 고향 나사렛에서 살고 있다는 이야기(마 2:19-23) 등등에 대하여 수없이 반복해 들으면서 자랐을 것이다. 그뿐만 아니라 제사장인 아버지의 가르침을 받아 성경을 통달했을 것이며, 부모님의 증언과 모태로부터 성령의 충만함과 감동에 의해 소년 때부터 나사렛 예수가 성육신하신 하나님의 아들이시며, 메시아로 오셨음을 믿고 있었고, 또 하나님이 주신 요한의 사명이 메시아의 길을 예비하는 것이며, 그 사명을 수행할 길이 무엇인가에 대하여 가르침을 잘 받았을 것으로 사려된다.

3. 그리고 다른 유대인 아이들처럼 안식일에 회당에 가서 성경을 읽고 랍비들의 가르침을 받으면서 이사야 40:3-4과 말라기 3:1; 4:5-6, 그리

고 가브리엘 천사가 자신에 대하여 일러준 말씀(눅 1:15-17)을 외우고 묵상하면서 자신이 받은 사명을 능히 감당할 수 있도록 성령의 권능을 받기 위해 하나님께 기도했을 것이다. 그리고 유대교의 정결법인 믹바(Mikkvah)도 받았을 것이며, 또 당시 유대인 대부분이 다윗과 같은 왕권을 갖고 있는 메시아가 출현하여 유다왕국을 정치적으로나 군사적으로 회복시켜 주실 것을 믿고 기다리고 있는 잘못된 메시아관(觀)과 바리새파, 사두개파, 에세네파의 그릇된 사상과 주장에 대하여도 충분히 파악을 하고 있었을 것이며, 사회적 혼란에 대하여도 잘 알고 있었다고 본다. 그래서 그는 극도로 혼란에 처해 있는 유대사회를 떠나 광야로 들어가 공인이 되는 나이 서른 살이 될 때까지 오직 여호와 하나님과의 직접적인 교제를 통해 그 자신의 사명을 위해 준비를 한 것이다(눅 1:80).

B. 침례요한의 사명

1. 침례요한이 외친 첫 번째 메시지가 "회개하라 천국이 가까웠느니라"(마 3:2)라고 한 바와 같이 그의 사명은 유다백성들에게 임박한 메시아의 도래와 그의 왕국을 알리는 것이었다. 이 메시아 왕국을 마태는 "하늘나라"(天國, The Kingdom of Heaven)라 했고, 마가와 누가는 "하나님의 나라"(The Kingdom of God)라고 불렀다. 이 나라는 당시 유대인들이 추구하고 있던 다윗과 같이 왕권을 소유한 메시아에 의해 정치와 군사적으로 회복될 유다왕국이 아니라, 이미 성육신하시어 나사렛에 임하여 계시는 예수가 곧 메시아로 출현하여 역동적으로 이 땅에 실현할 새로운 왕국 곧 하나님의 영이 통치하시는(사 11:1-5) "하나님의 나라"였다. 따라서 광야에 있을 때 임하

신 하나님의 말씀에 의해 메시아 왕국의 임박감이 더욱 고조되었고, 자신보다 6개월 후 서른 살이 되어 공인으로 출현하실 메시아의 길을 예비하기에는 시간적으로 촉박해 매우 긴장되어 있었던 것으로 생각된다. 그래서 그는 "이미 도끼가 나무뿌리에 놓였으니 좋은 열매 맺지 아니하는 나무마다 찍혀 불에 던지우리라"(눅 3:9)고 외쳤다.

   2. 침례요한의 두 번째 사명은 이스라엘 백성들에게 죄 사함을 얻게 하는 회개의 침례를 주는 것이었다. 이 회개의 침례는 메시아와 그의 왕국을 맞이하기 위해 이스라엘 나라를 준비시키기 위함이었다. 첫째로, 요한이 긴박하게 촉구하는 회개의 주도적 정신은 나사렛 예수에 의하여 곧바로 열리게 될 메시아 왕국의 임박 때문이었다.[1] 따라서 긴박을 촉구하는 이 회개의 외침은 긴급히 도래할 하나님의 나라를 맞이할 준비를 해야 했기 때문이다. 하나님의 나라를 맞이할 준비란 전적인 회심에 의한 급진적 변화와 죄의 고백과 함께 죄악의 삶을 청산한 뒤 침례를 받는 것이었다(눅 3:10-16).[2] 그 까닭은 이 회개의 침례를 받는 자들만이 종말에 구원의 백성이 되고 하나님의 나라에 참여할 수 있기 때문이다. 그렇지 않으면 하나님의 진노에 떨어지게 되고 종말에 구원의 은총에서 배제되고 만다(눅 3:17).[3] 그런고로 요한이 유대인에게 베푼 침례는 회심의 침례(Baptism of conversion)로서 침례를 위한 회개가 아니고 회개를 위한 침례였다.[4] 그래서 침례요한은 죄를 자복하고 회개하여 하나님께 돌아와야만 하는 이교

---

1) 〈www.centerce.org/baptism/advanced.htm〉 "Excursus on Baptism" P. 4.
2) Johannes Schneider, *Die Taufe im Neuen Testament*; 서동수 역, 「유아세례 성서적인가?」 (서울: 도서출판 바울서신, 2003), PP. 40-41.
3) Ibid., P. 40.
4) C. R. Beasley-Murray, *Baptism in the New Testament* (Grand Rapids, Michigan: William B. Eerdmans Publishing Company), P. 34.

도들과 똑같이 유대인들을 취급했던 것이다.[5] 그리하여 침례요한은 서기관과 바리새인들의 거짓된 회개와 위선을 힐책하였다. 그리고 자신의 설교를 책잡기 위해 요단강까지 찾아온 서기관과 바리새인들을 통렬히 책망했던 것이다(마 3:7-10).[6] 둘째로, 메시아 왕국에 있어서 "죄 사함"은 모세의 제사법(레 1-7장)에 따라 희생제사를 통해 짐승의 피로 죄 사함을 받는 것이 아니고, "요한이 예수께서 자기에게 나아오심을 보고 가로되 보라 세상 죄를 지고 가는 하나님의 어린 양이로다"(요 1:29)라고 한 자신의 증언과 같이 예수를 희생제물로 삼는 제사를 통해(즉 십자가에서 흘리실 피로) "죄 사함"을 받게 된다는 사실을 선포하는 일이었다.

3. 침례요한의 세 번째 사명은 회개의 침례를 통해 메시아 왕국의 입국을 보장받는 메시아가 베풀 성령과 불로 받는 침례를 대망(大望)하게 하는 것이었다.[7]

마태복음과 누가복음은 "나는 너희로 회개케 하기 위하여 물로 침례를 주거니와 내 뒤에 오시는 이는 나보다 능력이 많으시니 나는 그의 신을 들기도 감당치 못하겠노라 그는 성령과 불로 너희에게 침례를 주실 것이요, 손에 키를 들고 자기의 타작 마당을 정하게 하사 알곡은 모아 곳간에 들이고 쭉정이는 꺼지지 않는 불에 태우시리라"(마 3:11-12; 눅 3:16-17)고 했고, 마가복음은 "그가 전파하여 가로되 나보다 능력 많으신 이가 내 뒤에 오시나니 나는 굽혀 그의 신들메를 풀기도 감당치 못하겠노라. 나는 너희에게 물로 침례를 주었거니와 그는 성령으로 너희에게 침례를 주시리라"(막 1:7-8)라고 했다.

---

5) 강병도 편, 「호크마 종합주석, 마가복음」 (서울: 기독지혜사, 1990), P. 39.
6) ⟨www.centerce.org/baptism/advanced.htm⟩ "Excursus on Baptism" P. 4.
7) C. R. Beasley-Murray, P. 39.

침례요한이 말한 메시아가 장차 주실 "성령과 불로 주는 침례"는 예수님께서 "요한은 물로 침례를 베풀었으나 너희는 몇 날이 못 되어 성령으로 침례를 받으리라"(행 1:5)고 하신 말씀과 일치하는 것으로 오순절의 성령 강림을 말한 것이다. 이 "성령침례"는 자신의 죄를 회개하고 예수 그리스도를 주님으로 믿고, 입으로 시인하는 자에게 주어지는 것으로, 성령이 신자의 마음속에 내주하여(고전 3:16) 하나님의 나라에 들어갈 수 있는 보증(고후 1:22)이 되는 것이다. 따라서 침례요한의 침례는 "성령침례"와 "불의 침례"[8]를 받기 위한 예비적이며, 과도적 침례로서 메시아가 받아야 할 침례(막 10:38)를 암시해 주고 있다. 완전한 의미의 침례는 예수 그리스도의 십자가의 죽으심, 장사, 부활, 오순절의 성령강림으로 완성된다.

4. 침례요한의 마지막 사역은 회개의 침례를 통하여 나사렛 예수가 메시아이심을 이스라엘에게 드러내는 것이었다. 그 자신이 "내가 와서 물로 침례를 주는 것은 그를 이스라엘에게 나타내려 함이라"(요 1:31)고 공언을 했다. 침례요한의 사역 중 가장 어려운 일이 바로 나사렛 예수가 유대인들이 기다리던 메시아라고 드러내는 일이었을 것이다. 그 이유는 보편적으로 유대인들이 사모하고 기다리는 메시아는 다윗과 같은 왕권(삼하 7: 11-13)을 지닌 분으로서 사람과 같이 생긴 신권을 소유한 권위자(단 7: 13-14)로 출현하여 이스라엘을 군사적, 정치적, 그리고 경제적으로 구출해 줄 것을 기대하고 있었기 때문이다. 그러나 유대인들에게 있어서 예수는 가난한 목수의 아들이며, 나사렛 동리에 사는 초라한 젊은 한 사람의 청년에 불

---

[8] Leon Morris는 그의 저서 *The Gospel According to Matthew* (Grand Rapids, Michigan: William B. Eerdman's Publishing Co., 1992), 마태복음 3:11의 해석에서 "불"을 성령강림으로 성도를 정화(Purification)와 성화(Sanctification)시키는 성령의 또 다른 하나의 사역이라 했고, 이상훈 목사는 그의 저서 「성령은 과연 불인가?」(도서출판 진흥, 2004), PP. 164-176에서 "성령침례"는 오순절 성령강림을 뜻하고, "불 침례"는 최후의 심판으로 설명하고 있다.

과했다. 빌립이 나다나엘에게 예수가 메시아이심을 알려주었을 때 나다나엘이 "나사렛에서 무슨 선한 것이 날 수 있느냐"(요 1:46)라고 한 반문은 "예수가 메시아라는 선포"에 대한 유대인들의 반응을 단적으로 표명한 것으로 볼 수 있다.

그러나 침례요한은 목숨을 걸고 담대히 성령님과 그에게 임하신 하나님의 말씀을 따라 "예수께서 자기에게 나아오심을 보고 가로되 보라 세상 죄를 지고 가는 하나님의 어린 양이로다. 내가 전에 말하기를 내 뒤에 오는 사람이 있는데 나보다 앞선 것은 그가 나보다 먼저 계심이라 한 것이 이 사람을 가리킴이라"(요 1:29-30)고 증언을 했다. 이 말씀에 의하면 침례요한이 이전에 예수님을 개인적으로 만나본 적이 없었던 것으로 보인다. 그래서 "나도 그를 알지 못하였으나 나를 보내어 물로 침례를 주라 하신 그이가 나에게 말씀하시되 성령이 내려서 누구 위에든지 머무는 것을 보거든 그가 곧 성령으로 침례를 주는 이인 줄 알라 하셨기에"(요 1:33), 내가 보매 성령이 비둘기같이 하늘로서 내려와서 그의 위에 머물렀더라"(요 1:32)고 했다. 이 말씀은 침례요한이 나사렛 예수가 메시아이심을 확인하게 된 것은 전적으로 하나님의 직접적인 가르치심과 지시에 의하여 이루어졌다는 것을 표명하고 있다. 그래서 침례요한이 회개의 침례를 베풀고 있는 이유와 목적을 다음과 같이 설명하고 있다. "나도 그를 알지 못하였으나 내가 와서 물로 침례를 주는 것은 그를 이스라엘에게 나타내려 함이라 하니라"(요 1:31). 그리고 "만일 하늘에서 주신 바 아니면 사람이 아무것도 받을 수 없느니라. 나는 그리스도가 아니요 그의 앞에 보내심을 받은 자라고 한 것을 증거할 자는 너희니라"(요 3:27-28)고 했고, 또 "그는 흥하여야 하겠고 나는 쇠하여야 하리라"(요 3:30)라고 했다.

C. 침례요한의 사역과 침례의 특성

1. 침례요한의 특성은 그의 설교나 실행에 있어서 다른 공동체들(바리새파, 에세네파 등)보다 급진적이고, 종말의 대망에 대해 보다 즉각적이며, 회개에 대한 촉구가 매우 다급하다는 점이었다.[9] 그 까닭은 나이가 서른이 되어야 공적 사역을 시작할 수 있다는 모세의 율법(민 4:3, 23, 30, 39, 43, 47)에 따라 예수님보다 불과 6개월 먼저 태어난 침례요한이 이미 나사렛에 임하여 계시는 메시아의 길을 준비하는 기간이 불과 6개월밖에 안 된다는 점에서(눅 3:23), 그리고 그에게 충만히 임하고 계시는 성령님의 강권에 의해 요한은 강한 촉박감으로 넘쳐 있었던 것이다. 그래서 그의 설교나 실행에 있어서 매우 급진적이었고, 종말은 즉각적이었으며, 회개에 대한 촉구가 매우 다급했던 것이다. 그리고 "천국이 가까웠느니라"고 외치면서 "이미 도끼가 나무뿌리에 놓였으니 좋은 열매 맺지 아니하는 나무마다 찍혀 불에 던지우리라"(눅 3:9)라는 그의 긴박한 설교는 유대인들에게 있어서 말라기 선지자 이후 400여 년 만에 듣는 선지자의 메시지로서 유대인의 관심과 긴장을 모으지 않을 수 없었다. 그리하여 그의 특별한 능력의 메시지는 온 유대로부터 많은 사람들이 회개의 침례를 받기 위해 모여 오도록 하는 데 충분하였다.[10] 이 특별한 메시지의 힘은 바로 그가 광야에 있을 때 그에게 임하신 하나님의 말씀으로부터 온 것이다(눅 3:2).

2. 침례요한의 침례는 회개의 침례로서 회개와 함께 하나님의 종말적 왕국에 들어가기 위한 준비가 되었다는 하나의 표시로 특징지어진다. 침

---

9) C. R. Beasley-Murray, P. 40.
10) 〈www.centerce.org/baptism/advanced.htm〉 "Excursus on Baptism" P. 4.

례란 어떤 사람의 믿음과 회개에 대한 가시적 표현이고, 침례의 목표(the goal)는 죄 사함을 받는 것과 임박한 메시아의 왕국에 대한 준비인 것이다.[11] 요한의 침례는 회개와 연결된 침례이지, 제의적 정결의 목욕과 관계된 것이 아니다. 요한의 침례는 메시아 이전의 침례로서 자신을 넘어 다음단계를 제시한다. 즉 구원의 시대를 여는 메시아의 선물은 물 침례가 아니라 성령과 불의 침례인 것이다. 요한의 침례에 있어서 부족성은 그의 침례가 스스로 존재할 수 없고, 메시아의 인격과 연결된 침례를 암시하고 있다는 점이다. 요한에 의해 침례를 받은 자에게 주어지는 은총은 죄 사함이고, 메시아 시대에 주어지는 선물은 성령의 부어주심이었다.[12]

3. 따라서 침례요한의 "회개의 침례"가 예수 그리스도께서 십자가에서의 죽음, 장사, 그리고 부활을 통해 메시아의 사명을 완수하신 후, 승천하시기 전에 대분부(마 28: 19-20)를 통해 선포하신 그리스도인의 침례(또는 믿는 자의 침례)와 다른 점은 다음과 같다. 첫째, 침례요한은 구약과 신약을 연결하는 구약의 마지막 선지자로서 그의 침례는 "믿는 자의 침례"가 제정될 때까지 설명적이고, 준비적이며, 과도기적인 침례였던 것이다. 둘째, 그리스도인의 침례가 예수 그리스도의 십자가 죽음, 장사, 부활에 의한 그리스도인들의 속죄와 중생을 강조하고 상징하는 것에 반하여, 침례요한의 침례는 그의 침례를 받은 사람들로 하여금 그리스도 안에서 죄 사함의 궁휼을 얻는 단계로 진일보하게 하며, 메시아와 그의 왕국을 맞이할 준비로서 회개를 강조한 점에서 서로가 다르다. 셋째, 그리스도인의 침례는 예수 그리스도의 이름이나 삼위 하나님의 이름으로 주어졌지만, 요한

---
11) Ibid., P. 4.
12) Johannes Schneider; 서동수 역, 「유아세례 성서적인가?」, PP. 42-44.

의 침례는 예수나 삼위 하나님의 이름으로 주어지지 않았다는 점에서 서로 다르다.

D. 침례요한과 다른 종파들과의 관계

1. 유대교의 "믹바"(Mikkvah)가 물 속에 들어가 온몸을 완전히 세 번 물 속에 잠그는 완전 침수례(Total Immersion)를 행한 것과 침례요한이 침수침례(Baptism by Immersion)를 행한 것은 매우 같으며, 유대교의 "믹바"가 도덕적이나 종교적인 죄에 대한 용서와는 관계없이 다만 외부적인 몸이나 물건의 정결만을 위한 의식인 것에 반하여 침례요한의 침례는 도덕적인 것과 종교적인 죄를 회개하고 죄 사함을 받기 위해 주어지는 것이며, 임박한 메시아와 그의 왕국에 입성할 보증이 되는 메시아가 베푸실 성령과 불의 침례를 받기 위해 기다리는 자들에게 주어지는 표시(a sign)라는 점에서 그 뜻이 너무나 다르다. 또 "믹바"는 반복을 하지만, 요한의 침례는 단회적(單回的)이라는 점에서 다르다. 이상에서 지적한 바와 같이 침례요한의 침례와 유대교의 "믹바"가 서로 같은 점은 양자 간의 연속성(Continuity)을 말해 주고 있고, 다른 점은 서로간의 비연속성(Discontinuity)을 말해 주고 있다.

2. 어떤 사람들은 요한이 쿰란 공동체의 일원이었다고 생각하지만 첫째, 어려서부터 나사렛 예수가 하나님의 말씀이 육신을 입고 오신 메시아이심을 믿고 있는 요한은 "의의 교사"가 말하는 두 메시아(제사장과 왕)를 기다리고 있는 에세네파인 쿰란 공동체와 함께할 수가 없었으며, 둘째, 마

가복음 1:6에 "요한은 약대털을 입고 허리에 가죽띠를 띠고 메뚜기와 석청을 먹더라"라고 한 것으로 보아 쿰란 공동체의 일원이 아니었던 것으로 본다. 그 이유는 쿰란 공동체는 죽은 동물의 피로 인한 부정(不淨)을 피하기 위해 식물성 옷감인 마포로 만든 옷을 입었기 때문이다. 그렇지만 마태복음 3:1은 요한이 유다광야에서 사역을 했다고 했고, 누가복음 3:3은 요단 전 지역에서 사역을 했다고 했다. 그런고로 침례요한이 쿰란 공동체를 모를 리가 없으니 요한이 쿰란 공동체로부터 어떤 아이디어(Idea)를 제공받아 수정하여 사용했을 가능성은 있다는 것이다.[13] 그 이유는 양측이 서로 유사한 점이 있기 때문이다. (1) 이사야 40장을 따라 임박한 메시아의 도래(到來)를 준비하기 위해 광야에 근거지를 두고 있는 점, (2) 성전의 희생제사에 참례하지 않는 점, (3) 쿰란 공동체의 목욕과 요한의 침례가 회개와 함께 도덕적, 종교적 죄를 씻기 위함이라는 것 등이다. 그리고 다른 점은 (1) 요한의 침례는 단회적(單回的)인 점에 반하여 쿰란 공동체의 목욕은 매일 세 번씩 반복을 한 점, (2) 요한의 침례는 모든 나라와 세계의 모든 족속을 위한 메시아 왕국에 대한 것인 반면에 쿰란 공동체의 목욕은 자신들만을 위한 것이었고, 특권층들에게만 전도를 했다는 점이다.[14] 이와 같이 서로의 유사한 점은 침례요한과 에세네파 간의 연속성(Continuity)을 말해 주며, 다른 점은 비연속성(Discontinuity)을 말해 주고 있다.

3. 그리고 개종침례가 요한의 침례나 기독교의 침례에 어떠한 영향을 주었다는 근거를 찾아볼 수 없지만 개종침례와 요한의 침례의 뜻이 과거의 삶을 죽이고, 새로운 삶을 다시 시작한다는 점에서 서로 비슷한 점은

---

13) C. R. Beasley-Murray, P. 40.
14) Ibid., P. 41.

서로간의 연속성을 말해 주고, 개종침례는 홀로 물 속에 들어가지만, 침례요한의 침례는 요한의 집례에 의하여 실시되었다는 점이 비연속성을 말해 주고 있다.

결론적으로 침례요한은 구속사적 차원에서 볼 때 전환기(transitional)의 인물로서 그의 임무와 역할이 구약과 신약을 연결시켜주는 것이었으며, 구약적 의식을 신약적 의식으로 전환함에 있어 다리 역할을 한 사람으로 볼 수 있다. 그런고로 그의 침례에 대한 개념도 구약과 신약간의 연속성(Continuity)의 측면에서 이해해야 한다고 생각한다. 그래서 그는 새 시대의 길을 닦는(준비하는) 사람으로서 급격한 마음의 변화를 촉구하는 회개의 침례를 행하였던 것이다. 그러나 그의 독특한 "침수침례"(Baptism by Immersion)의 형식(mode)과 의미가 그의 인간적 발상에 의하여 마련된 것이 아니고, 침례요한이 모태로부터 충만히 임하신 성령님(요 1:31)과 안나스와 가야바가 대제사장으로 있을 때에 광야에서 요한에게 임하셨던 하나님의 말씀(눅 3:2)에 의하여 마련되었다는 것을 알아야 한다. 예수님께서도 침례요한의 사역이 하나님으로부터 주어진 것으로 그 권위를 인정하셨고(눅 7:26-28), 또 그가 베푼 "침수침례"(浸水浸禮)가 하늘에서 온 것임을 인정하셨다(막 11:30). 그래서 예수께서 침례요한으로부터 침례를 받으신 것이다.

제3장

[예수 그리스도의 침례]

A. "메시아"로서 예수님의 각성과 준비

인간 예수가 사신이 하나님으로부터 보내심을 받은 "메시아"이심을 자각하게 된 경위는 침례요한과 비슷했던 것으로 보인다. 성령과 지혜가 충만한 가운데 자라나면서(눅 2:40, 52), 또 장성함에 따라 자신이 천사 가브리엘의 예고에 의해 성령으로 잉태되었고, 하나님의 말씀이 마리아의 태를 통해 육신이 되어 태어난 하나님의 아들이시며 메시아인 사실(마 1:18-25; 눅 1:26-38)을 아버지 요셉과 어머니 마리아로부터 듣고, 또 자신의 이름 "예수"가 "자기 백성을 저희 죄에서 구원할 자이심이라"는 뜻이며, "임마누엘"은 "하나님이 우리와 함께 계시다"라는 뜻이라는 것과 그 이름이 천사에 의하여 주어졌다는 사실(마 1:21) 등을 숙고해 가면서 메시아에 대한 인식(認識)을 키워왔을 것으로 본다. 그리고 마리아가 예수를 수태한 즉시 요한의 부모 사가랴 제사장과 엘리사벳의 집을 찾아갔을 때 엘리사벳이 성령의 충만함을 받아 마리아를 "주의 모친"으로 영접했으며, 3개월간 머물고 있었던 이야기(눅 1:39-56), 침례요한에 대한 이야기(눅 1:5-25, 57-80), 베들레헴에서 태어났을 때 목동들의 경배(눅 2:1-20), 성전에서 결례를 드릴 때 시므온과 안나의 축하(눅 2:21-38), 동방박사들의 방문과 경배(마 2:1-12), 하나님의 지시로 애굽으로 피난을 간 이야기와 헤롯왕에 의해 베들레헴에 있었던 유아학살 사건(마 2:13-18) 등등에 대한 이야기를 듣고 인간 예수로서 자신이 누구인가를 충분히 깨닫고 있었다고 본다.

그리고 12살 때 예루살렘 성전을 방문하여 홀로 성전에 남아 있으면서 선생들로부터 성경의 가르침을 듣기도 하고 질문도 하는 예수에 대하여 "듣는 자가 다 그 지혜와 대답을 기이히 여기더라"(눅 2:47)라고 한 것과 누가복음 4:16-20을 보면 어려서부터 안식일마다 마을 회당에 출석하여 메시아에 대한 선지자들의 예언서를 열심히 탐독한 것으로 보인다. 그리고 유대인의 공인이 될 수 있는 나이 서른 살(민 4:3, 23, 30, 35, 39, 43, 47)이 될 때까지 개인적으로 조용히 그리고 착실히 메시아의 사역을 준비하며 하나님의 때를 기다리고 있었다고 본다.

B. 침례요한으로부터 침례를 받으심

마침내 예수님께서 "침례요한이 요단강 부근 각처에 와서 죄 사함을 얻게 하는 회개의 침례를 전파한다"(눅 3:3)는 소식을 듣게 되었고, 성령님의 인도하심을 따라 갈릴리에서 요한이 침례를 베풀고 있는 요단강 하류

베다니에 이른 것이다(마 1:13; 요 1:28). 한편으로는 침례요한이 예수님을 보는 순간 성령이 비둘기같이 하늘에서 내려와 예수님의 머리 위에 머무는 것을 보고(요 1:32), 요한에게 물로 침례를 주라고 하신 분이 "성령이 내려서 누구 위에든지 머무는 것을 보거든 그가 곧 성령으로 침례를 주는 이인 줄 알라"고 하신 말씀에 따라 그분이 나사렛 예수이며, 메시아이심을 알게 된 것이다(요 1:33). 그리하여 마태복음 3:13-17의 내용과 같이 예수님이 요한으로부터 침례를 받으셨다.

○ 마태복음 3:13-17(막 1:9-11; 눅 3:21-22)

⑴³⁾이 때에 예수께서 갈릴리로서 요단강에 이르러 요한에게 침례를 받으려 하신대 ⑴⁴⁾요한이 말려 가로되 내가 당신에게 침례를 받아야 할 터인데 당신이 내게로 오시나이까 ⑴⁵⁾예수께서 대답하여 가라사대 이제 허락하라 우리가 이와 같이 하여 모든 의를 이루는 것이 합당하니라 하신대 이에 요한이 허락하는지라. ⑴⁶⁾예수께서 침례를 받으시고 곧 물에서 올라오실 새 하늘이 열리고 하나님의 성령이 비둘기같이 내려 자기 위에 임하심을 보시더니 ⑴⁷⁾하늘로서 소리가 있어 말씀하시되 이는 내 사랑하는 아들이요 내 기뻐하는 자라 하시니라.

누구든지 마태복음 3:13-17(막 1:9-11; 눅 3:21-22)을 읽으면 "말씀이 육신이 되어 오신 하나님의 아들 예수 그리스도가 왜 침례요한으로부터 '회개의 침례'를 받으셨나?"라는 질문을 하게 된다. 이에 대한 주님의 대답은 "우리가 이와 같이 하여 모든 의(義)를 이루는 것이 합당하니라"(마 3:15)라고 하셨다. 그런고로 예수 그리스도의 침례를 순간적 행동으로 볼 것이 아니라 하나님의 구속사적(救贖史的) 관점으로 보아야 한다.[1]

구약에서 "하나님의 의"는 그의 백성들의 구원을 위한 하나님의 뜻을 말하며, 이러한 하나님의 뜻에 대한 순종을 "하나님의 의"라고 말한다.[2] 그리고 유대인의 관점에서 볼 때 "하나님의 의"는 하나님의 뜻(계획)에 무조건 복종하는 것이다.[3] 따라서 예수님께서 침례를 받으신 목적은 하나님을 기쁘시게 하기 위한 순종이었다.[4] 그런고로 예수 그리스도에게 있어서 침례는 하나님 아버지의 인도하심에 따라 아버지가 주시는 것은 무엇이나 받고자 하는 의지와 어떤 대가를 치르고서라도 하나님을 기쁘시게 해 드리겠다는 순종의 표현이었다.[5] 그래서 예수님이 침례를 받으실 때 "하늘로서 소리가 있어 말씀하시되 이는 내 사랑하는 아들이요 내 기뻐하는 자라 하시니라"(마 3:17)고 하셨다. 이 음성은 예수님이 하나님의 마음에 드는 사랑하는 아들이라는 뜻이고, 하나님의 사랑이 예수님 위에 머물러 있으며, 하나님이 매우 밀접한 관계로 그의 곁에 서 계셨다는 표현이다.[6] 이에 대하여 프리드릭센(A. Fridrichsen)은 예수의 침례는 하나님이 예수님에게 침례를 받도록 공적으로 요구하신 뜻을 예수님이 순종하여 받아들임으로써 이루어진 것이 분명하다고 한다. 이것은 하나님의 뜻에 대하여는 이유 없이 무조건 순종해야 한다는 유대교의 사상과 완전히 일치하는 것이라고 한다.[7] 그렇다면 예수 그리스도께서 침례요한으로부터 침례를 받음으로 하나님의 어떠한 뜻을 성취하기 원하셨는지를 다음 항에서 살펴보기로 한다.

---

1) C. R. Beasley-Murray, *Baptism in the New Testament* (Grand Rapids, Michigan: William B. Eerdmans Publishing Company), P. 73.
2) 성결교회와 역사연구소 편, 「유아세례 다시보기」 (서울: 도서출판 바울서신, 2004), P. 71.
3) C. R. Beasley-Murray, P. 49.
4) Ibid., P. 51.
5) Ibid., P. 53.
6) Johannes Schneider, *Die Taufe im Neuen Testament*; 서동수 역, 「유아세례 성서적인가?」 (서울: 도서출판 바울서신, 2003), P. 48.
7) 성결교회와 역사연구소 편, 「유아세례 다시보기」, P. 71

C. 메시아가 침례를 받으신 이유와 목적

1. 메시아가 하나님과 백성의 대표자로서

　첫째, 예수께서 침례를 받은 것은 개인의 죄 때문에 받은 것이 아니라 메시아로서의 사명을 확인하기 위해 백성의 대표자(代表者)로서 침례를 받은 것이다.[8] 마태복음 1:23에 "보아라, 동정녀가 잉태하여 아들을 낳을 것이니, 그의 이름을 임마누엘이라고 할 것이다 하신 말씀을 이루려고 하신 것이다. 임마누엘은 번역하면 '하나님이 우리와 함께 계시다' 는 뜻이다"(표준새번역 개정)라고 한 말씀은 메시야는 언제나 그의 백성과 분리하여 생각할 수 없다는 구약에 흐르고 있는 중요한 사상임을 잘 말해 주고 있다. 메시아와 그의 백성들과의 관계는 연대의 개념(the conception of solidarity)으로 이해되었고, 그러한 맥락에서 예수님은 그의 백성을 대표(代表)하여 침례요한으로부터 침례를 받음으로 그의 백성들이 반드시 자신처럼 받아야 할 침례의 정당성을 입증하고 있는 것이다. 그리고 마음이 온유하고 겸손한 예수님은 "수고하고 무거운 짐을 진 사들"인 백성들을 위해 쉬게 하는 사역을 한다. 메시아이신 예수님은 이러한 백성들의 필요를 자신의 사역과 동일하게 보았기 때문에 하나님의 뜻을 따라 죄인들과 함께하고 있다는 측면에서 침례를 받은 것이다.[9]

　둘째, 하나님 나라의 대표자로 침례를 받은 것이다. 다니엘서 7장에 나오는 인자(The Son of Man) 역시 성도의 대표성을 말하고 있다. 짐승은 땅의 왕국을 대표하고, 인자는 하나님의 왕국의 대표자로서 메시아를 상징한

---
8) C. R. Beasley-Murray, P. 56.
9) Ibid., PP. 57-58.

다. 인자는 우주를 다스리시는 하나님과 상속자로서 성도들의 대표자로 표현되어 있다.[10] 요한복음 1:51에 예수님께서 나다나엘에게 "진실로 진실로 너희에게 이르노니 하늘이 열리고 하나님의 사자들이 인자 위에 오르락내리락하는 것을 보리라 하시니라"라고 하셨다. 이 말씀은 창세기 28:12과 다니엘 7장을 배경으로 한 것으로 예수님은 자신을 "인자" 곧 "그 사람의 아들"(The son of Man)이라고 말씀하셨다. "그 사람"은 하나님을 뜻하고, "아들"은 하나님의 대권을 이어받을 상속자라는 뜻이다. 그리고 또 "지극히 높으신 이의 성도들"(단 7:18, 22, 26), 즉 종말에 진정한 하나님의 백성의 상징이요 대표라는 것이다. 따라서 예수가 침례를 받은 또 하나의 이유와 중요성은 전능자를 대표하는 "인자"가 요단강에서 침례를 통하여 그의 하나님 아버지에게 자신을 성별해 드림(consecrated)으로써 심판과 구속에서 그 전능성이 나타날 수 있도록 한 것이다.[11]

2. 메시아의 임직을 알리는 선포로

"예수께서 침례를 받으시고 곧 물에서 올라오실새 하늘이 열리고 하나님의 성령이 비둘기같이 내려 자기 위에 임하심을 보시더니, 하늘로서 소리가 있어 말씀하시되 이는 내 사랑하는 아들이요 내 기뻐하는 자라 하시니라"고 하신 마태복음 3:16-17의 말씀은 이사야 42:1 "내가 붙드는 나의 종, 내 마음에 기뻐하는 나의 택한 사람을 보라 내가 나의 신을 그에게 주었은즉 그가 이방에 공의를 베풀리라"를 반영하고 있으며, 시편 2:7 "내가 영을 전하노라 여호와께서 내게 이르시되 너는 내 아들이라 오늘날 내가 너를 낳았도다"의 변형구인 것이다. 이 음성은 성육신(Incarnation)하여

---

10) Ibid., P. 58.
11) Ibid., P. 60.

요단강에 우뚝 서 계신 예수가 하나님의 아들 곧 메시아적 왕이심을 선언하는 하나님의 음성이다. 정녕 아들 예수의 공생애가 시작될 때, 하나님 아버지께서는 예수가 감추어진 방법으로 다윗의 후손으로 보내신 메시아이며, 하나님의 아들이고, 백성들의 대표자이며, 고난 받는 종임을 요한의 침례를 통하여 나타내 보여주신 것이다.[12]

그리고 예수님의 침례가 개인적으로는 지성과 영성의 발달기간인 가정생활(눅 2:52)로부터 메시아의 공적 사역으로 나아가는 전환점이며, 공적으로는 자신이 하나님의 아들이며, 보내심을 받은 메시아로서 임직(任職)을 알리기 위함이었고(마 3:17)[13], 또 공생애를 통해 율법을 완성할(마 5:17-18) 메시아의 사역을 알리는 선포였다. 그런고로 예수님의 침례와 십자가의 죽음은 그리스도의 지상적 임무의 시작과 마침표를 형성한다.[14] 마태복음 8:16; 11:5; 12:18(사 42:1); 누가복음 4:18(사 61:1); 이사야 35:5; 42:1-4; 53:1-12 등은 메시아 사역에 대하여 잘 설명하고 있다.

3. 새 언약을 세우는 첫걸음으로

구약에 인류의 구속을 위한 하나님의 언약이 많이 있지만 그 중에 중요한 것만 들면, 아담의 언약(시작언약, 창 2:7; 3:15), 노아의 언약(보존언약, 창 9:11-17), 아브라함의 언약(약속언약, 창 12:2; 15:5; 17:4), 모세의 언약(율법언약, 출 19:1-6), 다윗의 언약(왕국언약, 삼하 7:12-16) 등이 있다.[15] 이러한 언약은 하나님께서 아브라함의 후손을 창대케 하여 가나안 땅에 들어가 하나님을 섬기는

---

12) 강병도 편, 「호크마 종합주석, 마태복음」 (서울: 기독지혜사, 1990), P. 182.
13) C. R. Beasley-Murray, P. 56.
14) Johannes Schneider; 서동수 역, 「유아세례 성서적인가?」, P. 50.
15) O. Palmer, Robertson, *The Christ of the Covenants*; 김의원 역, 「계약신학과 그리스도」 (서울: 기독교문서선교회, 1990), PP. 64-69.

제사장 나라가 되게 하여 모든 족속들에게 구속의 복음을 전하게 하기 위함이었다. 그러나 이스라엘 백성들은 제사장 나라의 직분을 수행하지 못했다. 오히려 그들은 선민으로서의 선교와 봉사를 위한 희생적 정신보다 선민이라는 우월감에 의해 배타적 민족주의(Chauvinism)와 우상숭배로 타락해 이들을 통해 열방을 구원하려 하신 하나님의 뜻을 성취하지 못하고, 결국 두 왕국은 앗시리아와 바벨론에 멸망당하고 말았다. 이때 하나님이 예레미야와 에스겔 선지자를 시켜 "새 언약"을 선포하게 하셨다(렘 31:31-40; 겔 37:1-28).

"새 언약"의 중요한 내용은 (1) 추방된 이스라엘을 약속의 땅으로 다시 돌아오게 한다(렘 30:3; 32:37; 겔 37:21, 26). (2) 약속의 땅에서 하나님의 축복을 완전히 회복시켜 주겠다(렘 31:38-40; 겔 37:12-14). (3) 이전의 옛 언약들을 모두 성취할 것이다(렘 31:33; 겔 37:24-25). (4) 새 영을 너희 속에 두어 새 마음으로 규례를 지키게 할 것이며(겔 36: 26-27), 생기를 마른 뼈들에게 불어 넣어 다시 살아나게(부활하게) 하리라(겔 36:1-15). (5) 나의 율법을 그들의 마음 판에 기록할 것이며(렘 31:33), 너희 죄를 씻어 완전히 용서하리라(렘 31:34; 33:8; 겔 37: 23). (6) 이스라엘과 유다가 통합되리라(겔 37:16-22) 등등이다.[16]

○ 마태복음 26:26-28

저희가 먹을 때에 예수께서 떡을 가지사 축복하시고 떼어 제자들을 주시며 가라사대 받아먹으라. 이것이 내 몸이니라 하시고, 또 잔을 가지사 사례하시고 저희에게 주시며 가라사대 너희가 다 이것을 마시라. 이것은 죄

---

16) O. Palmer, Robertson, 김의원 역, 「계약신학과 그리스도」, PP. 274-303.

사함을 얻게 하려고 많은 사람을 위하여 흘리는 바 나의 피 곧 언약의 피니라.

우리 주님이 마태복음 26:26-28에서 "이것은 죄 사함을 얻게 하려고 많은 사람을 위하여 흘리는 바 나의 피 곧 언약의 피니라"라고 하신 말씀은 하나님께서 예레미야와 에스겔을 통하여 선포하신 "새 언약"이 다음날 예수 그리스도가 십자가에서 흘리실 피를 담보로 하여 세워지게 될 것을 말씀하신 것이며, 십자가에서 피와 물을 다 흘리시고 운명하기 직전에 "다 이루었다"(요 19:30)라고 하신 말씀은 "새 언약"을 위한 구속사역이 성취되었다는 말씀이었다. 그런고로 그리스도께서 받으신 침례는 새 언약을 세우기 위한 첫걸음이었으며, 십자가는 마침표였다.

4. 자신이 속죄제물임을 예시하기 위해

침례요한이 예수님을 보고 "세상 죄를 지고 가는 하나님의 어린양이로다"(요 1:29)라고 선포했다. "하나님의 어린양"에 대한 구약적 배경은 (1) 아침과 저녁마다 희생제사로 드리는 양(출 29:38), (2) 유월절의 희생양(출 12:2), (3) 속죄물의 어린양(레 4:32), (4) 앞의 것을 총괄적으로 표시하는 이사야가 말한 고난의 어린양(사 53:7) 등을 말한다. 일반적으로 요한이 말한 "하나님의 어린양"을 이사야가 말한 "여호와의 고난 받는 종"으로 생각하고 있다. 여하튼 요한이 말한 의도는 구약의 희생제물은 사람들이 준비한 양인데 반해, 예수 그리스도는 인류의 속죄제물로 하나님이 준비하신 어린양이라는 뜻이다.[17] 따라서 예수 그리스도의 침례는 세상 죄를 지고 가는 어

---

17) 이상근 저, 「요한복음 주해」 (서울: 예수교장로회 총회출판사, 1968), PP. 50-51.

린양의 첫걸음인 것이다.[18] 예수님은 이스라엘을 애굽에서 구출하기 위해 바쳐진 유월절의 어린양처럼(출 12:1-14), 대속죄일에 이스라엘의 죄를 대속(代贖)하기 위해 뽑힌 숫염소와 같이(레 16:6-9), 특별히 "아사셀"(Azazel)의 몫으로 뽑힌 "숫염소"(Scape-goat, 레 16: 8-10, 21-22)처럼 인류의 죄를 대신하여 십자가에서 완결될 대리희생(代理犧牲)을 상징하는 것으로 자신을 죄인들의 대표자(代表者)로 여겨 회개의 침례를 받은 것이다. "인자가 온 것은 섬김을 받으려 함이 아니라 도리어 섬기려 하고 자기 목숨을 많은 사람의 대속물로 주려 함이니라"(마 20:28)고 하신 주님의 말씀이 이를 뒷받침해 주고 있다. 이는 또 예수 그리스도가 대속물의 실체이고, 구약의 대속물인 희생물들은 실체의 모형이었음을 알리는 침례였다. 그리고 "우리가 이와 같이 하여 모든 의(義)를 이루는 것이 합당하니라"(마 3:15)라고 하신 주님의 말씀에 장차 예수 그리스도께서 십자가에서 속죄의 피를 흘리심으로 회개한 죄인들이 죄 사함을 받고, 하나님으로부터 받게 될 칭의(稱義, Justification)가 포함된 것으로 볼 수 있다.

5. "고난 받는 종"임을 예시하기 위해

이사야 42장과 53장은 메시아를 "고난 받는 종"으로서 죄인들이 받을 형벌을 대신하여 받는 것으로 표현하고 있다. "고난 받는 종"이란 백성의 죄를 대신하여 대리적 고난을 당하는 메시아를 말한다.[19] "고난 받는 종"은 겸손한 메시아, 죽음에서 백성들을 구원하시고 의를 건설하는 자, 낮아짐과 높아짐을 경험하는 고난의 종, 적그리스도로부터 믿음을 지키며 고난 받는 자들을 위해 서 계시는 메시아로 표현되고 있다.[20] 그리고 그

---

18) C. R. Beasley-Murray, P. 49.
19) Ibid., P. 49.
20) C. R. Beasley-Murray, P. 59.

백성의 죄를 지고 죽임을 담당하는 자로 알려져 있다. 또 주의 종(The Servant of the Lord)은 하나님의 종과 백성의 종으로서 양쪽을 대변하는 중재자로도 설명된다.[21] 그뿐만 아니라 구약은 하나님의 아들보다 "고난 받는 종"을 더 강조하고 있다.[22] 그래서 예수의 침례를 "고난의 예표"라고 한다. 주님께서 십자가의 수난을 받기 약 4개월 전에 베뢰아 지방에서 전도 활동을 하시던 중 제자들에게 주의 재림을 준비하며 기다릴 것(눅 12:35-48)을 당부하시고 누가복음 12:49-51에서 다음과 같이 말씀을 하셨다.

> 내가 불을 땅에 던지러 왔노니 이 불이 이미 붙었으면 내가 무엇을 원하리요. 나는 받을 침례가 있으니 그것이 이루어지기까지 나의 답답함이 어떠하겠느냐? 내가 세상에 화평을 주려고 온 줄로 아느냐 내가 너희에게 이르노니 아니라 도리어 분쟁하게 하려 함이로라(개역개정).

"불"은 선과 악을 구별하는 하나님의 심판을 상징하기도(사 66:15; 고전 3:13; 히 12:29; 벧후 3.7) 하지만 여기서 말하는 "불"은 알곡과 쭉정이를 가리는 심판의 불(마 3:12)로서 "성령의 불" 곧 오순절에 임하실 "성령침례"를 뜻한다. 그러나 이 성령의 불은 예수의 십자가의 죽음이 선행되어야 한다. 그래서 예수님은 자신이 감당해야 할 "십자가의 죽음"에 대한 고뇌(苦惱)를 피력한 것이다. 따라서 "받을 침례"는 십자가의 죽음을 뜻한다.

그리고 마가복음 10:32-34을 보면 예수님께서 십자가의 수난을 약 1개월쯤 앞에 놓고 제자들에게 자신의 죽음과 부활을 다시 예고하셨다. 그

---

21) Ibid., P. 58.
22) Ibid., P. 49.

러나 제자들이 그 뜻을 이해하지 못했고, 오히려 야고보와 요한이 그의 어머니와 함께 예수님께 요구하기를 주님이 유대의 왕이 되시면 우의정과 좌의정 자리를 달라고 했다(막 10:35; 마 20:20-23). 그때에 예수님이 대답하시기를 "너희는, 너희가 구하는 것이 무엇인지를 모르고 있다. 내가 마시는 잔을 너희가 마실 수 있고, 내가 받는 침례를 너희가 받을 수 있느냐?"(막 10:38, 표준새번역 개정)라고 질문을 하셨다. 여기서 "마시는 잔"과 "받는 침례"는 그리스도가 받으실 고난과 십자가의 죽음을 의미한다. 예수님은 그것을 하나님에 의하여 명령을 받았고, 또 죄 많은 백성들에 대한 하나님의 심판으로 보신 것으로 여겨진다.

6. 성령충만을 받기 위해

예수님이 침례를 받은 것은 메시아의 사역을 수행하기 위해 성령의 충만을 받기 위함이었다(마 3:16). 마태복음 3:16(요 1:32; 사 11:2)에 "성령이 비둘기같이 임하셨다"는 뜻은 왕국건설의 과정에 있어서 성령이 메시아에게 임재하셔서 메시아의 과업을 완수하게 해주신다는 뜻이다.[23] 예수님은 성령의 충만을 통하여 하나님의 나라를 지상 위에 설립할 자격을 얻은 것이다. 예수님이 성령충만함을 받는 것은 아버지로부터 보내심을 받은 메시아적 사명을 완수할 수 있도록 하나님의 능력으로 무장된 것이다. 주님께서 침례를 받으신 다음 성령에 이끌리어 요단강을 떠나 유다 광야에서 시험을 받으셨으나 사탄과 지상에서 하나님을 대적하는 모든 권세들을 제어하시고, 천국과 죄 사함을 선포하시며, 모든 기적과 능력을 행하신 것이다. 그리고 성령의 소유자로서 성령과 불로 침례를 주는 자가 되었다는 점이 요한으로부터 받으신 "예수 그리스도의 침례"의 중요성을 말해 주고

---

23) C. R. Beasley-Murray, P. 61.

있다.[24]

7. 침례를 교회의식으로 제정하기 위해

예수 그리스도께서 침례요한으로부터 침수침례(Baptism by Immersion)를 받은 것은 전능하신 하나님의 예지예정(豫知豫定)에 의하여 침수침례의 형식(形式, Mode)에 자신이 받으실 십자가의 죽음과 부활의 구속적 의미를 첨가(添加)하여 앞으로 세우실 교회(에클레시아, ἐκκλησία, 마 16:18)의 의식(儀式, Ordinance)으로 제정하시기 위함이었다. 즉 인류의 구속(救贖)을 위해 자신이 3년 반 후 감당하실 십자가의 "죽음"과 "장사"와 "부활"의 사건, 그리고 죄인들이 예수님을 하나님의 아들로 믿어 구세주로 영접하고, 십자가의 피로 속죄함을 받아 영적으로 그리스도와 연합하여 옛 사람이 죽고, 새 생명을 얻어 의인(義人)의 신분으로 거듭난 성도들의 영적체험을 침수침례로 상징하게 하고, 또 거듭난 자의 표징(標徵, Sign)으로 삼기 위함이었다. 그리고 침수침례를 케뤼그마(κήρυγμα, 복음선포)의 매개체(媒介體)로 삼아 복음(福音)의 핵심인 사신의 "죽음"과 "장사"와 "부활"을 극적(劇的)인[25] 실연(實演, demonstrate)을 통해 선교를 보다 효율적으로 할 수 있게 하기 위함이었다(마 28:19-20; 고전 10: 1-2; 벧전 3:20- 21).

D. 주님의 침례와 신자의 침례와의 관계

성육신의 신학(Theology of the Incarnation)에 의하면, 예수 그리스도의 침

---

24) Ibid., P. 61.
25) W. F. Flemington, *The New Testament Doctrine of Baptism* (London: S. P. C. K., 1948), P. 37.

례를 이상적 그리스도인의 침례(The ideal Christian baptism)로 보거나, 침례의 모범(pattern)이라고 말하는 것은 잘못이다.[26] 그 이유는 (1) 메시아가 침례를 통해 사람들에게 오셨고, 우리 그리스도인들은 침례를 통해 메시아에게로 나아간 것이다. (2) 예수 그리스도는 침례를 통해 하나님 아버지로부터 메시아이심을 인정받았으며, 그리스도인들은 침례를 통하여 죄 사함을 받아 의인의 신분으로 인정받았다. (3) 예수님은 침례에서 하나님의 아들이심을 인지하셨고(막 1:11), 우리는 그분 안에서 믿음으로 말미암아 침례를 받음으로 하나님의 자녀들이 된 것이다(갈 3:26f). (4) 예수 그리스도의 침례는 메시아로서 고난의 시작이었으나, 그리스도인의 침례는 메시아가 완성한 고난의 열매인 십자가의 피와 부활로 죄 사함과 구원을 누리는 축복된 삶의 시작이다. 한편 예수님의 침례와 우리의 침례의 뚜렷한 공통점은 성령강림(Descent of the Spirit)이다. 비록 두 침례의 성격이 다르지만 예수님이 침례를 받으시고 물 속에서 올라오실 때 성령이 예수님께 비둘기 같이 임재하신 것은 말세에 모든 육체에 부어주실 성령에 대한 표상이었다. 그러나 예수 그리스도의 침례가 죄인들을 대신하신 것은 아니었다.

---

26) C. R. Beasley-Murray, P. 65.

제 4 장

예수 그리스도의 목회사역과 대분부

A. 예수 그리스도의 목회사역

 성령님이 강림하신 "오순절"을 교회가 탄생한 날이라고 한다면, 예수 그리스도께서 목회사역을 하신 공생애(公生涯)기간을 교회가 잉태되어 태중에서 자라난 임신기간이라 할 수 있다. 왜냐하면 목회학적으로 본다면 예수 그리스도께서 침례요한에 의해 "침수침례"를 받으시고 바로 신약교회의 초대 목회자(요 10:11)로 부임하시어 공생애 기간인 3년 반 동안 유대인들에게 하나님의 나라에 대한 복음을 전파하셨기 때문이다. 그래서 세글러(Franklin M. Segler)는 "기독교 목회의 본질적인 성질은 예수 그리스도의 목회 위에 기초를 두게 된다"[1]라고 했다. 구약시대를 "성부시대"라 한

---

[1] Franklin M. Segler, "The Concept of Ministry", Review and Expositor, LXVI, No. 2, (Spring, 1969), P. 142.

다면 이 기간은 "성자시대"이며, 오순절 성령강림 이후는 "성령시대"라 한다. "성자시대"는 "성부시대"에서 "성령시대"로 넘어가는 과도기로 그리스도께서 "성령시대"를 열기 위해 복음을 완성하기 위한 준비기간이기도 하다.

1. 예수 그리스도의 메시아적 사명

예수 그리스도께서 이 세상에 오신 가장 큰 목적은 (1) 천국복음을 선포하는 것이며, (2) 메시아로서 인류를 구속하실 피를 십자가에서 흘리시고 죽어 장사되었다가 3일 만에 사망을 이기시고 다시 무덤에서 부활하시는 구속사역을 성취하는 것이다. 그리하여 인간들에게 자신이 하나님의 아들이심을 입증해 보여주시는 것이다. (3) 장차 주님을 대신하여 구속적 복음을 땅 끝까지 전파하여 "하나님의 나라"(메시아 왕국)를 확장시킬 교회를 세우는 것이다. (4) 마지막으로 교회와 주님의 제자들로 하여금 성령의 침례를 받아 성령의 권능으로 복음을 전하게 하는 것이다.

2. 예수 그리스도가 세우실 교회

주님께서 "주는 그리스도시요 살아 계신 하나님의 아들이십니다"라는 베드로의 신앙고백을 받으신 자리에서 "…내가 이 반석 위에 나의 '에클레시안' (ἐκκλησίαν)을 세우리니…"(…and on this rock I will build my church)라고 하셨다(마 16:16-18). 베드로처럼 신앙고백을 한 신자를 회원으로 구성할 "신약교회"(새 언약의 교회)를 세우시겠다는 뜻이었다. 구약교회는 짐승의 피로 죄 사함을 받았고, 또 특별한 일과 목적에 따라 선택된 지도자들(족장, 모세, 여호수아, 사사, 선지자, 왕 등)에게만 성령이 능력을 주어 역사하시다가 그 사명이 끝나면 철수를 하셨다. 그러나 신약교회는 예수 그리스도의 피로 죄 사함을 받아 거듭나게 하시며, 거듭난 성도들의 마음속에 성령이 내주(內住, abide, 요 14:16-17)하시고, 또 모든 성도들에게 성령의 권능을 입혀(행 1:8) 복음을 땅 끝까지 전파할 수 있는 능력 있는 신앙공동체가 되게 하는 것이다. 이 방법은 성령님께서 종래에 일하시던 방법과는 매우 파격적인 것으로 이 신약교회로 하여금 장차 예수 그리스도를 대신하여 하나님의 나라를 확장하는 책임을 감당할 수 있게 하기 위한 것이었다.

3. 주님의 목회와 신약교회의 태동(胎動)

주님의 목회로 시작된 태아교회(胎兒敎會)의 회원은 침례요한으로부터 회개의 침례를 받은 요한의 제자들(눅 7:29)과 주님으로부터 직접 복음을 듣고 "제자들의 침례"를 받은 사람들이었다(요 3:22; 4:2). 이들은 가룟 유다를 제외한 11제자, 70문도, 수를 정할 수 없는 경건한 500여 명의 유대인들로서 예수님을 하나님의 아들과 메시아로 영접하였고, 주님에 대한 사랑과 그의 말씀에 대한 믿음으로 구성된 하나의 회중이었다.[2] 그리고 이들은 침례요한이 말한 수님이 베푸실 "성령과 불로 주실 침례"를 받으려고 주님을 따르고 있던 사람들이었다. 전도를 마치고 돌아온 70인이 주님께 주의 이름으로 귀신들을 항복시켰던 일을 보고하며 기뻐했을 때 예수 그리스도께서 70문도에게 "…너희 이름이 하늘에 기록된 것으로 기뻐하라…"(눅 10:20)고 하신 것, 제자들을 향하여 "너희는 내가 일러준 말로 이미 깨끗하였으니"(요 15:3)라고 하신 말씀, 요한복음 17장에 제자들을 위한 기도의 내용 등은 이들이 구원 받은 성도들임을 증거하고 있다. 그리고 주님께서 교회의 징계방법을 가르쳐주신 마태복음 18:15-17에 나오는 교회

---

2) H. Orton Wiley and Paul T. Culbertson, *Introduction to Christian Theology* (Kansas City, Missouri: Beacon Hill Press, 1946); 전성용 역, 「웨슬리안 조직신학」 (서울: 도서출판 세복, 2002), p. 438.

는 공생애기간에 주님이 직접 창설하신 교회(마 16:18)를 말한 것이다.[3] 그런고로 주님의 공생애기간에 하나님의 말씀과 성령에 의하여 거듭나고(요 3:5; 벧전 1:23), 믿음으로 구원받는(요 1:12-14; 3:16-18; 5:23) 사역(事役)이 하나님의 말씀이 육신이 되어 오신 예수 그리스도의 가르치심과 그에게 충만히 임하여 계셨던 성령님에 의해 이미 이루어지고 있었던 것이다.[4]

4. 12제자의 훈련과 그들의 연약한 영성

12제자들은 이미 주님의 공생애기간에 성령이 충만하신 예수 그리스도(마 3:16-17; 12:18; 눅 4:1)로부터 병든 자를 고치며, 죽은 자를 살리며, 문둥이를 깨끗하게 하며, 더러운 귀신을 쫓아내는 권능을 받아 유대인들에게 파송되어 "천국이 가까웠다"는 복음을 선포하기도 했었다(마 10:1-15; 막 3:13-19). 그리고 제자들이 환난을 당할 때 그들 속에 계시는 성령님이 할 말을 일러주실 것이니 염려하지 말라고 하셨다(마 10:20). 그뿐만 아니라 70문도들도 "뱀과 전갈을 밟으며 원수의 모든 능력을 제어할 권세"를 받아 파송을 받기도 했다(눅 10:1-20). 그런고로 주님이 목회하신 공생애기간에는 구약의 경륜(經綸)을 따라 주님이 특별히 택하신 제자들에게 성령이 임하여 역사하셨던 것을 알 수 있다.[5]

그러나 주님께서 인류를 구속하기 위해 십자가에서 고난을 받아 죽임

---

3) 강병도 편, 「호크마 종합주석, 마태복음」 (서울: 기독지혜사, 1990), P. 628.
4) 이인한 저, 「오순절과 성령세례」 (서울: 은혜출판사, 1979), PP. 20-32를 보면, 사도들을 포함한 120 문도의 중생 시기를 놓고 오순절 이전에 이미 중생을 했다는 견해와 오순절 성령강림과 함께 중생을 했다는 견해가 서로 대립되어 있는 이유를 잘 설명해 주고 있다. 전자는 성령강림 이전에 하나님의 삼위(三位)를 가시적으로 대표하고 있는 성자(요 14:8-14) 예수 그리스도와 직접 대면하고 함께 살아온 제자들이 그리스도와 함께 계셨던 성령님에 의해 중생을 이미 받았다고 본다(참고: 마 10:1-21; 눅 10:20). 후자는 중생과 성령의 내주(indwelling)를 동일시하여 오순절 성령강림 때 성령침례로 성령이 120문도에게 내주하심으로 중생했다고 한다.
5) 박형룡 저, 「朴亨龍博士 著作全集 VI: 교의신학/교회론」 (서울: 개혁주의 신학협의회, 2002), P. 271; 이상근 저, 「마태복음 주해」 (서울: 예수교장로회 총회출판사, 1981), P. 177.

58 • 침례와 세례 무엇이 다른가?

을 당할 것과 3일 만에 다시 부활하실 것을 여러 번 예고(豫告)하였음에도 (마 16:21; 17:22-23; 20:17-19; 막 8:31-38; 9:30-32; 10:32-34; 눅 9:21-27; 9:43-45; 18:31-34) 불구하고 제자들은 그 말씀을 이해하지 못했으며(마 16:22), 깨닫지도 못했다(눅 18:34). 그뿐만 아니라 잠시만 주님과 떨어져 있어도 세 번이나 주님을 부인한 베드로와 같이(마 26:69-75) 매우 연약하고 미숙한 신자들이었다. 그들은 심지어 그리스도께서 십자가에 못 박혀 죽으셨다가 3일 만에 부활하신 뒤에도 그 사실을 믿지 못하였다(눅 24:36-43). 그 이유는 첫째, 예수 그리스도가 육신을 입고 있어 그 활동이 시간과 공간과 장소의 제한을 받고 있었으며, 둘째, 성령님이 아직 그들의 마음속에 내주(內住)하시지 않았으며, 인침을 받지 못한 까닭이었다. 그래서 사도요한은 "예수께서 아직 영광을 받지 못하신 고로 성령이 아직 저희에게 계시지 아니하시더라"(요 7: 39)라고 했다.

5. 예수 그리스도의 후임 목회자로서의 성령님

예수 그리스도께서 구속사역을 다 마치신 후, 승천(昇天)하여 하나님의 보좌로 다시 돌아가시기 위해서는 예수 그리스도를 대신(代身)해 시간과 공간과 장소를 초월하여 교회와 성도들을 돌보아주실 후임자가 필요했다. 그래서 "내가 아버지께 구하겠으니 그가 또 다른 보혜사(保惠師, Councilor)를 너희에게 주사 영원토록 너희와 함께 있게 하시리니"(요 14:16)라고 약속하신 것이다. 예수 그리스도는 그 동안 활동에 있어서 제한을 받으셨지만, 다른 보혜사 성령님은 그리스도의 영(롬 8:9)으로서 이 세상에 강림하시면 시간과 장소와 공간을 초월해 교회와 성도들의 마음속에 영원토록 내주(內住, Indwelling, 요 14:16-17)하셔서 인(印)을 치시고(고후 1:22), 보혜사로서 모든 것을 가르치시고, 모든 것을 생각나게 하신다고 하셨다(요 14:26). 그리고 진리의 영으로서 예수 그리스도를 증거하시고(요 15:26), 성도들을 진리로 인도하시되 자의로 말하지 않고, 장래 일을 일러 주신다고 했다(요 16:13-15). 죄에 대하여, 의에 대하여, 심판에 대하여 세상을 책망하신다고 하셨다(요 16:8). 마지막으로 성령님은 주님이 하시던 일을 지속하시기 위해 특별히 교회가 성령의 권능을 받아 그리스도의 "십자가"와 "죽음"과 "부활"의 복음을 땅 끝까지 전파하는 일을 보다 더 효율적으로 성취할 수 있도록(요 14:12) 도와주실 분이었다. 때문에 "…내가 떠나가는 것이 너희에게 유익이라…"(요 16:7)고 하셨다

6. 주님의 구속적 "죽음"과 "부활" 그리고 40일 목회

드디어 주님께서 제자들과 마지막 유월절 만찬을 나누시면서 떡을 "내 몸이라" 하시고 또 잔을 "내 피로 세우는 새 언약이니" 하시면서 "이를 행하여 나를 기념하라"(눅 22:19; 고전 11:24-25)고 하신 다음 겟세마네 동산에서 기도하시다가 가룟 유다가 데려온 대제사장들과 서기관들과 장로들이 파송한 무리에게 체포되어 가야바와 빌라도의 재판을 받았고, 다음날 아침 골고다에서 십자가에 달려 피를 흘리시고 죽어 장사되었으며, 예언대로 3일 만에 무덤에서 다시 부활을 하심으로 그의 메시아적 사명을 완수하셨던 것이다.

그러나 제자들은 예수 그리스도의 "죽음"과 "부활"로 인해 받은 충격으로 어찌할 바를 모르고 있었다. 그래서 주님은 한 주간 동안 예루살렘과 그 근방에 계시면서 제자들을 찾아가 자신의 부활을 확인해 주는 일을 하셨다. 첫째 막달라 마리아에게 나타나셨고(막 16:9-11; 요 20:11-18), 둘째, 다른 여인들에게(마 28:9-10), 셋째, 엠마오로 가던 글로바와 다른 제자에게(막 16:12-13; 눅 24:13-32), 넷째, 시몬 베드로에게(눅 24:33-35; 고전 15:5), 다섯째,

도마를 제외한 제자들에게(막 16:14; 눅 24:36-43; 요 20:19-25), 여섯째, 도마와 함께 있던 제자들에게(요 20:26-31), 다음에는 갈릴리 바닷가로 가셔서 고기 잡던 일곱 제자들에게 나타나시었다(요 21:1-23).[6] 그리고 제자들과 약속한 갈릴리에 있는 한 산에 모인 약 오백 명에게 나타나시어 대분부(大分付, The Great Commission)를 선언하신 것이다(마 28:16-20; 막 16:15-18).[7] 그뿐만 아니라 예수님의 형제인 야고보에게 나타나시고(고전 15:7), 승천하시기 전에 예루살렘에 모여 있는 사도들에게 다시 나타나셔서[8] "예루살렘을 떠나지 말고 내게 들은 바 아버지의 약속하신 것을 기다리라. 요한은 물로 침례를 베풀었으나 너희는 몇 날이 못 되어 성령으로 침례를 받으리라"(행 1:4-6)고 하시고 또 "오직 성령이 너희에게 임하시면 너희가 권능을 받고 예루살렘과 온 유대와 사마리아와 땅 끝까지 이르러 내 증인이 되리라"(행 1:8)고 당부를 하셨다. 마지막으로 제자들을 데리고 감람산에 이르러 손을 들어 축복을 하신 후 승천하시어 하나님 우편에 앉으셨다(막 16:19-20; 눅 24: 50-53; 행 1:9-12).[9]

---

[6] 늦어도 이 시점에 많은 제자들이 부활하신 예수 그리스도의 "하나님 나라의 일"에 대한 가르침에 의하여 많은 깨달음과 뉘우침이 있었다고 본다. 특별히 예수님께서 침례를 받으신 이유와 목적, 그리고 제자들이 받은 침례의 의미를 충분히 깨달은 것으로 본다. 그뿐만 아니라 메시아에 대한 믿음이 더 확고해졌을 것이며, 재헌신을 다짐함으로써 이 기간에 120문도가 형성된 것으로 보인다.

[7] 가버나움 뒷산, 8복을 말씀하신 산으로 추측되는 이 산에 모인 500여 명의 제자들에게(고전 15:6) 침례에 대한 별다른 설명이 없이 대분부(大分付)와 함께 "아버지와 아들과 성령의 이름으로 침례를 주라"고 명령하신 것을 보면, 500여 제자들이 모두 예수 그리스도의 십자가의 죽음과 부활에 대한 구속적 의미를 충분히 깨닫고 있었으며, 또 침례가 그리스도의 구속적 죽음과 부활을 상징하고 기념하기 위함인 주님의 뜻을 잘 이해하고 있었기 때문인 것으로 생각된다.

[8] A. T. Robertson, *A Harmony of the Gospels for Students of the Life of Christ* (New York, Evanston, and London: Harper & Row, Publishers 1950); 도한호 역,「복음서 대조서」 (서울: 요단출판사, 1984), P. 278.

[9] 주님이 감람산에서 승천하시기 직전에 사도들과 함께한 자리에서 "예루살렘을 떠나지 말고 성령이 임하시면 권능을 받아 예루살렘과 유다와 사마리아와 땅 끝까지 이르러 내 증인이 되라"고 하신 명령은 적어도 사도들과 또 함께했던 무리들이 주님의 십자가의 죽음과 부활을 직접 목격한 자들로서 성령의 권능만 받으면 주님의 증인으로서 충분한 자격을 갖춘 자들임을 인정하는 대목이다. 즉 지난 3년 반 동안 제자들의 신앙에 우여곡절이 많았지만 중생한 자들만으로 구성될 신약교회의 회원으로서 자격을 인정받는 대목이라 할 수 있다. 그들이 구원받지 못했다면 증인이 되라고 하시지 아니했을 것이다.

7. 예수 그리스도의 목회와 침례

요한복음 3:22에는 "이후에 예수께서 제자들과 유대 땅으로 가서 거기 함께 유하시며 침례를 주시더라"로 되어 있고, 요한복음 4:2에는 "예수께서 친히 침례를 주신 것이 아니요 제자들이 준 것이라"고 되어 있다. 그래서 예수님께서 그의 사역기간 동안 침례를 직접 주셨는지 아니면 제자들에 의해서만 주어졌는지에 대하여는 정확히 알 수 없다. 그러나 메시아의 본질이 물 침례가 아니고 성령침례에 있다는 점으로 미루어 본다면 그의 공생애기간에 침례를 베풀지 아니했다고 생각된다.[10] 다만 예수님이 사역 초기에 제자들을 통해 침례를 주었으나 제사장들과 서기관들이 예수가 침례를 베푼 것으로 알게 되었고, 또 분봉왕 헤롯이 그 동생의 아내 헤로디아의 일로 요한으로부터 책망을 받은 뒤 침례요한을 옥에 가두자 예수께서 유다를 떠나 사마리아를 거쳐 갈릴리로 가신(요 4:1-4; 눅 3:19-20; 막 1:14; 마 4:12; 눅 4:14) 후로 당분간 침례를 중단하신 것으로 보인다. 그러나 주님께서 침례요한의 사역에 대한 하나님의 권위를 인정하셨고(눅 7:26-28), 또 그가 베푼 "침수침례"(Baptism by Immersion)가 하늘에서 온 것임을 인정하신 것(막 11:30)을 보면 침례를 폐하셨거나 부정하신 것은 아니었다.[11]

8. 주님의 공생애기간 제자들이 베푼 침례

요한복음 4:2에 "예수께서 친히 침례를 주신 것이 아니요 제자들이 준 것이라"고 한 기록을 보면 예수 그리스도의 제자들이 주님의 사역기간 동안에 침례를 행하였는데, 그 침례가 그리스도인의 침례와 같이 그리스도

---

10) Johannes Schneider, *Die Taufe im Neuen Testament*; 서동수 역, 「유아세례 성서적인가?」 (서울: 도서출판 바울서신, 2003), P. 52.
11) C. R. Beasley-Murray, *Baptism in the New Testament* (Grand Rapids, Michigan: William B. Eerdmans Publishing Company, 1962), PP. 70-71.

의 구속적인 십자가의 죽음과 장사와 부활을 상징하는 침례로는 볼 수 없다. 그 이유는 첫째, 주님의 십자가의 죽음, 부활, 승천이 이루어지기 전에 예수님의 제자들이 침례를 준 기간에는 아직도 복음이 완성되지 아니하여 예수님도 침례요한처럼 "회개하라 천국이 가까웠느니라"(마 4:17)고 하셨으며, 제자들을 파송하여 "하나님의 나라가 너희에게 가까이 왔다 하라"(눅 10:9)고만 명하셨다. 둘째, 제자들이 예수 그리스도가 구속을 위해 십자가를 지시고 죽었다가 3일 만에 부활하시게 된다는 주님의 예고(豫告)를 이해하지 못했다(마 16:21-26; 17:22-23; 막 9:30-32; 눅 9:43-45; 마 20:17-23). 셋째, 침례요한까지도 죽기 전에 예수가 참으로 메시아인가를 재확인하기 위해 자기 제자를 예수님께 보내어 물어보았다(마 11:2-3; 눅 7:18-20). 넷째, 예수님이 부활하신 뒤에도 제자들이 그 사실을 믿지 못했다(막 16:12-13; 눅 24:24-25; 요 21:1-4). 이상의 정황을 참작해 본다면 다만 (1) 예수를 하나님의 아들로 믿고 구세주(Messiah)로 영접한 후 회개하여 죄 사함을 받아 거듭났으며, (2) 예수 그리스도의 제자가 되어 장차 주님께서 성령과 불로 주실 침례를 받으려고 기다리는 준비된 자라는 뜻으로 주어졌다고 본다. 하나님의 왕국은 메시아의 사역을 통해 실현되어 가고 있었으나 이 땅에 곧바로 실현된 것이 아니듯이, 그리스도의 구속사에 속하는 그리스도인의 침례도 역시 침례요한의 회개의 침례, 예수 그리스도가 받으신 침례, 주님의 공생애기간에 제자들이 베푼 침례 등에 의해 점진적으로 그 윤곽을 드러내고 있었던 것이다.[12]

---

12) Ibid., P. 72. (침례요한의 회개의 침례 → 예수 그리스도의 메시아적 침례 → 주님의 공생애기간 중 제자들 혹은 주님이 베푼 침례 등에 의해)는 필자의 주해.

B. 부활 후 주님의 사역과 대분부

○ 마태복음 28:18-20

⁽¹⁸⁾예수께서 나아와 일러 가라사대 하늘과 땅의 모든 권세를 내게 주셨으니 ⁽¹⁹⁾그러므로 너희는 가서 모든 족속으로 제자를 삼아 아버지와 아들과 성령의 이름으로 침례를 주고 ⁽²⁰⁾내가 너희에게 분부한 모든 것을 가르쳐 지키게 하라. 볼지어다 내가 세상 끝 날까지 너희와 항상 함께 있으리라 하시니라

1. 이 지상명령(至上命令)은 부활하신 주님께서 그의 구속사역을 성취하심으로 하나님 아버지로부터 위임받은(빌 2:5-11) "하늘과 땅의 모든 권세" 즉 메시아 왕국의 통치권에 근거하고 있다는 점을 강조하고 있다. 근본 사상은 예수 그리스도가 왕 되심(The Kingship)을 말한다. 그런고로 이 지상명령(至上命令)은 가장 엄중한 신적 권위(神的 權威)의 명령으로서 그의 제자들로 하여금 이 명령을 소홀히 하거나 무엇을 적당히 바꿀 수 없음을 주지시키고 있다.[13]

2. 이 지상명령(至上命令)은 선교명령으로서 그 주제가 "모든 족속으로 제자를 삼아라"라는 것인데, "가서", "침례를 주고", "가르쳐 지키게 하라"는 단어들은 "제자를 삼아라"라는 본동사의 보조역할을 하는 분사형을 취하고 있다. 그런고로 여기서 말하는 침례는 제자를 만드는 과정의 첫걸음이요, 가르치는 과정의 첫단계가 된다. 따라서 침례는 선교에 초점을 두고 있는 것으로 침수침례를 케뤼그마(κήρυγμα, 복음선포, proclamation)의

---

13) C. R. Beasley-Murray, P. 92.

구체적 표현으로써[14] 복음(福音)의 핵심인 자신의 "죽음"과 "장사"와 "부활"을 상징적으로 실연(實演, demonstrate)해 보이는 복음선포의 매개체(媒介體)로 삼기 위함이었다(고전 10:1-2; 벧전 3:20-21).

3. 이 지상명령(至上命令)에서는 "아버지와 아들과 성령의 이름으로 침례를 주라"고 했으나 사도행전에서는 예수 그리스도의 이름으로 침례가 베풀어졌는데(행 2:38; 8:16; 10:48; 19:5), 삼위일체적 형식의 단축형이라고 추측하고 있다.[15] 즉 삼위 하나님을 믿고 있는 유대인들에게는 나사렛 예수가 메시아이심을 믿고 예수 그리스도의 이름으로 신앙을 고백하고 침례를 받는 것으로 족하였다.[16] 예수님의 이름으로 침례를 받으면 예수님의 제자가 되고, 노예의 이름으로 침례를 받으면 노예가 되며, 자유자의 이름으로 침례를 받으면 자유자가 되는 것이다. 그런고로 침례는 삼위의 하나님과 침례를 받는 자 사이의 관계에 기초를 두고 있다. 마태복음 18:20 "두세 사람이 내 이름으로 모인 곳에는 나도 그들 중에 있느니라"에서 "내 이름으로"(εἰς τό ἐμόν ὄνομα)의 뜻은 예수님에 대한 관심 때문에 모인 무리에 예수님께서 함께하시고, 예수님과 같이 존경도 받고, 우주적 권세에 참여도 하며, 고난에도 참여한다는 것이다. 이와 같이 "아버지와 아들과 성령의 이름으로 침례를 주라"에 있어서 "…의 이름으로"도 역시 구별됨, 헌신, 복종, 소속 등의 뜻인 헬라어 "εἰς τό ὄνομα"(in the name)로서 성삼위의 이름으로 침례를 받음으로 그 신분이 전능하신 주의 제자로 소속되

---

14) W. F. Flemington, *The New Testament Doctrine of Baptism* (London: S. P. C. K., 1948), P. 37.
15) Johannes Schneider, *Die Taufe im Neuen Testament*; 서동수 역, 「유아세례 성서적인가?」 (서울: 도서출판 바울서신, 2003), P. 59.
16) 黑崎幸吉 저, 「黑崎 新約聖書註解, 사도행전」; 곽철영 역, (서울: 제일출판사, 1968), P. 52.

고 구별되어 헌신과 복종을 한다는 뜻이다.[17] 따라서 그리스도인의 침례는 내적으로는 메시아 왕국의 백성으로, 외적으로는 새로운 신앙공동체인 그리스도의 에클레시아(ἐκκλησία, 마 16:18), 곧 신약교회의 회원임을 구별하고 소속을 알리는 의식인 것이다.

4. "그들에게 침례를 주라"에 해당하는 헬라어 밥티존테스(βαπτίζοντες)의 원동사 밥티조(βαπτίζω)는 "물에 잠그다"의 뜻으로 옷감을 염색하는 염색공이 얼룩지지 않게 그 옷감을 먼저 찬물에 완전히 담근 후에 다시 끓는 물감에 완전히 넣어 염색을 하듯이, 침례를 집행하는 주례자가 "성부, 성자, 성령의 이름으로 ○○○에게 침례를 주노라"하고 수침 대상자를 물 속에 완전히 잠근 후 다시 물 위로 끌어올리는 침수침례(Baptism by Immersion)를 말한다. 예수 그리스도도 침례요한으로부터 침수침례를 받으셨다(마 3:16; 막 1:9-10).

5. 마지막으로 "볼지어다 내가 세상 끝 날까지 너희와 항상 함께 있으리라 하시니라"고 하신 말씀은 땅 끝까지 이르러 모든 민족에게 복음을 전할 때 환난을 겪게 될 제자들을 주님께서 위로하시고 격려하시기 위해 하신 것이다. 이 말씀은 "예수 그리스도가 우리와 함께 계시는 임마누엘 하나님 이시다"라는 마태복음 1:23과 "…다른 보혜사를 너희에게 주사 영원토록 너희와 함께 있게 하시리니…저는 너희와 함께 거하심이요 또 너희 속에 계시겠음이라 내가 너희를 고아와 같이 버려 두지 아니하고 너희에게로 오리라"고 하신 요한복음 14:16-18을 상기시키고 있다.

---

17) C. R. Beasley-Murray, P. 90.

제 5 장

그리스도인의 침례 (신자의 침례)

A. 오순절 성령강림의 목적과 의미

예수 그리스도가 감람산에서 승천하시기 전에 "예루살렘을 떠나지 말고 내게 들은 바 아버지의 약속하신 것을 기다리라. 요한은 물로 침례를 베풀었으나 너희는 몇 날이 못 되어 성령으로 침례를 받으리라"(행 1:4-6)고 하시고 또 "오직 성령이 너희에게 임하시면 너희가 권능을 받고 예루살렘과 온 유대와 사마리아와 땅 끝까지 이르러 내 증인이 되리라"(행 1:8)고 하신 당부의 말씀을 따라 11제자들과 예수님의 어머니 마리아와 그의 아우들, 그리고 여자들을 위시하여 120명의 무리가 예루살렘에 있는 한 다락방에서 10일간 성령으로 침례를 받기 위해 합심기도를 했었다(행 1:12-15). 그리고 오순절 날 홀연히 하늘로부터 급하고 강한 바람 같은 소리가 나면서 저희 앉은 온 집에 가득하며 불의 혀같이 갈라지는 것이 저희에게 보여 각 사람 위에 임하였다. 그리하여 저희가 다 성령의 충만함을 받고 성령이 말하게 하심을 따라 다른 방언으로 말하기를 시작했다(행 2:1-4). 이렇게 임하신 성령강림(성령침례)의 목적과 그 의의를 살펴보면 다음과 같다.

오순절 성령강림의 가장 큰 목적은 예수 그리스도께서 십자가의 고난을 받기 전에 제자들에게 "내가 아버지께 구하겠으니 그가 또 다른 보혜사(保惠師, Councilor)를 너희에게 주사 영원토록 너희와 함께 있게 하시리니…"(요 14:16)라고 하신 약속대로 성령님께서 성자 예수 그리스도를 대신(代身)하여 시간과 공간과 장소를 초월해 교회와 성도들을 돌보아 주시기 위해 강림하신 것이다. 그리고 가장 큰 의의는 오순절 성령강림 이후부터 인류의 구속사역(救贖事役)이 하나님과 그의 말씀과 함께 성령의 사역에 의하여 성취되는 성령의 시대가 열렸다는 점에 있다. 신약성경에 나타나 있는 성령님의 하시는 일을 종합해 보면 다음과 같이 세 가지로 구분할 수 있다. ① 불신자로 하여금 죄를 깨닫고 회개하고(요 16:10), 예수를 구세주로 믿고 거듭나게 하며(요 3:3), 새 생명을 얻어(요 3:16) 하나님의 자녀가 되게 하시는 일(요 1:12-3)이다. ② 거듭난 성도들의 마음속에 내주(Indwelling)하시고(요 14:17), 인을 치심으로 구원을 보증하시며(고후 1:21-22; 엡 1:13; 4:30), 모든 것을 가르치시며(요 14:26), 진리 가운데로 인도하시고(요 16:13), 성령의 열매를 맺게 하시고, 성화(聖化)시키는 일(갈 5:16-26)이다. ③ 성도들에게 성령의 권능과 은사를 주어 교회를 섬기며 복음을 효율적으로 전파할 수 있도록 도와주시는 일(행 1:8; 고전 12:7-11)이다.[1]

---

[1] M. D. Lloyd-Jones, *Joy Unspeakable: The Baptism with the Holy Spirit*; 정원태 역, 「성령세례」(서울: 기독교문서선교회, 1986), P. 64; A. B. Simpson, *Power from on High* (New York: Christian Alliance Publishing Co. 1924), PP. 240-241; 조용기 저, 「성령론」(서울: 서울서적, 1980), PP. 83-166. 등은 성령의 사역을 3가지로 구분한다. (1) 거듭나게 하는 사역, (2) 내주와 성화하는 사역, (3) 성령의 권능과 은사를 부여하는 사역 등으로.

1. 오순절 성령강림의 첫 번째 목적은 주님의 공생애기간에 이미 예수님을 그리스도로 믿고 거듭났으나 아직 성령님이 내주하시지 아니한(요 7:39) 120문도들의[2] 마음속에 성령님이 내주(內住, Indwelling)하시기 위함이었다. 이는 예수 그리스도가 요한복음 14:16-20에서 약속하신 대로 성령님이 교회와 믿는 성도들 안에 내주하셔서 시간과 공간과 장소를 초월해 거듭난 성도들을 인침으로 하나님의 자녀 됨과 구원을 보증하시고(고후 1:21-22; 엡 1:13; 4:30), 진리 가운데로 인도하시며(요 16:13), 모든 것을 가르치시므로(요 14:26), 성령의 열매를 맺어 성화(聖化)시키기 위한 것이었다(갈 5:16-26). 즉 하나님의 자녀들이 성도답게 거룩한 삶을 살게 하고 사랑을 실천하도록 하는 것이었다. 그런고로 성령강림의 의의 중 하나는 하나님이 우리와 함께 계시기 위해 하나님의 말씀이 성육신하신 "임마누엘"(Immanuel) 사건(마 1:23; 요 1:14)보다 더 한층 가까이 우리 안에 내주하심에 있다. 이는 예수 그리스도께서 대분부의 마지막에 하신 "볼지어다 내가 세상 끝 날까지 너희와 항상 함께 있으리라"(마 28:20)고 하신 약속까지 포함된 것이다.

2. 오순절 성령강림의 두 번째 목적은 주님께서 승천하시기 직전에 제자들에게 "오직 성령이 너희에게 임하시면 너희가 권능을 받고 예루살렘과 온 유대와 사마리아와 땅 끝까지 이르러 내 증인이 되리라"(행 1:8)고 하신 분부와 요엘 선지자의 예언(욜 2:28-32)을 성취시키기 위함이었다. 즉 제자들로 하여금 그리스도의 복음(십자가와 부활)을 땅 끝까지 효율적으로 전파

---

[2] M. Unger, G. Campbell Morgan, Donald Bridge 등은 120문도가 오순절 성령강림(성령침례)에 의하여 거듭났다고 주장한다. 그러나 이 같은 주장은 예수 그리스도가 3년 반 동안 목회를 하신 목적과 그 업적, 베드로의 신앙고백(마 16:13-20), 70인 제자들의 중생에 대한 예수님의 증언(눅 10: 17-20), 가롯 유다 외 11제자들의 중생에 대한 예수님의 증언(요 13:10), 요한복음 1:12-13, 16; 5:23이 말하는 복음과 구원 등에 대한 설명을 할 수 없는 모순을 초래하게 된다.

할 수 있도록 성령의 능력을 부여하기 위함이었다. 그리하여 120문도가 성령의 충만함을 받아 (1) 방언으로 말을 하고(행 2:4-13), (2) 사도들이 예수 그리스도의 부활을 담대히 증거했으며(행 2:14-36; 3:11-4:31), (3) 하루에 3,000명이 회개를 하고 침례를 받았고(행 2:37-42), (4) 믿는 사람들이 다 함께 모든 물건을 통용하고(2:44), (5) 날마다 마음을 같이하여 성전에 모이기를 힘쓰고, 집에서 떡을 떼며(2:46), (6) 하나님을 찬미함으로 주님이 구원받는 사람을 날마다 더해 주셨고(행 2:47), (7) 앉은뱅이를 고쳤으며(행 3:1-10), (8) 기사와 기적이 일어나게(행 5:1-32) 하신 것이다. 따라서 성령강림의 또 하나의 의의는 주님의 공생애기간에 이미 거듭난 성도였으나 연약하고 무력했던 120문도가 성령의 권능을 부여받아 예수 그리스도의 복음을 담대히 전하는 증인으로 무장되었다는 점이다.

3. 오순절 성령강림의 세 번째 목적은 그리스도의 몸이 되는 교회를 탄생시키기 위함이었다. 최초의 신약교회인 예루살렘교회는 주님께서 공생애기간에 목회를 통하여 태동시켰던 태아교회(胎兒敎會)가 점점 자라 그리스도의 "십자가의 죽으심"과 "부활" 및 "승천"이라는 만삭(滿朔)을 거쳐 오순절 성령강림으로 출산(出産)하게 된 것이다. 그런고로 성령강림의 마지막 의의는 하나님 나라의 확장을 위해 그리스도의 몸이 되는 교회가 설립되어 십자가와 부활의 복음을 땅 끝까지 전파할 수 있게 되었다는 점이다.

B. 사도행전에 나타난 성령의 사역과 침례

사도행전에 나타난 침례와 성령의 관계는 사건별로 그 내용을 요약하고 또 성령의 세 가지 사역, ① 회개하여 거듭나게 하시는 사역, ② 거듭난 성도들 마음속에 내주하셔서 인치시고 성화(聖化)시키는 사역, ③ 교회를 섬기며 복음을 효율적으로 전파할 수 있도록 성령의 권능과 은사를 부여하시는 사역 등에 따라 다음과 같이 분석해 보았다.

1. 120문도에게 임하신 성령침례(행 2:1-36)

주님의 분부(행 1:4-5)를 따라 예루살렘의 한 다락방에 모여 성령으로 침례를 받기 위해 모여 기도하던 120문도(행 1: 12-15)는 침례요한의 메시지를 듣고 죄를 회개하고 침례를 받았거나, 예수 그리스도의 전도를 직접 받고 예수를 메시아로 영접함으로 거듭난 후 침례를 받은 사람들이었다. 즉 주님의 공생애기간에 이미 "① 회개하여 거듭나게 하시는 성령의 사역"에 의해 구원받은 성도들이었다. 그리고 오순절에 다함께 성령으로 침례를 받은 것이다. 여기에서 우리는 [천국복음 선포 → 메시지에 대한 신앙적 수용 → 회개 → 침수침례 → 성령침례][3] 라는 순서를 발견하게 된다. 그런고로 오순절 성령강림은 성령님의 사역 세 가지가 동시에 임한 사건이지만, 주님의 공생애기간에 이미 거듭난 성도인 120문도들에게는 "② 성령의 내주하심의 사역"과 "③ 성령의 능력과 은사를 부여하는 사역"만이 집중적으로 적용되었다고 할 수 있다. 이를 공식화하면 《복음 + ① + 침례 + 오순절 성령강림으로 ② & ③》이 된다.

2. 하루 3,000명이 받은 침례와 성령침례(행 2: 37-49)

사람들이 베드로의 설교를 듣고 마음에 찔려 "우리가 어찌할꼬…"라고

---

3) Johannes Schneider, *Die Taufe im Neuen Testament*. 서동수 역, 「유아세례 성시적인가?」(서울: 도서출판 바울서신, 2003), P. 65.

했을 때 "너희가 회개하여 각각 예수 그리스도의 이름으로 침례를 받고 죄 사함을 얻으라 그리하면 성령을 선물로 받으리니"라고 대답을 했다(행 2:38). 여기에서도 역시 [복음선포 → 메시지에 대한 신앙적 수용 → 회개 → 침수침례 → 성령침례]라는 순서를 발견하게 된다. 그러나 3,000명에 대한 성령님의 사역은 120문도와 다르게 "① 회개하여 거듭나게 하시는 성령의 사역"과 "② 거듭난 성도들 마음속에 내주하시는 성령의 사역"이 동시에 적용된 다음 침례를 받았다. "③ 성령의 권능과 은사를 부여하는 성령의 사역"은 사도행전 2:43-47에 나타난 그들의 변화된 생활의 모습을 보아 침례를 받았을 때 동시에 혹은 그 후에 일어난 것으로 보인다. 이를 공식화하면 《복음 + ① ② + 침례 ③ (혹은 침례 +③)》이 된다.

3. 사마리아인들이 받은 침례와 성령침례(행 8: 4-25)

오순절 성령강림이 있은 지 약 3년 후 스데반의 순교에 이어 당국이 예루살렘교회를 핍박함으로 사도 외에는 다 유다와 사마리아로 흩어지게 되었다(1-3절). 그때 집사 빌립이 사마리아 성에 내려가 복음을 전파하며 귀신도 쫓아내고, 많은 중풍환자와 앉은뱅이를 고치는 일을 행했다(4-8절). 그리하여 빌립이 전파한 하나님 나라와 예수 그리스도의 이름에 관한 말씀을 저희가 믿고 남녀가 다 침례를 받았으며, 심지어 마술사였던 시몬도 믿고 침례를 받은 후 전심으로 빌립을 따라다니면서 그 나타나는 표적과 큰 능력을 보고 놀랐다고 한다(9-13절). 얼마 후 사마리아도 하나님의 말씀을 받았다는 소식을 예루살렘에 있는 사도들이 듣고 베드로와 요한을 보냈다. 그러나 사마리아의 신자들이 아직 한 사람에게도 성령 내리신 일이 없고 오직 주 예수의 이름으로 침례만 받을 뿐이었다. 그래서 베드로와 요한이 저희를 위해 성령 받기를 기도하고 안수를 함으로 성령을 받은 것이다(14-17절).

이를 요약하면 일차적으로 사마리아인들이 빌립이 전한 복음을 믿고 거듭난 뒤 침례를 받았고, 그 후에 다시 베드로와 요한의 안수에 의해 그들이 성령의 은사를 받았다는 뜻이다.[4] 이 순서는 [빌립의 복음전파 → 중생 → 침례 → 베드로와 요한의 안수로 성령을 받음]이 된다. 그리고 성령의 세 가지 사역으로 본다면 빌립의 복음전파로 "① 거듭나게 하시는 성령의 사역"과 "② 거듭난 성도들 마음속에 내주하시는 성령의 사역"이 먼저 함께 일어났으며, 그 후 침례를 받았고, 또 얼마 후에 베드로와 요한의 안수에 의해 다시 "③ 성령의 권능과 은사를 부여하는 성령의 사역"이 임하였던 것이다. 이를 공식화하면 《복음 + ① ② + 침례 + 안수 ③》이 된다.

4. 간다게 여왕의 내시가 받은 침례(행 8: 26-40)

사도행진 8:26-40의 사건은 사마리아사건 직후 있었던 일이다. 그 내용을 요약하면 27-28절은 에디오피아 간다게 여왕의 내시가 먼 길을 여행하여 예루살렘 성전까지 방문해 하나님께 예배를 드리고 돌아가는 도중 병거 위에서 성경까지 읽고 있었으니 이는 그가 여호와 하나님을 믿는 독실한 신자임을 시사하고 있고, 35절은 내시의 요청에 의해 빌립이 이사야 53:7-8에 나오는 고난당하는 양에 대한 설명과 예수 그리스도가 이미 성취하신 십자가와 부활의 복음을 전했음을 말한다. 그리고 36절은 내시

---

[4] 만일 사마리아인들이 베드로와 요한의 안수로 "성령을 받았다"(행 8:17)는 사건을 "①권능과 은사를 부여하는 성령의 사역"이 임한 것이 아니고 "②성령의 거듭나게 하는 사역"과 "③성령의 내주하시는 사역"이 임한 것으로 주장한다면 "빌립이 하나님 나라와 및 예수 그리스도의 이름에 관하여 전도함을 저희가 믿고 남녀가 다 침례를 받으니"(행 8:12)라고 한 말씀에 대한 해석을 할 수 없는 모순에 빠지게 된다.

가 예수를 메시아로 믿고 침례받기를 요청했고, 38절은 빌립이 내시에게 침례를 주었음을 밝히고 있다. 그 순서는 [여호와 하나님을 믿음 → 그리스도의 복음 → 회심과 고백 → 침례]이다. 성령님의 사역은 그리스도의 복음을 듣는 순간 "① 거듭나게 하시는 성령의 사역"과 "② 거듭난 성도들 마음속에 내주하시는 성령의 사역"이 있었으며, 그 즉시 침례를 받았다. 우리는 여기서 예수를 구세주로 영접하여 거듭난 사람이 그 사실을 시인하고 본인의 입으로 고백을 했을 때(롬 10:10) 지체 없이 침례를 베풀어야 한다는 것을 배우게 된다. 이를 공식화하면 《복음 + ① ② + 침례》가 된다.

5. 다메섹에서 일어난 사울의 회심(행 9: 1-19)

오순절 성령강림이 있은 지 약 3년 후 사울이 다메섹에 있는 그리스도인들을 체포하기 위해 대제사장들의 공문을 받아 다메섹에 가까이 이르러 홀연히 하늘로부터 한 빛이 그를 비추는 순간 "사울아 사울아 네가 어찌하여 나를 핍박하느냐?"하는 음성을 듣고 그분이 예수 그리스도이심을 바로 알게 되었다(1-8절). 그리고 장님이 되어 다메섹 성안에 들어가 삼 일 동안 금식기도를 하고 있었으며(9절), 삼 일 후에 주님의 제자 아나니아가 주님의 지시를 따라 사울을 찾아가 그에게 안수하여 눈을 다시 보게 하고 성령으로 충만함을 받게 했다(10-17절). 그리고 침례를 받고 또 음식을 먹으므로 강건하여졌으며(18-19절), 그는 돌변하여 예수가 하나님의 아들이심을 다메섹 사람들에게 전파하는 복음전도자가 되었다(19-22절). 순서는 [여호와 하나님을 믿음 → 예수님이 직접 부르심 → 3일간 금식기도 중 회개와 회심 → 아나니아의 안수로 성령의 충만 → 침례 → 복음전파]이다. 이는 《여호와 하나님을 믿음 + 주님이 직접 부르심 + ① ② + 안수 ③ + 침례 + 복음전파)로 공식화할 수 있다. 이 사건은 믿고 거듭난 자가 침례를 받기 전에 성령의 충만함을 받을 수 있음(즉 "③ 성령의 권능과 은사를 부여하는 성령의 사역"이 임할 수 있음)을 말해 주고 있다.

6. 고넬료 집안의 성령 부어주심(행 10: 1-48)

오순절 성령강림이 있은 지 약 6년 후 가이사랴에 주둔하고 있는 이달리야 부대의 백부장 고넬료가 하나님을 경외하며, 백성들을 많이 구제하고 항상 기도를 해왔는데, 하루는 오후 3시경 천사가 나타나 욥바에 사는 피장 시몬의 집에 투숙하고 있는 베드로를 불러오라고 해서 하인들을 보내었다(1-8절). 한편 베드로는 낮 12시경 피장 시몬의 집 지붕에서 기도를 하던 중 시장할 때 비몽사몽간에 하늘로부터 네 귀를 맨 보자기가 내려오므로 그 안에 있는 것을 보니 모세가 율법으로 금한 부정한 동물, 조류, 기는 것(레 11: 1-47) 등이 가득히 담겨 있었다. 그리고 하늘로부터 "베드로야 일어나 잡아먹으라"는 소리가 들렸다. 그래서 베드로가 "주여 그럴 수 없나이다. 속되고 깨끗지 아니한 물건을 내가 언제든지 먹지 아니하였삽나이다"라고 대답을 했다. 그러자 또 "하나님께서 깨끗케 하신 것을 네가 속되다 하지 말라"고 하셨다. 이런 일이 세 번 있은 후 그 그릇이 곧 하늘로 올리어 갔다(9-16절). 그때 고넬료가 보낸 하인들이 피장 시몬의 집에 도착하여 베드로를 찾았다. 그리고 베드로를 만나 고넬료가 자신들을 보낸 이유를 설명했다(17-22절). 베드로는 하나님의 지시를 따라 그들을 유숙하게 하고 다음날 욥바에 사는 두어 형제들과 함께 가이사랴에 있는 고넬료의 집으로 갔다(23-24절). 베드로는 고넬료와 인사를 나누고 그 집에 모인 사람들을 향해 유대인들이 이방인과 교제하는 것이 위법이지만 "하나님께서 깨끗케 하신 것을 네가 속되다 하지 말라"고 하신 하나님의 지시로 인해 왔다고 했고(25-29절), 고넬료는 하나님의 지시에 따라 베드로를 초청하게 된 내력을 설명했다(30-33절).

그런 다음 베드로가 "하나님은 사람의 외모를 취하지 아니하시고 각 나라 중 하나님을 경외하며 의를 행하는 사람은 하나님이 받으시는 줄 깨달았도다"라고 하면서 침례요한의 선포부터 시작하여 예수 그리스도가 성령의 능력으로 기름부음을 받아 복음을 이스라엘 백성들에게 전파하고, 선한 일을 행하며, 귀신들린 자들을 고쳤으며, 마지막에는 십자가에 달려 죽으시고 사흘 만에 다시 살아나셔서 사도들에게 나타나 보이시며 이 사실에 대한 증인이 되라고 하셨고, 또 예수님 자신이 바로 하나님이 산 자와 죽은 자의 재판장으로 세우신 분이라는 것을 전파하라고 하셨으며, 예수님을 믿는 사람들은 누구나 그분의 이름으로 죄 사함을 받게 된다고 예언자들도 증거했다는 말씀을 전하였다(34-43절). 베드로가 이렇게 말을 할 때에 성령이 말씀 듣는 모든 사람에게 내려오셔서 방언을 말하며 하나님을 높이 찬양하는 것을 듣고 베드로와 함께 온 할례 받은 신자들이 이방인들에게도 성령 부어주심을 인해 놀랐으며(44-46절), 이에 베드로가 "이 사람들이 우리와 같이 성령을 받았으니 누가 능히 물로 침례 줌을 금하리요" 하고, "예수 그리스도의 이름으로 침례를 주라"고 명하였다. 그리하여 저희가 베드로에게 수 일 더 유하기를 간청하였다(47-48절).

34-43절은 복음전파를 말하고, 44-46절은 고넬료와 그 집에 모인 사람들이 베드로가 복음을 전파함으로 "①복음을 믿게 하시고, 회개를 시키시며, 거듭나게 하시는 성령의 사역"과 "② 거듭난 성도들 마음속에 내주하셔서 인치시고 성화(聖化)시키시는 사역" 그리고 "③ 교회를 섬기며 복

음을 효율적으로 전파할 수 있도록 권능과 은사를 부여하시는 사역" 등이 동시에 일어났음을 시사한다. 47-48절은 거듭난 자의 상징과 표시로 침례를 주었다는 것이다. 이 사건은 믿고 거듭난 자가 침례를 받기 전에 성령의 세 가지 사역이 동시에 임할 수 있음을 보여준다. 순서는 [여호와 하나님을 믿음 → 그리스도의 복음 → 성령 부어주심(또는 성령이 내려오심, 성령이 임하심, 성령을 받음) → 침례], 성령의 사역은 《여호와 하나님을 믿음 + 복음 + ① ② ③ + 침례》로 나타난다.

7. 에베소교회의 재침례와 성령(행 19: 1-7)

오순절 성령강림이 있은 지 약 22년 후 사도바울(옛 사울)이 에베소를 방문했을 때 침례요한의 침례를 받았으나 성령에 대하여 듣지도 못한 12명의 무리를 만났다. 그래서 바울이 침례요한이 "내 뒤에 오시는 이를 믿으라"고 한 분이 바로 예수 그리스도라고 하자 그들이 예수의 이름으로 침례를 받았고, 바울이 다시 그들에게 안수를 하매 성령이 그들에게 임하시므로 방언도 하고 예언도 했다. 본문 4절은 사도바울이 예수 그리스도의 복음을 전파했고, 5절은 12명의 무리가 복음을 듣고 회개함으로 그들에게 성령이 "① 회개를 시키시고, 거듭나게 하시는 성령의 사역"과 "② 내주하시어 성화시키시는 성령의 사역"이 일어났음을 시사하고 있다. 그리고 6절은 바울의 안수로 인해 성령이 임하시어 "③ 권능과 은사를 부여하시는 성령의 사역"이 일어났음을 말한다. 순서는 [요한의 침례 → 그리스도의 복음 → 그리스도인의 침례 → 안수하여 성령이 임하심], 성령의 사역은 《요한의 침례 + 그리스도의 복음 + ① ② + 그리스도인의 침례 → 안수 ③]로 나타난다.

8. 결론

1) 사도행전 2:41에 "그 말을 받는 사람들은 침례를 받으매 이날에 제자의 수가 삼천이나 더하더라"라고 한 말의 의미는 이스라엘 공동체(유대교)를 포기하고 새로운 신앙공동체인 예루살렘교회에 편입한 사람들의 수가 하루에 3,000명이 되었다는 뜻이었다. 그러므로 초대교회의 침례는 불신자의 세계에서 예수 그리스도를 구세주로 고백하는 백성으로 들어가는 통로임을 말한다.[5]

2) 에디오피아 간다게 여왕의 내시의 경우(행 8:36-38)에 있어서 침례는 예수를 구세주로 영접하여 거듭난 사람이 그 사실을 본인의 입으로 시인하고, 고백을 했을 때(롬 10:10) 지체 없이 침례를 베풀어야 한다는 것을 말해 주고 있다.

3) 모든 경우에 있어서 침례가 항상 회개 다음에 주어졌고, 침례 다음에는 하나님의 선물인 성령의 은사(Charismatic gifts)와 표적(Sign)이 함께 주어졌다.[6] 성령님이 사역하시는 보편적 순서는 사마리아교회의 경우와 같이 [복음전파 → 회개와 중생 → 침례 → 성령충만]이며, 이를 공식화하면 《복음 + ① ② + 침례 + 안수 ③》이 된다.

4) 침례 다음에 하나님의 선물인 성령의 은사와 표적이 주어졌다는 것은 침례요한의 침례가 오순절의 성령침례를 받음으로 참된 침례가 되었듯이, 침례가 "③ 권능과 은사를 부여하시는 성령의 사역"이 없이는 침례의 마지막 목적을(행 28:19-20) 이룰 수 없음을 말한다. 왜냐하면 침례가 예수 그리스도의 십자가와 부활을 증거할 제자를 만드는 과정의 첫 입문이라면 성령의 충만(행 1:4; 9:17), 성령의 내려오심(행 8:15; 10:44), 성령의 임하심

---

5) C. R. Beasley-Murray, *Baptism in the New Testament* (Grand Rapids, Michigan: William B. Eerdmans Publishing Company), P. 102.
6) Ibid., P. 102.

(행 11:15; 19:6), 성령의 부어주심(행 10:45), 성령을 받음(행 10: 47) 등등은 처음 입문한 제자에게 성령의 권능으로 무장시키는 사역인 까닭이다. 이는 주님께서도 침례를 받으시고 물에서 올라오실 때 성령의 임하심(마 2:16), 혹은 내려오심(막 1:10)을 받아 성령의 능력으로 무장되어 그의 메시아적 사명을 완수하는 영예의 종결을 보았으며, 120문도들도 성령침례와 함께 성령의 충만함을 받아(행 2:4) 성령의 권능과 은사로 주의 복음전파를 효율적으로 수행했기 때문이다.

5) 사마리아인들의 사건(행 8: 4-25)과 사울의 회심사건(행 9: 1-19), 그리고 에베소교회의 사건(행 19: 1-7)은 베드로, 요한, 아나니아, 바울 등이 안수를 함으로 "③ 권능과 은사를 부여하시는 성령의 사역"이 일어났으나 고넬료 집안에서는 성령이 말씀 듣는 모든 사람에게 내려오신 것(행 10:44)을 보면 안수가 성령을 받게 하는 조건이나 필수가 아님을 시사하고 있다.

6) 고넬료 집안의 성령 부어주심(행 10: 1-48)의 사건은 성령의 세 가지 사역이 동시에 일어날 수 있음을 시사하고 있고, 사울의 회심(행 9: 1-19)과 고넬료 집안의 사선은 거듭난 자가 "침례"를 받기 전에 "성령 부어주심"이 먼저 발생할 수도 있음을 말한다.

7) 오순절 이후부터 "③ 권능과 은사를 부여하시는 성령의 사역"에 성령 내리신 일(행 8:15), 성령을 받다(행 8: 17), 성령의 선물 또는 하나님의 선물(행 2:38; 8:20), 성령의 충만(행 9:17), 성령의 부어주심(행 10:45), 성령이 임하심(행 11:15; 19:6) 등의 술어가 사용되어 왔지만, 고넬료 집안에 성령의 세 가지 사역 ① ② ③이 동시에 일어나자 그 당시의 정황(情況)을 "성령이 내려오시니"(행 10:44), "성령 부어주심을 인하여"(행 10:45), "성령을 받았으니"(10:47) 등의 술어로 표현했다. 그리고 베드로는 "[15]내가 말을 시작할 때에 성령이 저희에게 임하시기를 처음 우리에게 하신 것과 같이 하는지라 [16]

내가 주의 말씀에 요한은 물로 침례 주었으나 너희는 성령으로 침례 받으리라 하신 것이 생각났노라 ⑰그런즉 하나님이 우리가 주 예수 그리스도를 믿을 때에 주신 것과 같은 선물을 저희에게도 주셨으니 내가 누구관대 하나님을 능히 막겠느냐"(행 11:15-17)라고 했다. 즉 그는 고넬료 집안에 일어난 성령의 역사가 오순절에 임하신 성령침례와 같으며, 오순절 날 120 문도들이 성령으로 침례를 받을 때 주님께서 주신 선물(성령의 은사)과 같은 선물, 그리고 베드로 자신이 "너희가 회개하여 각각 예수 그리스도의 이름으로 침례를 받고 죄 사함을 얻으라 그리하면 성령을 선물로 받으리니"(행 2:38)라고 한 그 선물이 고넬료 집안사람들에게 주어졌다고 했다. 그래서 "③ 권능과 은사를 부여하시는 성령의 사역"을 오순절주의 학자들은 "성령침례"라 하고 또 "성령으로 침례를 받으라"고도 한다.

그러나 대부분의 개혁주의 신학자들은 사도바울이 고린도전서 12:13에서 "우리가 유대인이나 헬라인이나 종이나 자유자나 다 한 성령으로 침례를 받아 한 몸이 되었고 또 다 한 성령을 마시게 하셨느니라"고 한 말씀을 놓고 "한 성령으로 침례를 받아"(baptized by one Spirit)의 뜻이 모든 그리스도인들이 회개하고 거듭날 때 이미 성령침례를 받았음을 의미하는 것이고, "③ 권능과 은사를 부여하시는 성령의 사역"은 "성령충만"의 결과인고로 "성령침례"가 아니라 "성령충만"을 위해 기도를 해야 한다고 주장한다.[7] 한편 오순절주의 신학자들은 고린도전서 12장 전체가 성령의 은사와 지체성을 언급한 것이므로 "한 성령으로 침례를 받아"는 "③ 성령의 능력과 은사를 부여하는 성령의 사역"을 뜻한 것이라고 하면서, "성령으

---

7) 이 견해의 대표적인 학자는 John R. W. Stott, Merrill Unger, John F. Walvood, Donald Bridge, Campbell Morgan, 박형용, 박윤선 등이며, 이상훈 저,「성령은 과연 불인가?」(서울: 도서출판 진흥, 2004)도 PP. 205-218에서 이 견해를 설명하고 있다.

로 침례를 받는다"의 말은 구원받은 신자들의 사역(mission)을 위해 필요불가결(必要不可缺)의 신령한 장비(Equipments)라고 한다.[8] 그리고 개혁주의 학자며 은사주의자인 로이드 존스(Lloyd-Jones)는 성령의 사역 ① ②는 "한 성령에 의해 침례를 받아"(were baptized by one Spirit)이고, 성령의 권능을 부여하는 성령의 사역 ③은 "성령으로 침례를 줄 것이다"(will be baptized with the Holy Spirit)로서 서로가 다르다고 한다.[9] 또 어떤 사람은 개혁주의에서 거듭날 때 받은 성령침례를 "성령의 기본침례"라 하고, "③ 성령의 능력과 은사를 부여하는 성령의 사역"을 "성령의 능력 침례"라고 구분하기도 한다.

C. 사도들의 서신에 나타난 침례의 의미

1. 바울서신에 나타난 침례[10]

흔히 고린도전서 1:14 이하에 나타난 말씀을 근거로 바울은 침례를 중요하게 여기지 않았다고 생각하는 사람들이 있지만 사실은 그렇지 않다. 고린도전서 15:29의 말씀을 보면 침례의 중요성을 지나칠 정도로 강조하고 있다. 뿐만 아니라, 고린도전서 10:1 이하에 기록된 침례의 모형론(typology)은 바울의 가르침을 푸는 열쇠로 사용되고 있다. 그러므로 전체적인 그림을 잘 살펴보는 것이 바람직하다.

1) 로마서 6:1 이하: 여기에 나타난 핵심은 "그리스도와 함께 죽고, 사

---

8) 이 견해의 대표적 학자와 목회자는 Ralph M. Riggs, Don Basham, R. A. Torrey, James A. Stewart, Elder Cumming, Andrew Murray 등이며, 조용기 저, 「성령론」(서울: 서울서적, 1980)도 PP. 83-167에서 이 견해를 설명하고 있다.
9) M. D. Lloyd-Jones; 정원태 역, 「성령세례」, PP. 168-174.
10) C. R. Beasley-Murray, PP. 126-216.

는 것"에 대한 개념이다. 많은 학자들은 이 개념이 헬라 신비종교(Greek Mystery Religion)의 영향이라고 주장한다. 그러나 이 개념은 초기 케뤼그마(kerygma)가 그 기초가 되었음을 알아야 한다. 즉 고린도전서 15:3-4에 나타난 "죽고, 장사되고, 부활함"에 근거한 것이다. 여기서 "연합"(identifies, or united with Christ)이란 구속사역을 이루신 그리스도와의 관계를 말하는 것이며, 다음의 세 가지 의미를 담고 있다. 첫째, 그리스도의 실제적 죽음과 부활, 둘째, 그리스도의 죽음/부활이 성도들에게 미치는 삶의 영향, 즉 옛 생활은 벗어버리고 그리스도 안에서 입게 될 새 생활을 뜻함. 셋째, 그리스도인 삶의 윤리적 측면을 의미한다. 즉 육신을 못박고 성령 안에서 시작되는 새 삶을 의미한다. 그리고 시제가 부정과거(aorist)인 것은 침례가 성도의 삶에 일어나는 획기적인 경험임을 강조한다(침례와 관련된 구절들이 대부분 부정과거시제인 것은 흥미로운 사실임).

2) 고린도전서 1:11-17: 이 본문은 침례의 중요성을 부정하는 것이 아니다. 오히려 침례의 의미가 침례를 베푼 자에게 있는 것이 아니라, 그리스도 자신에게만 있음을 강조하는 것이다. 아마도, 바울은 복음을 전하는 일에 전념하고, 침례는 다른 사람을 세워주게 한 것 같다.

3) 고린도전서 6:11: 침례와 상관없는 것처럼 보이지만, 많은 학자들은 여기에 나타난 표현들이 침례를 암시하고 있다고 본다. 사도행전 22:16에서 사용되었던 것과 유사한 표현이 여기에 나오며, 시제가 부정과거인 점과, "그리스도의 이름" 등의 표현들이 침례를 염두에 둔 표현들이다. 여기서 한 가지 주목할 것은 침례에 그리스도의 이름과 성령이 함께 사용되었다는 점이다. 나중에 성삼위의 이름이 함께 나온다(마 28:19).

4) 고린도전서 7:14: 유아세례를 주장하는 사람들은 여기에 유아세례에 대한 암시가 나타나 있다고 한다. 즉 초대교회 성도들이 유대인들의

관습을 따라 부모들이 개종하기 전에 태어난 아이들에게 침례를 베푼 예가 있다고 한다. 그러나 이에 대한 기록이 없으므로 이것이 오늘날 유아세례를 정당화하는 근거가 될 수는 없다.

5) 고린도전서 10:1 이하: 홍해와 침례의 모형론을 통해 새 이스라엘을 위한 침례의 의미를 조명했다. 다시 한 번 그리스도의 구속사역(redemptive action of Christ)과 침례의 연합이 나타나 있다.

6) 고린도전서 12:13: 침례가 그리스도의 몸으로 들어오는 과정임을 강조하는데, 특히 성령이 그 중재자(agent) 역할을 한다는 점이 주목된다. 물론 단순히 교회의 회원권(membership)을 뜻하기보다 진정한 교회(true church)의 회원이 되는 즉 구원사건을 뜻한다. 여기서도 부정과거시제 "침례를 받아"가 사용되었다. 여기에 나타난 몇 가지 중요성을 정리해 보면 (1) 고린도전서 6:11과 마찬가지로, 성령이 침례에 연관되어 있다. 아마도 침례 후 성령의 지속적인 성화사역을 강조한 것이 아닌가 생각된다. (2) 침례요한이 메시야가 오시면 성령으로 침례를 주실 것이라는 예언이 사도행전을 통해 성취되었으며, 이 본문에서도 이를 반영하고 있다. (3) 갈라디아서 3:26-27에서 침례가 그리스도의 몸(교회)을 입는 사건으로 간주되었는데, 이 본문에서 다시 반복되고 있다. (4) 갈라디아서 3:26-27과 본문(고전 12:13)은 둘 다 침례가 그리스도교회에 대한 것임을 강조하는 것이며, 침례를 통해 사회적 계층의 구별이 하나로 됨을 강조하고 있다.

7) 고린도전서 15:29: "죽은 자를 위해 받는 침례"가 무엇인가에 대한 해석이 다양하다.[11] 이것은 순교로 말미암아 빈자리들을 채운 사람들(즉 환

---

11) 첫째, 신앙을 가졌으면서도 침례를 받지 못하고 죽은 친구를 대신하여 받는 것. 둘째, 본문의 "죽은 자"는 육적으로 죽은 자가 아니라 영적으로 죽은 자를 의미하는 것으로, 영적으로 죽은 자가 침례를 받음으로 그들이 영적으로 죽었다가 다시 산다는 고백을 말한 것. 셋째, 순교로 말미암아 빈자리들을 채운 사람들(즉 환난 가운데서도 새로 입교한 사람들)에게 주는 침례를 의미하는 것.

난 가운데서도 새로 입교한 사람들)에게 주는 침례를 의미하는 것이지, 죽은 사람을 침례 주는 이방인의 관습(practice)을 말하는 것이 아니다.

8) 고린도후서 1:22; 에베소서 1:30; 4:30: 기름 부으시고, 인치시고, 성령을 주심(anointed, sealed, gave)이 모두 부정과거시제(aorist tense)이다. 침례를 베풀 때 성령의 기름부음과 인치심이 주어지며, 그것이 구원의 보증이 되는 것이다.

9) 갈라디아서 3:26-27: 침례의 전제가 "믿음으로 하나님의 아들 됨"(sonship)에 있음을 말한다. 침례의 결과는 그리스도로 옷 입는 것. 이것은 옛 생활을 청산하고, 그리스도의 인격을 닮은 새 생활을 시작함을 의미한다.

10) 에베소서 4:5: 한 몸, 한 성령, 한 믿음, 그리고 한 침례를 강조함으로 앞에서 바울이 강조했던 것처럼, 침례는 진정한 믿음을 표현하는 가장 객관적이며, 또한 내적 상징이며, 성령을 통해 한 몸에 들어가게 하는 것이다.

11) 에베소서 5:25-27: 그리스도의 신부가 받게 될 "씻음"을 침례의 상징으로 보았다. 그렇다면 여기서 "말씀"은 무엇을 의미하는가? 어떤 분은 "복음"이라고 보기도 하고, 어떤 이는 "침례예식의 구문"(Formula of Baptism)이라고도 하고, "초기 신앙고백"(Jesus is the Lord)으로 보기도 한다. 그러나 복음이 더 타당하다고 생각한다.

12) 골로새서 1:13 이하; 2:15: "흑암의 권세에서 건져내고, 옮겼다"는 표현이 모두 부정과거시제(aorist tense)로 되어 있다. 이것은 그리스도의 구속역사가 이루어 낸 결과이며, 침례가 의미하는 상징이기도 하다.

13) 골로새서 2:11 이하: 여기서 할례와 침례를 대비하고 있다. 특별히 11절에서 "그리스도의 할례"라고 표현한 것은 영적 할례를 강조한 것이

요, 몸의 일부만 잘라내는 것이 아니라, 우리의 육체(flesh) 전체를 베어내는 것을 뜻한다. 즉 침례는 우리의 육에 대한 완전한 결별을 상징하는 것이다. 12절은 로마서 6:1 이하의 경우와 마찬가지로 "함께 장사되고, 부활함"에 대한 개념을 적고 있다.

14) 디모데전서 6:12-13: 소위 말하는 침례의 고백(baptismal confession)이 여기에 나와 있다. 이것은 수침자(受浸者)가 침례 받기 전에 공중 앞에서 했던 고백으로 알려져 있다. 이것은 공적 고백을 강조했던 주님의 말씀(막 8:38)과 일치하는 것이며, 침례를 행할 때 반드시 수행(binding obligation)하도록 했다.

15) 디모데후서 2:11-12; 디도서 3:5-7: 초기교회가 침례를 행할 때 불렀던 찬양(baptismal hymn)이었을 가능성이 많다.

16) 결론: 이상으로 살펴본 바울의 침례에 대한 교훈들을 정리해 보면 다음과 같이 종합해 볼 수 있다. (1) 침례는 그리스도의 구속역사(Redemptive Action of Christ), 즉 죽으심(장사)과 부활에 그 기초를 두고 있다. (2) 침례는 그리스도와의 신비로운 연합을 상징하는 것으로 성령이 그 중재자(agent) 역할을 한다. (3) 침례는 성도의 삶에 일어날 획기적인 변화를 상징한다. 이것이 침례를 표현한 모든 구절이 부정과거시제(aorist tense)로 되어 있는 이유이다. (4) 그 변화는 옛 자아를 벗고 새 자아를 입는 것을 말한다. (5) 침례는 그리스도의 몸(교회)과 관련이 있다. 성도는 침례를 통해 그리스도의 몸 안에 들어오게 되며, 새로운 신분을 얻게 된다. (6) 침례는 공적 신앙고백으로 이루어져야 한다.

2. 사도요한의 문헌에 나타난 침례[12]

1) 요한복음: 요한복음에는 예수님의 침례사건이나, 침례에 대한 분부,

주의 만찬에 대한 직접적인 언급이 생략되어 있다. 그럼에도 불구하고, 성례(聖禮, Sacraments)에 대한 교훈이 가장 풍성하게 등장하는 것이 제4복음서이다. 오스카 쿨만(Oscar Cullmann) 같은 학자는 3장의 니고데모 사건, 9장의 소경의 눈을 씻은 사건, 13장의 세족식, 19장의 옆구리에서 물과 피가 나온 사건 등을 침례에 대한 상징적 의미로 해석하고 있다. 그러나 사도요한의 침례에 대한 강조는 "성령의 침례"에 대한 것이다. 3장에서 니고데모와의 대화중에 성령으로 거듭남을 설명한 것도 이런 맥락이다.

2) 요한일서 5:5-8: "물과 피로 임하셨다"는 표현은 그리스도가 침례 받으심으로 공생애를 시작하셨고, 십자가의 죽으심으로 구속을 완성하셨음을 뜻한다. 이것을 증거해 주는 것이 성령이다. 혹자는 여기서 물은 침례예식을 상징하는 것이며, 피는 성찬식을 상징하는 것이라고 주장하지만, 예식에 대한 강조보다는 그리스도의 구속역사에 대한 강조가 더 일차적인 듯하다.

3. 히브리서와 베드로전서에 나타난 침례[13]

1) 히브리서 6:1-6: 이 부분이 그리스도교의 교훈인지, 유대교의 교훈인지에 대한 확인이 먼저 필요하다. 보편적인 견해는 유대교의 교훈으로 보는 것이다. 그렇다면, 2절의 "침례들"이라는 표현은 그리스도인의 침례를 뜻하기보다는 유대교의 결례(washings or purification)로 보아야 한다. 실제로 사용된 헬라어도 다른 것이다. 침례에 대한 보편적인 헬라어는 밥티스마($\beta\acute{\alpha}\pi\tau\iota\sigma\mu\alpha$)인데, 여기서는 밥티스모스($\beta\alpha\pi\tau\iota\sigma\mu\acute{o}s$)가 사용되었다. 똑같은 단어가 히브리서 9:10; 마가복음 7:4, 8에서도 사용되었는데 "씻는 것"이라고

---

12) C. R. Beasley-Murray, PP. 216-242.
13) C. R. Beasley-Murray, PP. 242-262.

번역했으며, 그것은 유대인의 결례식을 표현한 것이었다. 그러므로 여기에 나타난 침례에 대한 교훈은 직접적인 것이라 할 수 없다.

2) 히브리서 10:22-23: 여기서도 "맑은 물로 씻음"에 대한 표현이 나온다. 그러나 그 앞의 "마음의 피 뿌림"을 전제로 했기에, 물이 죄를 씻는다는 의미는 아니다. 오히려, 침례를 통해 그리스도의 피로 말미암아 청결하게 된 우리의 내적 상태를 표현하게 된다고 보아야 한다.

3) 베드로전서: 베드로전서 전체를 침례를 행할 때 행해졌던 설교(Baptismal Treatise)로 보는 견해가 있다. 서신 전체를 그렇게 보기에는 무리가 있다고 생각되지만, 베드로전서 1:3-4:11까지의 내용을 수침자(受浸者)에게 설교하는 것은 타당하다고 본다. 크게 두 가지 부분으로 구성되어 있는데, 첫째로, 침례를 통해 실제적으로 구속 받은 자가 누리게 될 기쁨과 소망이 표현되어 있고 둘째로, 구원 받은 자가 살아야 할 삶의 성격과 심판과 부활에 대한 소망이 나타나 있다.

4) 베드로전서 3:20-21: 여기서 물을 구원의 표로 보고, 그것을 침례라고 했다. 그러나 물 그 자체가 구원의 능력을 가진 것은 아니다. 오히려 믿음과 순종으로 하나님께 나아갈 때 예수 그리스도의 부활의 능력이 우리를 구원하는 것이다. 침례는 그것의 외적 상징일 뿐이다.

D. 주님이 직접 명하신 두 가지 교회의식

예수 그리스도께서 제정하신 교회의식(敎會儀式, Ordinances of The Church)은 침수침례(Baptism by Immersion)와 주의 만찬(Lord's Supper)뿐이다. 교회의식이란 예수 그리스도께서 교회에 명령하신 예식(禮式)을 말한다.[14] 즉 예수 그리스도께서 제자들에게 주님이 재림하실 때까지 지켜 행하라고 명령하신 침례와 주의 만찬을 말한다(마 28:19-20; 마 26:29; 눅 22:19; 고전 11:24). 교회의식의 성격은 영적 진리를 위한 상징적 행위(象徵的 行爲, Symbolic Acts)로서, 복음의 핵심진리인 그리스도의 구속적인 십자가의 죽으심과 승리의 부활을 영원히 기억하게 하는 방법이며, 성도들이 구속에 대한 하나님의 은혜를 감사하며 기념(記念)하는 것이다.

1. 침례(浸禮, Baptism by Immersion)

1) 침례의 형식(形式): 신약성경에 나타난 침례는 침수침례(Baptism of Immersion)이다. 초대교회에서는 전신이 물 속에 잠기고 그 다음에 다시 물 속에서 올라오는 형식(Mode) 이외에는 다른 형태의 침례가 없었다. 신약성경에서 사용된 "침례를 주다"로 쓰이는 단어 "밥티제인"($\beta\alpha\pi\tau\iota\zeta\epsilon\iota\nu$)이 이를 증거한다. 이 동사로부터 유래된 명사 "밥티스마"($\beta\acute{\alpha}\pi\tau\iota\sigma\mu\alpha$)는 침례를 뜻한다. "밥티제인"($\beta\alpha\pi\tau\iota\zeta\epsilon\iota\nu$)과 "밥티스마"($\beta\acute{\alpha}\pi\tau\iota\sigma\mu\alpha$)는 침례에 있어서 외형적인 진행과정을 명백하게 만든다.[15] "밥티제인"($\beta\alpha\pi\tau\iota\zeta\epsilon\iota\nu$)의 원동사 "밥티조"($\beta\alpha\pi\tau\iota\zeta\omega$)는 "물에 잠그다"의 뜻으로 옷감을 염색할 때 얼룩지지 않게 그 옷감을 먼저 찬물에 완전히 담근 후에 다시 끓는 물감에 넣어 염색하듯이, 침례를 집행하는 주례자가 "성부, 성자, 성령의 이름으로 ○○○에게

---

14) J. Clyde Turner, *The New Testament Doctrine of the Church* (Nashville, Tennessee: Broadman Press, 1951), P. 76은 교회의식(敎會儀式, Ordinances of The Church)의 정의(Definition)를 다음과 같이 설명하고 있다. "교회의식이라고 하는 영어 'Ordinances'에는 흠정역(欽定譯, King James Version) 신약성경에 사용된 네 가지의 헬라어가 포함되어 있다. (1) 히브리서 9:1, 10에 사용된 $\delta\iota\kappa\alpha\iota\omega\mu\alpha$(regulation = 규약, 규칙; requirement = 요구조건; commandment = 계명), (2) 고린도전서 11:2에 사용된 $\pi\alpha\rho\alpha\delta o\sigma\iota\varsigma$(tradition = 전통, 유전, 전승), (3) 베드로전서 2:13에 사용된 $\kappa\tau\iota\sigma\iota\varsigma$(institution = 제도), (4) 사도행전 17:7에 사용된 $\delta o\gamma\mu\alpha$ (decree = 칙령; ordinance = 법령; command = 명령) 등을 ordinances로 번역한 것이다. 가톨릭교, 성공회, 루터교에서는 세례와 주의 만찬을 성례전(聖禮典, The Sacraments)이라 부르고, 장로교파와 감리교파에서는 성례(聖禮) 혹은 성례전(聖禮典)으로 부르고 있다.
15) Johannes Schneider; 서동수 역, 「유아세례 성서적인가?」, P. 145.

침례를 주노라" 하고 수침자(受浸者)를 물 속에 완전히 잠근 후 다시 물 위로 끌어올리는 것을 말한다. 신약성경에 "밥티스마"(βάπτισμα)가 22번이나 사용되었고, 또 동사 "밥티조"(βαπτίζω)는 81번이나 사용되었다.[16] 예수 그리스도께서도 침수침례(浸水浸禮)를 받으셨다(마 3:16).

2) **침례의 의미**: 침례의 의미는 사도바울이 로마서 6:3-11에서 잘 설명하고 있다. 침례는 예수님을 믿고 거듭난 자가 중재자(agent) 성령에 의해 예수 그리스도와 영적 연합을 이루게 됨을 의미하는 것으로 첫째로, "물 속에 들어가는 것"은 예수 그리스께서 인류를 구속하시기 위해 십자가에 못박혀 피를 흘리시고 죽어 무덤에 장사되었음을 뜻하는 것이고, 동시에 수침자(受浸者)의 옛 사람이 그리스도와 연합하여 함께 죽었다는 뜻이다. 둘째로, "물 속에서 올라오는 것"은 예수 그리스도께서 장사된 지 3일 만에 사망을 이기고 무덤에서 다시 부활하셨다는 뜻이며, 동시에 수침자가 그리스도와 연합하여 새 생명을 얻어 의인의 신분으로 다시 살아났다는 뜻이다. 이는 성령 안에서 새로운 삶을 살게 되었음을 의미한다. 셋째로, 주님이 재림하실 때 모든 그리스도인들이 부활 혹은 변화하여 승천할 것을 뜻하는 것이다.

○ 로마서 6:3-11

⑶무릇 그리스도 예수와 합하여 침례를 받은 우리는 그의 죽으심과 합하여 침례받은 줄을 알지 못하느뇨 ⑷그러므로 우리가 그의 죽으심과 합하

---

16) 1957년 침례신학교 교장 도월태(Ted. H. Dowell) 교수의 "침례교 교리"강의 Notebook에서; 필자의 조사에 의하면 Robert Young, *Analytical Concordance of the Bible*, Twenty-second American Edition Revised (Wm. B. Stevenson. New York: Funk and Wagnalls Company, n. d.)와 W. S. Moulton and A. S. Geden, *A Concordance to the Greek Testament* (Edinburg: T. & T. Clark LTD, 1986)에는 "밥티스마"(βάπτισμα, 침례)가 22번. "밥티조"(βαπτίζω)는 74번으로 나와 있다.

여 침례를 받음으로 그와 함께 장사되었나니 이는 아버지의 영광으로 말미암아 그리스도를 죽은 자 가운데서 살리심과 같이 우리로 또한 새 생명 가운데서 행하게 하려 함이니라. ⁽⁵⁾만일 우리가 그의 죽으심을 본받아 연합한 자가 되었으면 또한 그의 부활을 본받아 연합한 자가 되리라 ⁽⁶⁾우리가 알거니와 우리 옛 사람이 예수와 함께 십자가에 못박힌 것은 죄의 몸이 멸하여 다시는 우리가 죄에게 종 노릇 하지 아니하려 함이니 ⁽⁷⁾이는 죽은 자가 죄에서 벗어나 의롭다 하심을 얻었음이니라 ⁽⁸⁾만일 우리가 그리스도와 함께 죽었으면 또한 그와 함께 살 줄을 믿노니 ⁽⁹⁾이는 그리스도께서 죽은 자 가운데서 사셨으매 다시 죽지 아니하시고 사망이 다시 그를 주장하지 못할 줄을 앎이로라. ⁽¹⁰⁾그의 죽으심은 죄에 대하여 단번에 죽으심이요 그의 살으심은 하나님께 대하여 살으심이니 ⁽¹¹⁾이와 같이 너희도 너희 자신을 죄에 대하여는 죽은 자요 그리스도 예수 안에서 하나님을 대하여는 산 자로 여길지어다.

3) **침례의 목적:** (1) 예수님을 믿고 거듭난 사람으로 하여금 예수님께서 명령하신 대분부(大分付, The Great Commission, 마 28: 18-20; 행 1:8)에 순종하게 하는 것이다. 이 지상명령(至上命令)은 부활하신 주님께서 그의 구속사역을 성취하심으로 하나님 아버지로부터 위임받은(빌 2:5-11) "하늘과 땅의 모든 권세" 즉 메시아 왕국의 통치권에 근거하고 있다는 점을 강조하고 있다. 근본사상은 예수 그리스도가 왕 되심(Kingship)을 말한다. 그런고로 이 지상명령(至上命令)은 가장 엄중한 신적 권위(神的 權威)의 명령으로서 그의 제자들로 하여금 이 명령을 소홀히 하거나 무엇을 적당히 바꿀 수 없는 것임을 주지시키고 있다.[17] (2) 수침자가 믿음에 의해 자신의 내면에서 일어난

---

17) C. R. Beasley-Murray, P. 92.

영적 체험을 가시적으로 표시(表示, a mark)하는 데 있다. 즉 수침자로 하여금 예수를 그리스도로 믿음으로 주님의 죽음과 장사와 부활로 이룩하신 구속의 은혜로 거듭나 영생을 얻었고, 또 그리스도와 연합하여 새사람이 되었음을 상징적으로(Symbolically) 표시하며, 이를 기념하고, 영원히 기억나게 하는 것이다. (3) 예수님을 믿고 거듭난 수침자가 자신이 하나님의 자녀가 되었음을 교회 앞에 선포함으로써 그 교회의 회원(Membership)이 되게 하는 것이다. (4) 수침자로 하여금 자신이 그리스도의 증인으로서 땅 끝까지 복음을 전파해야 한다는 사명감을 다짐하며 이를 위해 성령의 권능을 받도록 간구함에 있다. (5) 침수침례를 케뤼그마(κήρυγμα, 복음선포)의 구체적 표현으로써 복음(福音)의 핵심인 주님의 "죽음"과 "장사"와 "부활"을 상징적(象徵的)으로 실연(實演, demonstrate)해 보이는 복음선포의 매개체(媒介體)로 삼기 위함이었다.

4) 침례를 베풀 집례자와 대상자: (1) 침례의식은 일종의 예배인고로 그 교회의 예배를 책임지고 있는 담임목사가 집례를 하는 것이 가장 타당하다. 그러나 담임목사가 없을 때는 교회가 위임한 사람이 대행힐 수도 있다. (2) 침례를 받을 대상자는 자신이 예수 그리스도의 복음을 믿고 거듭난 영적 체험을 그 교회의 공식예배 때 간증을 통해 그 사실을 입증함으로 교회의 찬동을 받은 자라야 한다. 신약성경적 침례는 그리스도를 믿는 자의 침례였다. 그리스도를 "믿는 자의 침례"란 성인이 되지 아니했어도 복음을 듣고 예수를 그리스도로 영접한 후 죄를 회개하고 신앙을 고백할 수 있는 나이에 도달한 어린이들까지 포함한 것을 의미한다. 따라서 죄를 회개하고 신앙을 고백할 수 없는 유아들에게 주는 유아세례(혹은 유아침례)는 신약성경에 증언되어 있지 않았다.

2. 주의 만찬(The Lord's Supper)

예수 그리스도께서 십자가에 못박혀 돌아가시기 전 날 밤 유월절 저녁 식사를 제자들과 함께하시면서 "떡"과 "포도주"로 자신의 "죽음"을 교회가 기념하여 기억하게 하는 "주의 만찬"(The Lord's Supper)을 침례 다음으로 또 하나의 교회의식으로 제정하셨다(막 14: 12-26; 눅 22:7-23; 고전 11:23-34).

○ 마태복음 26:26-28

⑵⁶ …예수께서 떡을 가지사 축복하시고 떼어 제자들을 주시며 가라사대 받아먹으라. 이것이 내 몸이니라 하시고, ⑵⁷또 잔을 가지사 사례하시고 저희에게 주시며 가라사대 너희가 다 이것을 마시라. ⑵⁸이것은 죄 사함을 얻게 하려고 많은 사람을 위하여 흘리는 바 나의 피 곧 언약의 피니라.

1) 주의 만찬의 의미: (1) 주의 만찬의 "떡"은 예수 그리스도께서 인류의 구속을 위해 십자가에 못박혀 찢긴 "살"을 상징하고, "포도주"는 십자가에서 흘리신 "피"를 상징한다. (2) 주님이 십자가의 죽음으로 세우신 새 언약을 의미한다(눅 22:19-20). (3) "침례"가 거듭난 자를 교회회원으로 입교(入敎)시키는 의식이라면, "주의 만찬"은 그리스도의 몸이요, 신부인 교회 회원들의 지체적 관계를 상기시키는 의식이다.

2) 주의 만찬의 목적: (1) 주의 만찬을 통해 복음을 선포하기 위함이다. (2) 성도들이 끊임없는 사랑의 교제(코이노니아, κοινωνία)를 유지하게 하고, 지체들과의 연합을 도모함에 있다. (3) 교회가 주의 만찬을 반복하여 자주 행함으로 주님이 십자가에서 흘리신 속죄의 피와 은혜를 기억하게 하고 기념하도록 하기 위함이다.

3) 주의 만찬의 대상자: 주의 만찬에 참여할 수 있는 자격은 (1) 중생하

고, 침수침례를 받은 성도라야 하며, (2) 그 교회의 회원이야 한다.

4) 주의 만찬을 위한 준비: (1) 자신의 마음을 살펴 하나님과 사람에게 지은 죄를 회개하고 자백하여 청산해야 한다(요 1:9). (2) 다른 지체들과의 관계를 살펴 주의 만찬에 참석하기 전에 용서와 화해를 해야 한다(고전 11:28). (3) 떡을 먹고, 포도주를 마실 때 절제를 해야 한다.

○ 고린도전서 11:27-34

(27)그러므로 누구든지 주의 떡이나 잔을 합당치 않게 먹고 마시는 자는 주의 몸과 피를 범하는 죄가 있느니라. (28)사람이 자기를 살피고 그 후에야 이 떡을 먹고 이 잔을 마실지니 (29)주의 몸을 분변치 못하고 먹고 마시는 자는 자기의 죄를 먹고 마시는 것이니라. (30)그러므로 너희 중에 약한 자와 병든 자가 많고 잠자는 자도 적지 아니하니 (31)우리가 우리를 살폈으면 판단을 받지 아니 하려니와 (32)우리가 판단을 받는 것은 주께 징계를 받는 것이니 이는 우리로 세상과 함께 죄 정함을 받지 않게 하려 하심이라. (33)그런즉 내 형제들아 먹으러 모일 때에 서로 기다리라 (34)만일 누구든지 시장하거든 집에서 먹을지니 이는 너희의 모임이 판단받는 모임이 되지 않게 하려 함이라. 그 남은 것은 내가 언제든지 갈 때에 귀정하리라.

PART II

침례가 변질된 역사적 고찰

(6-9장)

"PART II: 침례가 변질된 역사적 고찰(6-9장)"은 성경적 침수침례(Baptism by Immersion)를 교부들과 가톨릭교회가 이단적 교리인 세례구원설과 미신적 성례주의 사상에 의해 관수례(灌水禮, Baptism by affusion)로 변질시켰고, 또 칼빈의 제자들이 세례(洗禮, Baptism by Sprinkling)로 변질시킨 역사를 소상히 밝히며, 종교개혁가들이 관수례나 세례를 원래의 성경적 침례로 개혁하지 않은 이유를 역사적으로 조명하는 데 그 목적이 있다.

제6장

교부시대에 침례가 변질된 과정

교부(教父)라는 말은 헬라어 "파트로스"(πατρός, 아버지)에서 유래된 말로, 라틴어로는 "Pater"라고 한다. 그리고 교부는 사도들이 세상을 떠나면서 물려준 교회를 맡아 목회를 하던 지도자들을 말하는데, 보통 주후 약 110년부터 600년까지를 교부시대라고 한다. 그들은 대부분 로마제국의 황제들에 의한 박해로 순교까지 당한 충성스럽고 믿음이 훌륭한 하나님의 종들이었다. 불행한 일은 예수 그리스도께서 "침수침례"(Baptism by Immersion)는 자신의 구속적 "십자가의 죽음"과 "장사"와 "부활"을 상징하고, 또 "주의 만찬"(The Lord's Supper)은 십자가에서 찢기시고 흘리신 그리스도의 몸과 보혈(寶血)을 상징하여 기념하도록 교회의식으로 제정하신 것을 교부들이 그 원래 의미에 미신적(迷信的) 의미를 첨가하여 변질시키기 시작한 것이다. 그 역사를 요약하면 다음과 같다.

A. 연대별로 요약한 침례의 변질과정

1. 침례중생설(浸禮重生說)의 등장(117년경)

교부 이그나티우스(Ignatius, 30년경-177년, 안디옥 감독, 트라얀 황제〈98-117년〉 때 순교당함)는 "주의 만찬은 죽을 사람을 해독하는 약효가 있고, 침례는 거룩하게 하는 효력이 있다"라고 했다.[1] 그리고 에베소교회에 보내는 편지에서 "교회의 회원권이 구원의 필수다"라고 했다.[2] "침례는 거룩하게 하는 효력이 있으며, 교회의 회원권이 구원의 필수다"라고 한 말은 침례를 받아야 구원을 얻는다는 "침례중생설"(Theory of Baptismal Regeneration)을 암시한 것이고, "주의 만찬은 죽을 사람을 해독하는 약효가 있다"고 한 말은 주의 만찬에 대한 화체설(化體說, Transubstantiation)을 암시한 것이다. 그리고 그의 글에 이미 주의 만찬이 성찬(聖餐, Eucharist)으로 기록되어 있었다.[3]

2. 관수례에 대한 "디다케"(The Didache)의 기록

기독교 초기의 시리아와 팔레스타인에 있는 기독교회의 편람이라 할 수 있는 "디다케"(The Didache) 혹은 "12사도의 교훈"(The Teaching of the Twelve Apostle)은 2세기 초반의 작품으로서 그때까지 신약성서적 "침수침례"(Baptism by Immersion)가 행해지고 있었으나 이때 이미 부득이 한 경우에는 관수례(Baptism by pouring)가 행해지고 있었음을 다음과 같이 증언하고 있다.[4]

---

[1] 정수영, 「신학의 역사」 (대전: 도서출판 명희, 2002), P. 95; C. C. Richardson, *The Christianity of Ignatius of Antioch.*
[2] H. E. Dana, *A Manual of Ecclesiology, Second Edition Revised in Collaboration with L. M, Sipes* (Kansas City, Kansas: Central Seminary Press, 1944), PP. 101-103.
[3] Eucharist는 헬라어 유카리스티아($\epsilon\dot{\upsilon}\chi\alpha\rho\iota\sigma\tau\iota\dot{\alpha}$)에서 유래된 말로 "祝謝"라는 뜻. 아가페 신학사전, P. 533.
[4] Phillip Scaff ed., *Teaching of the Twelve Apostles* (Edinburgh: T & T Clark, 1896), PP.184-186.

흐르는 물에서 "성부와 성자와 성령의 이름으로 침례를 주노라"는 말을 먼저 하라. 그러나 만일 흐르는 물이 없으면 다른 물에서 침례를 주되, 찬물에서 줄 수 없으면 더운 물에서 하라. 그러나 만일 이러한 물도 없으면 성부와 성자와 성령의 이름으로 물을 머리에 세 번 부으라.

3. "침례중생설"에 의한 유아침례의 암시(180년경)

저스틴(Justin Martyr, 100년경-165년, 사마리아 세겜 출신, 기독교 변증가, 아우렐리우스 황제 때 순교당함)은 "침례는 물로 죄를 씻는 것으로, 구원을 완성시킨다"라고 했고,[5] 이레네우스(Irenaeus, 130-200년경, 희랍 교부, 리용 감독, 폴리갑의 제자, 세베루스 황제 때 순교당함)는 "침례는 신생이며, 중생을 갖고 온다"고 했다.[6] 그래서 이때부터 "침례중생설"(Theory of Baptismal Regeneration)에 의해 유아 사망률이 높았던 그 당시 만약의 경우 홍역(紅疫)과 같은 질병으로 죽더라도 구원을 받게 하는 수단(手段)으로 유아침례(幼兒浸禮)가 행해진 것으로 보고 있다.[7]

4. 연옥(煉獄, Purgatory)에 대한 암시(200년경)

알렉산드리아의 클레멘트(Clement of Alexandria, 155-220년경, 희랍교부, 알렉산드리아 요리문답학교 교장, 최초의 기독교 학자)는 "임종 때 참회하는 자는 내세에서 정결케 하는 불로 거룩해진다"라고 했다. 여기서 말하는 '정결케 하는 불'은 연옥(煉獄, Purgatory)을 암시한 것으로 볼 수 있다.[8]

---

5) Robert A. Baker, *The Baptist March in History*; 허긴 역, 「침례교발전사」(대전: 침례회출판사, 1968), P. 32.
6) Ibid., PP.32-34;
7) William L. Lumpkin, *A History of Immersion* (Nashville, Tennessee: Broadman Press); 노윤백 역, 「침례(浸禮)의 역사」, (서울: 침례회출판사, 1976), PP. 10-11.

5. 성례전 사상과 삼중 침례의 등장(200년경)

터툴리안(Tertullian, 160-215년경 혹은 170-220년경, 카르타고 출신, 아프리카의 윤리학자, 변증가, 신학자)은 "주의 만찬과 침례가 구원의 신비적인 효력을 발휘한다"고 했다.[9] 그리하여 그는 처음으로 침례나 주의 만찬이 신비한 하나님의 은혜의 통로라는 뜻으로 "성례" 혹은 "성례전"(聖禮典, Sacraments)이라 부른 사람이다. 영어 "Sacrament"는 라틴어 "Sacramentum"(신비, 神秘, Mystery)에서 파생된 단어이며, 헬라어 "무스테리온"(μυστήριον)을 말한다. 가톨릭교회는 터툴리안의 주장을 따라 침례나 주의 만찬을 교회의식(Ordinances of the Church)이라 칭하지 않고, "성례" 혹은 "성례전"이라고 부르기 시작했다. 그리고 그는 또 "침례를 받기 이전의 모든 죄는 침례로 사(赦)함을 받을 수 있고, 침례를 받은 이후의 죄는 사함을 받을 수 없다"고 했다.[10] 따라서 당시 유아침례(Infant Baptism)가 이미 널리 확산되어 있었으나 터툴리안은 유아들에게 "세례의 서약"이라는 무거운 짐을 지우는 것이 부당하다 하여 유아침례를 반대했다.[11] 또 그가 "삼중 침수침례(三重 浸水浸禮, Trine Immersion)는 하나님의 삼위에 대한 믿음을 말한다"고 언급한 것으로 보아 그가 삼중 침수침례를 행한 것으로 보인다.[12] "삼중 침수침례"란 수침자를 성부, 성자, 성령의 이름에 따라 세 번 물에 잠그는 것을 말한다.

6. 동방교회에서도 유아침례 등장(200년경)

오리겐(Origen, 주후 185년경-254년, 알렉산드리아, 리아, 케사레아의 감독, 니케아 이전

---

8) 강병도 편, 「교회사 대사전 II」 (서울: 기독지혜사, 1994), P. 623.
9) 정수영, P. 257
10) William L. Lumpkin; 노윤백 역, 「침례(浸禮)의 역사」, P. 11.
11) Louis Berkhof, *The History of Christian Doctrine* (Grand Rapids, Michigan; Baker Book House, 1937); 신복윤 역, 「기독교교리사」 (성광문화사, 1984) P. 288.
12) William L. Lumpkin; 노윤백 역, 「침례(浸禮)의 역사」, PP. 12-13.

희랍교부)은 "성례는 신적 감화의 상징이지만 성령의 은혜로운 역사를 나타내기도 한다"고 했고, 또 "침례는 교회에서의 신생의 시초이며, 죄의 사유를 의미한다." 그리고 "성찬은 영생을 얻게 하며, 그리스도와 성령과의 친교에 들어가게 한다"고 했다.[13] 그리고 "교회는 아이까지라도 침례를 베풀도록 사도들로부터 전통을 받았다"고 했다.[14]

7. 임상침례와 임상세례 등장(250년경)

2세기 이후부터 침례가 과거의 죄를 완전히 씻는다고 믿어 왔던 많은 그리스도인들이 평생에 지은 모든 죄를 죽기 직전에 침례로 죄 씻음을 받아 구원을 얻어 하늘나라로 들어가기 위해 침례받는 것을 계속 연기해 오다가 임종 때에 침례를 받기도 했다. 이것을 임상침례(臨床浸禮, Clinical Baptism by Immersion)라고 한다.[15] 그뿐만 아니라 250년경 독일 스바비아 사람들에게 선교를 하던 마그너스(Magnus)가 키프리안(Cyprian) 대감독에게 "병이 너무 심해 침수침례를 받을 수 없는 사람에게 물방울을 떨어뜨려도 됩니까?" 하고 물었을 때, 그가 대답하기를 "물방울을 떨어뜨릴 때 떨어지는 그 물방울도 구원을 위해서 씻는 것과 똑같은 효과를 나타낸다"고 했다.[16]

그래서 죽어가는 환자에게 물을 뿌리는 임상세례(臨床洗禮, Clinical Baptism by Sprinkling)를 주었다고 한다.

---

13) Berkhof; 신복윤 역, 「기독교교리사」, P. 84.
14) C. R. Beasley-Murray, *Baptism in the New Testament* (Grand Rapids, Michigan: William B. Eerdmans Publishing Company, 1962), P. 306.
15) William L. Lumpkin; 노윤백 역, 「침례(浸禮)의 역사」, P.14.
16) Ibid., P. 14.

8. 관수례(灌水禮, Affusion) 등장(250년경)

노바투스(Novatus, 카르타고 교회의 장로로서 249-250년에 있었던 데키우스 황제의 박해를 겪은 후 노바티안스파〈Novatians〉의 창시자가 됨)는 죽기 직전 로마의 감독 파비안(Fabian)에 의해 그의 임상에서 침수침례 대신 그에 상당한 분량의 물을 붓는 임상침례를 받았는데 이것을 관수례(灌水禮, Affusion)라고 한다.[17] 이후로 유아와 노인 및 병약자들에게 침수침례(Baptism by Immersion)가 불가능한 경우에 한하여 물을 붓는 관수례(Baptism by Pouring)를 행한 것으로 보인다.

9. 유아침례(Infant Baptism)에 대한 공인(257년경)

키프리안(혹은 싸이프리안, Cyprian, 200년경-258년, 248-258년 동안 카르타고의 감독, 니케아 이전 라틴교부)은 터툴리안(Tertullian)의 제자로서 그의 영향을 받아 "하나님도 한 분이요 그리스도도 한 분이니 교회도 하나다"라고 주장했으며, "베드로는 첫 감독이요 수석 감독이다"라고 했고, "교회 밖에서는 구원이 없다"고 했다. 그리고 그는 "감독들은 사도들의 후계자이며 주님 자신에 의하여 직접 택함을 받았다"고 주장했다. 또 "성례전을 통하여 감독이 구원을 지배하므로 감독이 없는 교회는 있을 수 없다"고 했다.[18] 또한 그는 257년경 66명의 감독들이 모인 카르타고(Carthage) 회의에서 유아침례(Infant Baptism)를 시인했다고 한다.[19]

10. 이교도들의 살수례(撒水禮, Sprinkling)

이교도들이 유아들에게 살수례(撒水禮, Sprinkling)나 다른 정화법(淨化法)을

---

17) Ibid., PP. 14-15.
18) H. E. Dana, PP. 111-114.
19) William L. Lumpkin; 노윤백 역, 「침례(浸禮)의 역사」, P. 12; Alexander Roberts and James Donaldson (eds.), *Ante-Nicene Fathers* (New York: Charles Scribner's Sons, 1925). Vol. V, PP. 353-54.

사용했다는 것은 그 당시의 문헌을 통하여 쉽게 찾아볼 수 있다. 첫째로, 희랍의 어린이들은 생후 5일 만에 가정에서 정화(淨化)되었고, 7일 만에 자기들의 이름을 받았다. 둘째로, 로마의 여자 아기는 생후 8일 만에 가정에서 정화되었고, 남자 아기는 9일 만에 정화된 후 신전(神殿)으로 데리고 가서 의식들을 행한 뒤 자기들의 이름을 받았다. 셋째로, 마니교도들(Manichaean)과 영지주의(靈知主義, Gnosticism) 단체에서는 4세기에 유아들에게 살수법(撒水法, Sprinkling) 혹은 정화법(淨化法)을 사용했다.[20]

11. 축신례(逐神禮, Exorcism)의 등장 (313년 이후)

주후 313년 콘스탄티누스 대제가 밀라노 칙령(Edict of Milan)을 내려 기독교를 로마제국의 국교로 삼은 이후 이교도(異敎徒)들에 의하여 교회 안에 그들의 미신적 사상과 의식(儀式)들이 많이 유입되었는데, 그 중의 하나가 축신례(逐神禮, Exorcism)이다. 이 예식은 귀신을 쫓아내는 의식으로 병자나 죽어가는 환자의 머리에 물을 뿌리는 것인데, 이 축신례가 처음에는 유아들과 전연 연관이 없었고, 또 침례와도 선혀 관계가 없었다. 그러나 얼마 후 중환자나 죽어가는 사람이 침례를 받기 원할 때 주는 침례와 병합되었고, 그 후 얼마 안 가서 침례와 혼합이 되어 축신례를 통한 정화법이 침례의 자리를 차지하기 시작했다. 특히 유아세례의 경우에 이러한 현상이 현저해졌다.[21]

12. 어거스틴의 사상 (391-430년)

어거스틴(Augustine, 354-430년)의 본명은 아우렐리우스 아우구스티누스

---

20) William L. Lumpkin; 노윤백 역, 「침례(浸禮)의 역사」, PP. 15-16.
21) Ibid., PP. 12, 15-16.

이며, 로마의 영토 북아프리카의 누미디아에 있는 히포 레기우스의 감독(主教)이며, 라틴교부였다. 어거스틴의 신학적 공헌은 고대로부터 전해 오던 기독교의 전체 사상을 종합적으로 정리하여 종결시키고(그의 주장이 옳든, 옳지 않든 간에), 다음 세대에 더 발전할 수 있도록 그 사상들을 집약시켜 놓았다는 점이다. 그리고 어거스틴의 신학사상이 고대, 중세, 현대까지도 연결되어 있다는 점으로 인해 그의 신학이 위대한 것으로 평가되고 있다. 그는 과거의 전통을 개혁하기보다 고대 교회의 전통적인 신앙을 액면 그대로 받아들여 그대로 수호하기 위해 최대의 노력을 기울였다. 이는 그의 신학 방법론이 잘 말해 주고 있다.[22]

1) 성례(聖禮, Sacrament)에 대한 신비(神秘) 사상: 어거스틴은 도나투스파(Donatists)와의 논쟁에서 "성례전은 성례를 베푸는 사람이나 받는 사람과 관계없이 성례전 자체로 타당성이 있다"[23]라고 했다. 그리고 의식(儀式) 자체가 신비한 것으로 구원에 이르게 하는 수단으로 보았다. 그것은 터툴리안(Tertullian)의 주장을 따라 침례와 주의 만찬을 신비한 은혜의 통로라는 뜻으로 성례전(Sacraments)이라 불렀다. 이 사상은 "성례는 불가사의(不可思議, Magically)하게 역사(役事)한다"는 선배 교부들의 사상을 그대로 수용한 것이다.[24]

---

22) 그는 진리(眞理)를 얻는 방법으로 두 가지 길을 믿고 있었다. 하나는 신앙(信仰)에 의한 길이요, 다른 하나는 이성(理性)에 의한 길이다. '신앙에 의한 길'을 '역사적 신앙'(Fides Historica)이라 부르고, 그것은 권위(權威, Authority)의 방법에 의해 얻는 것으로 믿었다. 그 권위는 교회의 전통과 감독직이 발전된 교황제도라고 믿었다. 그래서 그는 과거 고전들을 최대한 소화시킴으로 기독교 신앙으로 흘러 들어가게 했고, 또 지성에서 얻은 힘으로 기독교철학의 커다란 체계를 이룩하였다.(정수영, 「신학의 역사」, PP. 148-149 참고)
23) 정수영, P. 168.
24) 영어 "Sacrament"는 라틴어 성경 The Vulgate의 "Sacramentum"에서 온 말이다.

2) 원죄를 제거하는 침례와 유아침례: 어거스틴은 펠라기우스(Pelagius)와 인간의 자유의지, 죄와 타락, 구원론 등에 대한 논쟁에서 원죄교리(原罪敎理)와 하나님의 은총교리(恩寵敎理)를 주장했다.[25] 그리하여 그는 "성례(聖禮)가 하나님의 은총을 받는 길이며, 침례(浸禮)는 죄책(guilt)으로서의 원죄(Original Sin)를 모두 제거한다"고 하면서 "세례가 구원에 있어서 필요불가결한 것이다"라고 했다. 따라서 유아침례(Infant Baptism)가 유아의 원죄를 제거하기 위해 절대로 필요하다고 했다.[26]

3) 가톨릭교회 밖에는 구원이 없다는 사상: 어거스틴은 대체로 터툴리안(Tertullian)과 키프리안(Cyprian)의 교회관의 범주(範疇)에 속한 것으로 키프리안의 교회론을 보존한 성직자이다. 그의 저서 「하나님의 도성」(The City of God)은 가톨릭교회의 군주정체(君主政體, Monarchial Polity)를 확립할 수 있는 이론적 근거를 제공해 주었다.

4) 성례를 더한 믿음에 의한 구원론(Salvation by Faith plus Sacraments): 어거스틴의 신학적 두 가지 방법에 있어서 "신앙에 의한 길" 혹은 "역사적 신앙"(Fides Historica)은 권위(權威, Authority)의 방법에 의해 얻는 것이라고 했는데, 그 권위는 교회의 전통(傳統)과 감독직(監督職)이 발전된 교황제도(敎皇制度)를 의미한다. 교회의 전통과 감독직이란 하나님의 은혜에 참여하는 것은 교회와 성례(聖禮)에 달렸다는 뜻으로 의식주의(儀式主義)와 이행득의(以行得義)를 말한다.[27] 이리하여 어거스틴의 신학은 "성례를 더한 믿음에 의한 구원"(Salvation by Faith plus Sacraments)을 주장하게 되었다. 그리고 그는 "그러므로 사람이 의롭다 하심을 얻는 것은 율법의 행위에 있지 않고 믿음으로 되는 줄 우리가 인정하노라"라고 하는 로마서 3:28에 의한 "오직

---

25) Berkhof; 신복윤 역, 「기독교교리사」, PP. 153-156.
26) Berkhof; 신복윤 역, 「기독교교리사」, P. 289.
27) Ibid., P. 241.

믿음만으로 구원"(Salvation by Faith Alone)이 아닌 "믿음과 행위에 의한 구원"(Salvation by Faith plus Works)이라는 가톨릭교회 구원론의 신학적 틀(기초)을 만들어주었다.

5) 주의 만찬에 대한 상징설(象徵說): 어거스틴은 표징(表徵, Sign)과 상징하는 사물(事物, the thing signified)을 명백히 구별하여 상징(象徵)과 실체(實體)라는 말로 표현했다. 그래서 떡과 포도주의 본질(本質)은 변하지 않는다고 주장했다. 그는 성찬의 기념적인 면을 강조했으며, 당시 많은 사람들이 성찬을 미신적으로 숭배하는 것을 반대하였다. 어거스틴의 이러한 견해는 오랫동안 실재설(實在說), 즉 화체설(化體說, Transubstantiation)을 저지해왔었다.[28] 그러나 가톨릭교회는 주후 1215년 제4회 라테란 회의(The Fourth Lateran Council)에서 성찬을 베풀 때 사제가 축사한 떡과 포도주가 실제로 그리스도의 몸과 피로 변한다는 화체설(Transubstantiation)을 채택하고 만다.

13. 유아세례에 대한 인노센트 1세의 칙령(407년)

주후 313년 콘스탄틴 대제의 밀라노 칙령에 의해 급진적으로 기독교회가 로마제국의 국교로 통합됨에 따라 모든 국민을 기독교인화(基督敎人化)하기 위해 교황 인노센트 1세(Innocent I)가 주후 407년 칙령을 내려 유아세례를 강제적으로 시행하게 하였다.[29]

14. 유아세례를 공식 결의한 카르타고 회의(411년)

주후 411년 북아프리카의 카르타고 회의(the council of Carthage)에서 67명

---

28) Ibid., PP. 293-294.
29) 메노(Menno Simons)는 인노센트의 칙령을 가톨릭교회 타락의 절정으로 보았다. William R. Estep; 정수영 역, 「재침례교도의 역사」, P. 276; Krahn, *Meno Simons* (Karlsruhe: Heinrich Schneider, 1936), P. 136; Littell, Anabaptist View, P. 63에서 인용됨

의 감독들이 만장일치로 구약의 할례처럼 태어나서 8일 안에 유아세례를 베풀어야 한다고 함으로써 유아세례가 교회사에서 일반적인 예식으로 자리잡게 되었다. 그리하여 3세기 중엽부터 5세기 말까지 신자의 침례(Believer's Baptism)와 유아세례(Infant Baptism)가 함께 행해지다가 유아세례가 점점 교회 안에서 일반화되기 시작했다.[30]

15. 삼중 침수침례와 단회 침수침례

정통파 신학자들은 "하나님의 삼위는 동격(同格)이다"라는 신앙을 가지고 있었기 때문에 집례자가 성부, 성자, 성령의 이름을 따라 각각 수침자를 세 번 물에 잠그는 "삼중 침수침례"(三重 浸水浸禮, Trine Immersion)를 지지하였다. 특별히 하나님의 아들의 영원성과 삼위일체교리를 부정하고 그리스도를 하나님의 창조와 구속사역의 중재자 정도로 생각하는 아리안(Arian)을 정죄한 니케아 공의회(Council of Nicaea, 325년) 이후부터 삼중 침수침례를 더욱 장려하였다.[31] 삼중침례를 장려하는 이유를 사도법전(使徒法典, Apostolica Canon)[32]에서는 마태복음 28:19에 "아버지와 아들과 성령의 이름으로 침례를 주라"고 명령하셨기 때문이라고 했다. 또 어거스틴은 하나님의 삼위와 예수 그리스도가 삼 일 만에 부활하셨기 때문이라고 했다. 그리하여 5세기 이전에는 일반적으로 삼중 침수침례가 널리 행해졌다고 한다.[33] 이에 반하여 동방의 이단 종파 유노미아파(Eunomians)들은 "나는 그리스도의 죽음으로 그대에게 침례를 베푸노라"하면서 주례자가 수침자를 한 번만 물에 잠그는 "단회 침수침례"(單回 浸水浸禮, Single Immersion)를 행

---

30) 성결교회와 역사연구소 편, 「유아세례 다시보기」, P. 65; Brian Russell, *Baptism sign and seal of the covenant of grace* (Grace Publications, 2001), P. 58.
31) William L. Lumpkin; 노윤백 역, 「침례(浸禮)의 역사」, P. 13.
32) 2-3세기경에 그리스도인들의 의무와 예식과 교회의 징계에 관련된 85가지 규범을 수집해 놓은 문서.
33) William L. Lumpkin; 노윤백 역, 「침례(浸禮)의 역사」, P. 13

하였다고 한다.[34]

16. 침수침례를 위한 침례조

침수침례가 3세기 중엽까지 보통 강, 호수, 연못, 목욕탕 등에서 베풀어졌다.[35] 그러나 자체 교회당을 건축함에 따라 침수침례를 위한 침례조(浸禮槽, Baptistery)를 따로 마련하기 시작했다. 특별히 콘스탄틴 황제(The Emperor Constantine)가 개심한 후 그는 큰 교회당을 세우도록 격려했을 뿐만 아니라 예배당(Basilicas) 옆에 침례식을 거행할 수 있는 작은 건물을 세우게 도와주었다. 그리하여 콘스탄티노플(Constantinople)에 있는 성 소피아(St. Sophia) 교회 옆에는 "그레이트 일루미네이터리"(The Great Illuminatory)라고 부르는 커다란 침례조(浸禮槽, Baptistery)가 붙어 있다. 따라서 우리는 주후 600년까지는 침수침례가 대체적으로 사도시대 교회와 같이 원래의 형식대로 행해졌음을 알 수 있다.

B. 교부들에 의해 침례가 변질된 결과

베드로가 "주는 그리스도시요 살아 계신 하나님의 아들이십니다"라는 신앙고백을 했을 때 주님께서 "…내가 이 반석 위에 나의 교회를 세우리니…"라고 하셨다(마 16:16-18). 베드로처럼 신앙고백을 한 신자를 회원으로 구성하는 "신약교회"(새 언약의 교회)를 세우시겠다는 뜻이었다. 사도 바울이 "이 닦아 둔 것 외에 능히 다른 터를 닦아 둘 자가 없으니 이 터는 곧 예수

---

34) Ibid., P. 13.
35) Robert Robinson, *The History of Baptism* (Boston: Press of Lincoln & Edmands, 1817), P. 69.

그리스도라"(고전 3:11)고 한 말과 같이 교회란 하나님의 아들이시며 말씀이신 예수 그리스도 위에 세우는 것이다. 즉 예수를 살아 계신 하나님의 아들과 구세주로 믿는 믿음과 신앙고백 위에 세워지는 것이다. 그런고로 교회란 "믿는 자의 침례"(Believers Baptism)와 "회심자의 회원권"(Regenerate Church Membership)을 고수하고 유지할 때만이 순수한 영적 공동체로서 그리스도의 몸과 신부로서, 그리고 성령을 모시는 성전(聖殿)의 역할을 하게 된다. 그러나 이 순수한 신약교회가 교부들에 의하여 교회의식(침례와 주의 만찬)이 변질됨과 동시에 기독교회가 로마제국의 국교로 통합됨에 따라 세상정치에 의해 결정적 타락을 하기 시작한 것이다.

1. 교회의식의 신학적 변질에 의한 교회타락

1) **"침례중생설"과 "성례주의"**: (1) "침례는 거룩하게 하는 효력이 있으며, 교회의 회원권이 구원의 필수다. 주의 만찬은 죽을 사람을 해독하는 약효가 있다"고 한 이그나티우스(Ignatius, 30년경-117년)의 주장, (2) "침례는 물로 죄를 씻는 것으로, 구원을 완성시킨다"고 한 져스틴(Justin Martyr, 100년경-165년)의 주장, (3) "침례는 신생이며, 중생을 갖고 온다"고 한 이레네우스(Irenaeus, 130-200년경)의 주장, (4) "주의 만찬과 침례가 구원의 신비적인 효력을 발휘한다" 그리고 "침례를 받기 이전의 모든 죄는 침례로 사(赦)함을 받을 수 있고, 침례를 받은 이후의 죄는 사함을 받을 수 없다"고 한 터툴리안(Tertullian, 160-215년경 혹은 170-220년경)의 주장, (5) "성례는 신적 감화의 상징이지만 성령의 은혜로운 역사를 나타내기도 한다." 또 "침례는 교회에서의 신생의 시초이며, 죄의 사유를 의미한다." 그리고 "성찬은 영생을 얻게 하며, 그리스도와 성령과의 친교에 들어가게 한다"고 한 오리겐(Origen, 185년경-254년)의 주장, (6) "성례(聖禮)가 하나님의 은총을 받는 길

이며, 침례(浸禮)는 죄책(guilt)으로서의 원죄(Original Sin)를 모두 제거한다." 그리고 "세례가 구원에 있어서 필요불가결한 것이다"라고 한 어거스틴 (Augutine, 354-430년)의 주장 등등에 의하여 침례를 받아야 구원을 받는다는 "침례구원설"(Theory of Baptismal Regeneration)과 성례(침례와 주의 만찬)가 하나님의 은혜의 통로라고 믿는 "성례주의"(Sacramentalism)로 변질되어 교회가 미신적으로 타락하기 시작했다. 이 "침례구원설"은 2세기와 3세기에 "침례의 마력적 효과"를 믿는 에비온파 혹은 에비오나이트스(Ebionites)라는 이단에 의하여 이미 주장되어 왔었다.[36]

2) "유아침례"와 "임상침례": (1) "침례중생설"(Theory of Baptismal Regeneration)에 의해 유아 사망률이 높았던 그 당시 만약의 경우 홍역(紅疫)과 같은 질병으로 죽더라도 구원을 확보(確保)해 놓기 위해 유아들에게 미리 침례를 주는 유아침례(幼兒浸禮, Infant Baptism)가 행해졌다. 이리하여 신앙과 고백이 없는 유아침례가 "믿는 자의 침례"(Believers Baptism)와 "회심자의 회원권"(Regenerate Church Membership)을 훼손함으로 가톨릭교회에 의하여 기독교회가 신약교회의 원래 모습으로부터 변질되기 시작했다. (2) 그리고 2세기 이후부터 침례가 과거의 죄를 완전히 씻는다고 믿어 왔던 많은 그리스도인들이 평생에 지은 모든 죄를 죽기 직전에 침례로 죄 씻음을 받아 구원을 얻어 하늘나라로 들어가기 위해 침례받는 것을 계속 연기해 오다가 임종 때 임상침례(臨床浸禮, Clinical Baptism by Immersion)를 받는 진풍경(珍風景)이 일어나기도 했다.

3) "관수례"와 "축신례": 어린이나 병약자에게 전신을 물 속에 잠그는 "침수침례"(Baptism by Immersion)가 불편하고 무리하다 하여 이마에 세 번

---

[36] Stanley Edwin, Anderson, *Your Baptism is Important* (Edinburgh: Marshall, Morgan & Scott, 1960); 이요한 역, 「침례의 중요성」 (서울: 침례회출판사, 1974), P. 134.

물을 붓는 관수례(Baptism by Pouring)가 등장하기 시작했고, 또 기독교회가 로마제국의 국교로 통합되는 과정에서 귀신을 쫓아내는 의식으로 병자나 죽어가는 환자의 머리에 물을 뿌리는 축신례(逐神禮, Exorcism)가 이교도(異敎徒)들에 의해 교회 안에 유입되어 "관수례"와 함께 "침수침례"의 자리를 차지하기 시작했다. 특히 유아와 임종자에게 행하는 세례의 경우에 이러한 현상이 현저해졌다. 이렇게 이교의식(異敎儀式)과 혼합되어 행해진 "관수례"(Baptism by Pouring)는 주님께서 교회의식의 하나로 "침수침례"(Baptism by Immersion)를 직접 제정하시고 행하라고 명령하신 원래의 의도와 목적을 저버리게 하였다.

2. 교황의 칙령에 의한 교회타락

신약교회의 기본인 "믿는 자의 침례"(Believer's Baptism)와 "회심자의 회원권"(Regenerate Church Membership)을 손상시킨 또 하나의 결정적인 치명타(致命打)는 기독교회가 로마제국의 국교로 통합됨에 따라 모든 국민을 기독교인화(基督敎人化) 하기 위해 교황 인노센트 1세(Innocent I)가 주후 407년 칙령을 내려 유아세례를 강제적으로 시행하게 한 것이다.

제 7 장
중세기에 침례가 변질된 과정
(600-1517년)

중세기에 있어서 가톨릭교회의 대표적 신학사상은 스콜라주의(Scholasticism)를 말한다. 이는 11-14세기에 학교에서 가르친 신학과 철학으로서 아리스토텔레스의 범주(範疇)를 기독교 계시(啓示)에 적용하고 이성(理性)과 신앙, 그리고 철학과 계시(啓示)를 조화시키려 했던 신학사상이다. 그리스 사상에 기초를 둔 교육체계를 사용해 이성에 의존하여 계시자료들을 연구한 에리게나(John Scotus Erigena, 810년경-877년)는 최초의 스콜라주의자로 평가받지만 오히려 그 명예는 캔터베리의 안셀므스(Anselm of Canterbury, 1033년경-1109년)에게 돌리고 있다. 스콜라주의에서 매우 유명하고 창조적이었던 인물은 피터 아벨라드(Peter Abelard, 1079-1142년)였으며, 스콜라주의의 극치(極致)를 보여준 사람은 토마스 아퀴나스(Tomas Aquinas, 1224-1274년)였다.[1]

---

1) 강병도 편, 「교회사대사전 II」 (서울: 기독지혜사, 1994), PP. 286-287.

A. 중세 가톨릭교회의 구원론

1. **신앙관:** 스콜라주의가 주장하는 일반적 신앙관은 진리에 대한 단순한 동의인 지식의 한 형식으로서 신앙과 선행을 이끌어내는 영적인 감동의 신앙으로 구별했다. 전자는 하나님께서 말씀하신 것을 참이라고 믿는 것, 후자는 하나님을 사랑하고 믿고 그에게 나아가고 그를 가까이하며 그리스도의 몸의 지체가 되는 것을 말한다. 로마 가톨릭교회의 칠성례(七聖禮)를 최초로 정한 롬바드 피터(Peter the Lombard, 1095년경-1169년, 1159년 파리 주교로 선임)는 신앙(信仰)을 신조나 교리 같은 것을 믿어야 하는 신앙과, 인간이 믿고 의로워지는 신앙으로 구분했다. 롬바드 피터가 죽은 후에는 진리에 대한 단순한 지적 동의로 되어 있는 "형성되기 이전의 신앙"(fides informis)과 사랑의 능력에 의하여 증가되며 활기를 띠게 하거나 결정되게 하는 "형성된 신앙"(fides formata)을 구별하는 관습으로 정착되었다. 즉 "fides informis"는 칭의(稱義)의 준비적 신앙이요, "fides formata"는 정당한 내적 성향과 사랑의 역사를 내포하며 의롭게 하는 신앙이라고 강조했다.[2]

2. **죄의 개념:** 중세 가톨릭교회는 어거스틴의 원죄사상을 그대로 이어받았다. 스콜라주의의 대표적 학자인 토마스 아퀴나스도 그러했다. 따라서 원죄는 실제의 죄를 통해서 그 실체를 덜어낸다. 죄에는 기본적인 죄(Peccata Capitalia)가 있다. 이것은 다시 중대한 죄(Peccata Mortalia)와 가벼운 죄(Peccata Venialia)로 나뉜다. (1) 기본적인 죄란 일곱 가지의 죄, 즉 교만,

---

2) Louis Berkhof, *The History of Christian Doctrine* (Grand Rapids, Michigan: Baker Book House, 1937); 신복윤 역, 「기독교교리사」 (성광문화사, 1984) P. 75.

탐욕, 색정, 분노, 탐식, 질투, 나태 등을 말한다. (2) 중대한 죄란 하나님의 율법을 고의적으로 범하는 죄로 하나님과 원수가 되는 죄이다. (3) 가벼운 죄란 단지 생각 속에 머물러 있고, 적극적인 의지 작용이 없이 하나님으로부터 유리(遊離)되는 것을 말한다.[3]

3. 은총론: 은총(恩寵, Gratia)이란 "선물"이라는 뜻이다. 범죄한 인간에게 은총의 주입을 통해서 인간은 하나님의 사랑을 받을 수 있다. 그와 같은 사랑은 불완전한 회개를 진정한 참회로 변화시키며, "형성되기 이전의 신앙"(fides informis)을 "형성된 신앙"(fides formata)으로 변경시킨다고 한다. 은총론 역시 어거스틴의 은총론을 기초로 하여 토마스 아퀴나스가 더 발전시켰으며, 최종적으로 트렌트 공의회(Council of Trent, 1545-1563년)의 결정을 오늘날까지 따르고 있다. 이에 따르면 하나님의 은총을 충족은총(充足恩寵), 주입은총(注入恩寵), 그리고 협력은총(協力恩寵)으로 구분한다.

(1) 충족은총(充足恩寵): 이 세상 모든 사람들(신자, 불신자 모두)은 자연적으로 하나님의 은총을 받았다. 즉 이 세상 모든 사람이 보편적 은혜로 초보적인 충족은총을 받았다.

(2) 주입은총(注入恩寵): 자연인이 영세와 견진과 같은 성례(Sacraments)를 받을 때 하나님의 은총과 예수의 공로가 기계적으로 주입된다. 이 때 주입되는 은총으로 원죄와 자범죄가 사함 받고 하나님의 아들이 된다. 이렇게 주입된 은혜는 상존은총(尙存恩寵)으로 남아 있다.

(3) 협력은총(協力恩寵): 주입은총이 계속 상존은총(尙存恩寵)으로 머물러 있게 하려면 응분의 공로(功勞)를 쌓아가야 한다. 선행(善行)의 공적(功

---

3) 정수영,「신학의 역사」(대전: 명현문화사, 2002), P. 268.

績)을 쌓아가면 조력은총(助力恩寵)에 의하여 협력은총(協力恩寵)이 유지된다. 만일 주입은총(注入恩寵) 후 선행을 쌓지 않거나 죄를 지으면 주입은총이 상실(喪失)된다. 상실된 은총을 다시 회복하는 방법으로 고해(告解)에 의한 보속(補贖)과 통회에 의한 보상(補償)이 실시되어야 한다.[4]

4. 은총의 적용: 가톨릭교회 교인의 자녀들로 태어난 어린이들은 세례를 받음으로 은혜의 주입과 속죄(贖罪)를 포함하는 중생(重生)의 은혜를 받는다. 그리고 후년에 복음의 감화를 받는 자들은 충족은총(充足恩寵)으로 성령에 의하여 이해력(理解力)의 개발(啓發)과 의지(意志)의 강화(强化)에 의한 "형성되기 이전의 신앙"(fides informis)으로 복음의 말씀에 순종하며 성령의 인도하심을 따르게 된다. 그리고 성화(聖化, Sanctification, 가톨릭교회의 성화에는 칭의〈Justification〉가 내포되어 있음)의 은혜를 받을 준비를 하게 된다(물론 복음을 받고도 성령의 인도를 거역하여 불순종하는 자들도 있다). 성화의 은혜를 받을 준비는 다음의 일곱 가지 요소(要素)로 구성되어 있다. (1) 교회가 가르치는 진리에 동의한다. (2) 자기의 죄악 상태를 통찰한다. (3) 하나님의 긍휼을 바란다. (4) 하나님을 사랑하기 시작한다. (5) 죄를 미워한다. (6) 하나님의 계명에 순종하기로 결심한다. (7) 세례를 받기 바란다.[5]

세례를 받으면 (1) 중생과 칭의(稱義, Justification)의 은혜를 받게 된다. 즉 원죄에서 온 죄, 세례를 받을 때까지 범한 죄, 죄의 오염(汚染), 죄의 자연적 결과를 제외한 영원한 형벌(刑罰)과 모든 일시적인 형벌 등에서 구원함을

---
4) 정수영, P. 270.
5) Berkhof; 신복윤 역, 「기독교교리사」, P. 250.

받게 된다. (2) 성화(聖化, Sanctification)의 은혜와 믿음(형성된 신앙, fides formata), 소망, 사랑의 초자연적 선(善)을 불어넣어 주심으로써 영적 갱신(更新)을 가져온다. (3) 가톨릭교회의 신입회원이 되어 교회의 권한(權限)에 굴복함으로써 성도의 단체와 신자의 유형교회(有形敎會)를 설립하게 된다.[6] 이렇게 주입은총(注入恩寵)으로 주입된 은혜를 상존은총(尙存恩寵)이라 한다.

그리고 상존은총(尙存恩寵)을 계속 보존(保存)하려면 협력은총(協力恩寵)에 의하여 선행(善行)으로 응분의 공로(功勞)를 쌓아가야 한다. 반면에 자기의 구원에 필요한 분량보다 더 많은 공적을 쌓을 수도 있다. 그러므로 선행과 공적을 많이 쌓으면 그 사람의 공적이 풍성한 공적의 창고(Thesaurus Supererogationis Meritorum)에 저장된다. 그뿐만 아니라 그와 같은 창고의 보고는 교황의 손에 맡겨져 있으며 사제들을 통해서 연옥에 있는 영혼들에게 은혜로 베풀어진다.[7]

한편 주입은총(注入恩寵)으로 주입된 상존은총(尙存恩寵)을 불신앙이나 치명적 범죄로 인하여 상실할 수도 있는데, 완전회개(完全悔改) 혹 불완전회개(不完全悔改), 고백(告白), 면죄(免罪), 속상행위(贖償行爲) 등으로 구성된 성례(Sacraments)를 통해서 다시 회복할 수 있다. 죄책(罪責)과 영원한 형벌(刑罰)은 면죄(免罪, absolution)에 의하여 제거(除去)될 수 있으나, 현세적 죄의 형벌은 속상행위를 기초로 해서만이 취소될 수 있다.[8]

이상에서 언급한 스콜라주의의 일반적 신앙관을 고찰해 보면 어거스

---

6) Berkhof; 신복윤 역, 「기독교교리사」, P. 290.
7) 정수영, P. 271.
8) Berkhof; 신복윤 역, 「기독교교리사」, P. 251.

틴이 혼동한 칭의(Justification)와 성화(Sanctification)가 스콜라 신학자들에 의하여 수정(修正)된 것이 아니라 오히려 더 강화된 것을 발견할 수 있다. 스콜라 신학자들은 칭의를 "주는 그리스도시요 하나님의 아들이십니다"라고 고백하는 믿음에 의하여 무상(無償)으로 그리스도의 의(義)가 죄인들에게 전가(轉嫁)되는 것으로 생각하지 않았다. 그들은 칭의의 은혜를 받기 위해 일곱 가지 요소(要素)를 먼저 준비해야 한다고 했다. 여기서 분명한 것은 칭의에 있어서 신앙이 그 중심이 아니고, 그 신앙에 필요한 준비요소들이 신앙과 대등(對等)하게 취급되었으며, 마지막에 세례를 통하여 칭의를 얻게 된다.[9] 이 점이 바로 믿음으로 말미암아 의롭게 되고(롬 5:1), 의롭게 된 자(칭의를 받은 자)에게 침례를 주는(롬 6:3-9) 신약교회의 구원론과 매우 다른 점이다. 그러므로 가톨릭교회의 구원론은 "인간의 선량한 도덕적 선행도 하나님의 보상을 위한 대상이 된다"는 교리에 의해 "오직 믿음에 의한 구원"(Salvation by Faith alone)이 아닌 "믿음과 행위에 의한 구원론"(Salvation by Faith plus Works)을 주장한다.

B. 스콜라주의의 성례관

대체로 스콜라 신학자들은 어거스틴의 사상을 따라서 성례(聖禮)를 무형적 은혜(無形的 恩惠)의 유형적 표시(有形的 表示)와 매개(媒介)로 보았고, 또 성례에 의해 하나님의 은총과 예수의 공로가 기계적으로 주입되는 것으로 믿었다. 그리고 1439년 피렌체 공의회(The Council of Florence)에서 롬바드 피터(Peter the Lombard)의 칠성례(七聖禮, The seven sacraments; 영세, 견신례, 성찬식[미

---

9) Ibid., P. 250.

사), 고해성사, 성직수임례, 결혼례, 임종도유례)를 공식으로 채택하게 되었다. 그리하여 그들은 이 칠성례를 통하여 신자들을 관리하며 다스리는 사제제도주의(司祭制度主義, Sacerdotalism)를 제정했다. 영세와 성찬식(미사)에 대하여는 스콜라 학자들의 세례관과 성찬관에서 다시 다루기로 하고 나머지 다섯 가지 성례에 대한 설명만 하기로 한다.[10]

(1) 견신례(堅信禮, Confirmation): 이미 세례를 받은 신도가 감독의 안수(按手)와 도유(塗油)와 기도를 통하여 성례의 일곱 가지 은혜를 받음으로 그들의 신앙을 확고히 고백하고 끝까지 신실하게 살아가겠다는 다짐을 하는 성례이며 보통 성령충만을 받는 성례로 이해되고 있다.

(2) 고해성사(告解聖事, Penance): 세례 받은 후 범한 모든 죄를 진심으로 통회하며 자신에게 부과된 고해(告解)를 즐겨 행하고자 하는 사람들에게 사죄함을 베푸는 성례이다.

(3) 성직수임례(聖職受任禮, Ordination or Holy orders): 사제직(司祭職)을 잘 수행할 수 있는 특별 은혜와 함께 사제의 충만한 권세를 받는 자들에게 주어지는 성례이다.

(4) 결혼례(結婚禮, Marriage): 한 남자와 한 여자가 거룩한 혼인으로 하나가 되어 죽는 날까지 그들의 의무를 신실하게 수행하는 데 필요한 은혜를 받는 성례이다.

(5) 임종도유례(臨終塗油禮, Extreme unction): 죽어가는 사람에게 성유(聖油)를 바르며, 사제(司祭)의 기도를 통하여 하나님의 자비를 확신하고, 악마의 최후 공격과 유혹을 물리치는 특별한 은혜를 받는 성례이다.

---

10) Berkhof; 신복윤 역, 「기독교교리사」, PP. 282-285.

C. 스콜라주의의 세례관

초기에는 스콜라 신학자들이 "성인의 세례(洗禮)는 신앙을 전제(前提)한다"고 한 어거스틴의 견해에 공명(共鳴)하였으나, 점차로 세례를 객관적 시행(客觀的 施行)에 의하여 효과를 발생하는 것으로 생각하여 주관적 상태(主觀的 狀態)의 중요성을 경시(輕視)하게 되었다. 따라서 세례는 중생과 은총을 주입하는 성례인 것이다. 이 은총은 (1) 구원을 가져온다. 원죄에서 온 죄, 세례를 받을 때까지 범한 죄, 죄의 오염, 죄의 자연적 결과를 제외한 영원한 형벌과 모든 일시적인 형벌 등에서 구원한다. (2) 성화(聖化)의 은혜와 믿음 소망 사랑의 초자연적 선(善)을 불어넣어 주심으로써 영적 갱신(更新)을 가져온다. (3) 이는 지워질 수 없는 성격의 것으로 인간으로 하여금 교회의 권한(權限)에 굴복하게 함으로 성도의 단체와 신자의 유형교회(有形敎會)를 설립한다.[11]

D. 스콜라주의의 유아세례관

스콜라시대의 유아세례는 어거스틴의 주장을 그대로 따르고 있다. 어거스틴은 "성례(聖禮)가 하나님의 은총을 받는 길이며, 침례(浸禮)는 죄책(guilt)으로서의 원죄(Original Sin)를 모두 제거한다"고 했고, 또 "유아의 원죄를 제거하기 위해 유아세례(Infant Baptism)가 절대로 필요하다"고 했다.[12] 세례를 받지 못하고 죽은 어린이들은 버림을 받을 것이로되, 보호자의 보

---
11) Ibid., PP. 289-290.
12) Berkhof, 신복윤 역, 「기독교교리사」, P. 289.

호를 받아 세례를 받은 어린이들의 경우에는 교회의 신앙이 바로 그 유아의 신앙으로 받아들여질 수 있다고 주장했다. 더욱이 세례는 그것이 그리스도와 그의 교회에 속해 있기 때문에 지워버릴 수 없는 특징을 어린이들에게 인(印)쳐 주는 것이라고 했다.

E. 스콜라주의의 성찬론

중세 스콜라주의 시대의 성찬론(聖餐論)은 "주의 만찬에서 축사(祝謝)를 한 떡과 포도주의 실체(實體)가 입에 들어가는 순간 그리스도의 살과 피의 실체로 변한다"고 하는 화체설(Transubstantiation)에 귀결(歸結)된다. 이 화체설은 고대 교부 이그나티우스(Ignatius, 30년경-117년)가 화체설을 암시한 "주의 만찬은 죽을 사람을 해독하는 약효가 있다"고 한 말과 또 "성례가 하나님의 은총을 받게 한다"는 어거스틴의 성례교리가 점차로 로마 가톨릭교리를 위한 길을 열어준 셈이다.[13]

가톨릭의 화체설(化體說, Transubstantiation)은 주후 818년 "성례에 있어서 물질적 요소는 하나님의 권능으로 문자 그대로 마리아에게서 탄생한 그 몸으로 변한다는 것과, 봉헌(奉獻)된 후의 떡과 포도주의 외관(外觀)은 그 의미를 달리하는 단순한 베일(veil)에 지나지 않는다"는 교리를 파스카시우스 라드베르투스(Paschasius Radbertus)가 정식으로 제출함으로 논의되기 시작했다. 그러나 마우루스(Rabanus Maurus)와 라트람누스(Ratramnus)가 이에 대해 "표징(表徵)과 상징(象徵)하는 사물(事物)을 혼동하였으며, 신앙을 유물주

---

13) Ibid., PP. 239-240.

의(唯物主義)로 대신 바꾸어버렸다"고 지적을 했다. 그리고 1050년경 투월스의 베렝거(Berenger of Tours)가 "그리스도의 몸은 성찬에 임재(臨在)하되 본질로서가 아니라 능력으로 임한다는 것과 성찬의 요소는 변하되 본질은 변하지 않으며, 또 변화의 능력을 보장하기 위해서는 봉헌뿐만 아니라 성례를 받는 자의 신앙도 마찬가지로 필요하다"고 확언하였다. 그러나 이 견해도 "그리스도의 몸이 참으로 사제(司祭)의 손 안에 쥐어져 있으며, 신자는 그것을 받아 입으로 씹어 먹는다"라고 극단적인 말까지 하였던 훔베르트(Humbert, 1059년)와 란후랑크(Lanfranc, 1089년)에 의해 강력한 반대를 받았다. 그리하여 이들의 견해는 투월스의 힐데베르트(Hildebert of Tours)의 정의(定義)를 받아 화체설(化體說, Transubstantiation)이라고 불려졌고, 1215년 제4회 라테란 회의(The Fourth Lateran Council)에서 정식으로 채택되었다. 트렌트 공의회(Council of Trent, 1545-1563년)에서 성찬문제에 대하여 재확인한 결의문의 요점은 다음과 같다.

> 예수 그리스도는 실제(實際)로 성례에 임하신다. 그리스도께서 자연적 존재방식(自然的 存在方式)을 따라 하나님의 우편에 앉아 계신다는 사실은 동시에 그가 고등(高等)하고 영적이며 초자연적 존재방식(超自然的 存在方式)에 따라 여러 곳에 임재(臨在)하실 수 있다는 가능성을 배제(排除)하는 것이 아니다. 우리는 그 방법에 대해서는 설명할 수 없으나 여러 곳에서 동시에 실재적(實在的)이며 성례적(聖禮的)으로 임재하실 수 있다는 것을 생각할 수 있다. 봉헌(奉獻)의 말로서 떡과 포도주의 본질(本質)은 그리스도의 몸과 피로 변(變)한다. 그리스도 전체(全體)는 성찬과 성찬의 각 부분에 임재하기 때문에 성찬의 한 부분을 받는 사람

은 그리스도 전체를 다 받는 것이 된다. 그리스도는 성찬을 행하는 순간(瞬間)뿐만 아니라 성찬을 받기 전에도 임재하신다. 왜냐하면 그리스도는 제자들이 성찬을 받기 전에 벌써 떡을 자기의 몸이라고 불렀기 때문이다. 성찬에 그리스도가 임재하신다는 사실(事實)에 비추어 성병(聖餅) 숭배와 그리스도의 몸을 먹는 성회(聖會)는 당연히 있음직한 일이다. 성례의 중요한 효과는 성화(聖化)의 은혜(恩惠), 특수한 실증적 은혜(實證的 恩惠), 경죄(輕罪)의 용서, 흉악한(치명적인) 죄에서의 보호, 영원한 구원의 소망에 대한 확신(確信) 등을 증진(增進)시켜 주는 것이다.[14]

트렌트 공의회가 말하는 성례(聖禮)의 중요한 효과는 성화의 은혜, 특수한 실증적(實證的) 은혜, 경죄(輕罪)의 용서, 흉악한(치명적인) 죄에서 보호, 영원한 구원의 소망에 대한 확신 등을 증진(增進)시켜 준다는 것이다.[15] 그러나 이 교리는 신학자들과 목회자들에게 많은 문제점들을 제시하고 있다. 즉 (1) 변화의 지속기간(持續期間), (2) 본질(本質)과 사건(事件)과의 관계(關係), (3) 양(兩) 요소(要素)와 요소 각 부분에 있어서 그리스도의 임재방법, (4) 성병 숭배(聖餅 崇拜) 등이다.

F. 연대별로 본 침례의 변질과정

1. 연옥설(煉獄說)의 등장(590년대)

---

14) Berkhof; 신복윤 역, 「기독교교리사」, PP. 294-296.
15) Ibid., P. 296.

연옥설(煉獄說, The Theory of Purgatory)을 처음으로 암시한 사람은 알렉산드리아의 클레멘트(Clement of Alexandria, 155-220년경)이다. 그리고 키프리안(Cyprian)과 어거스틴(Augustine)은 그것의 가능성을 가르쳤으나, 그레고리 1세(Gregory I, 590-604년, 최초로 교황을 자칭함)는 신앙의 중요한 요목(要目)으로서 연옥설16)을 하나의 교리로 만들었다. 그 후 토마스 아퀴나스(Thomas Aquinas, 1225-1274년)가 더 정교하게 보강(補强)했다. 이에 대하여 동방교회에서는 반대를 해왔으나, 1439년 피렌체 공의회(Council of Florence, 1438-1445년)에서 동방교회와 서방교회가 함께 연옥이라는 곳이 있다는 것과 죽은 자들을 위한 기도가 유용하고 적절하다는 점에 합의를 보았다.

2. 삼중침례와 단회침례(700년까지)

700년까지 동방교회에서는 삼중 침수침례(三重 浸水浸禮, Trine Immersion)의 방법을 사용했고, 서방교회에서는 삼중 침수침례(三重 浸水浸禮, Trine Immersion)와 단회 침수침례(單回 浸水浸禮, Single Immersion)를 다 사용했다.

3. 관수례에 대한 최초 교회법(754년)

754년 교황 스데반 3세(Pope, Stephen III)가 불란서에 있을 때 브리타니(Brittany)의 몇몇 승려들이 "병이 든 어린아이에게 침례를 주어야 할 경우 어린아이의 머리에 손이나 컵으로 물을 붓는 것이 옳습니까?" 하고 물었

---

16) 연옥(煉獄, Purgatory): 로마가톨릭 신학에 있어서 도덕적 죄에 대한 영원한 형벌(刑罰)과 죄책(罪責)은 고해성사로 사면이 되는 데 반해, 보속(補贖, satisfaction: 지은 죄과에 대한 보상)과 잠벌(暫罰, temporal: 잠정적인 벌)의 요구는 없어지지 않는다. 생시에 저지른 뒤 사면을 받은 죄들에 대해 적절한 보속(補贖)을 치르지 않았다면 죽은 뒤에 보속을 반드시 치러야 한다. 연옥은 지옥이 아니다. 연옥에 있는 모든 잠정적인 형벌장소인 그곳에서 하늘 예루살렘을 향하고 있기 때문이다. 로마 가톨릭은 땅에서 마무리가 안 된 일을 해결하는 연옥에 대한 개념을 마카베오 하 12:39-45; 마 12:31 이하; 고전 3:11-15 등에 근거하고 있다. [강병도 편, 「교회사 대사전 II」(기독지혜사, 1994), PP. 622-623에서]

다. 이에 대하여 교황, 스데반 3세는 "필요한 경우에는 그렇게 해도 무방하다"고 했다. 그래서 어떤 이들은 이 사건을 침수침례(Immersion) 대신에 머리에 물을 붓는 관수례(灌水禮, Affusion)와 머리에 물을 뿌리는 세례(洗禮, Sprinkling)에 대한 최초의 교회법이었다고 말한다.[17]

4. 유아침례와 관수례의 보편화(789년부터)

789년에 서방 유럽에서 유아들에게 침수침례(Immersion)를 주도록 프랑크의 샬레망(Charlemagne) 황제에 의하여 법으로 제정된 것으로 로빈슨(Robert Robinson)은 말하고 있다.[18] 그 이유는 샬레망 황제가 자기가 정복한 게르만 민족들 중에서 한 살 이내의 어린이들에게 침례를 주라는 법을 제정했기 때문이다. 그리고 장년들에게는 "성직자에 의하여 축복을 받았다고 생각되면 강물을 지나가든지(강에 가서 침례를 받든지) 아니면 참수당하는 것을 택하라"고 했다고 한다. 이리하여 유아침례(Infant Baptism)가 이전보다 보편화되었고, 유아들에게 침수침례가 불편하기 때문에 관수례(灌水禮, Affusion)가 더 일반적으로 행해지게 되었으며, 이때부터 침례의 방법이 침수침례(Baptism by Immersion)가 원칙(原則)이라는 사실을 주장할 수 없게 되었다고 한다.[19]

그러나 13세기 전까지 서방 유럽에서 침수침례(Baptism by Immersion)의 행습(行習)을 물방울을 머리 위에 떨어뜨리거나 뿌리는 세례(洗禮, Baptism by Sprinkling)로 대치(代置)하지는 않은 것이 확실하다. 왜냐하면 현재 영국 박

---

17) Robert Robinson, *The History of Baptism* (Boston: Press of Lincoln & Edmands, 1817), P. 381; William L. Lumpkin, *A History of Immersion* (Nashville, Tennessee: Broadman Press, 1962); 노윤백 역, 「침례(浸禮)의 역사」, (서울: 침례회출판부, 1976), P. 22.
18) Robert Robinson, P. 379; W. A. Lumpkin; 노윤백 역, 「침례(浸禮)의 역사」, PP. 21-22.
19) Robert Robinson, P. 379.

물관에 있는 13세기의 성경사본 중 불란서 사본에는 침수침례를 받는 그림이 27폭이나 삽입되어 있기 때문이다.[20]

5. 카피툴라비움의 등장(13세기)

카피툴라비움(Capitulavium)이란 "머리를 씻는다"로 불리는 이방종교로부터 유입된 의식으로 가톨릭교회가 종려주일(Palm Sunday)에 침례를 받을 사람에게 준비단계로 사순절(四旬節, 영어 Lent, 독어 Lenz, 라틴어 Quadragesima : 부활절 앞에 오는 40일의 금식기간)기간 동안 정결하게 지내도록 머리에 물을 뿌리거나 붓는 의식이다.[21]

6. 네덜란드인들의 유아관수례(13세기)

13세기에 이르러 네덜란드 사람들이 "물을 머리 위에 붓는 행위를 침례의식으로 간주한다"고 교회법규로 규정하였다. 그들은 침례를 줄 때 침례집행자가 침례를 받을 어린아이의 머리 위에 손을 얹고 "나는 성부와 성자와 성령의 이름으로 ○○○에게 침례를 주노라" 하고 대야나 깨끗한 병에 담겨 있는 물을 머리 위에 세 번 부어야 한다고 했다.[22] 이렇게 네덜란드 사람들이 교회법규로 물을 붓는 행위를 침례의식으로 간주하도록 규정하게 된 것은 보다 간편(簡便)한 침례의식을 모색한 결과 침례받기 전에 준비과정으로 행해졌던 카피툴라비움(Capitulavium: 머리를 씻는 의식)과 축신례(逐神禮, Exorcism: 병자나 죽어가는 환자의 머리에 물을 뿌려 귀신을 쫓아내는 의식)를 침수침례(Baptism by Immersion)의 방법과 완전히 바꾸어 놓게 된 것으로 보

---

20) Walfred Nelson Cote, *The Archaeology of Baptism* (London: Yates & Alexander, 1876), P. 45; W. A. Lumpkin; 노윤백 역, 「침례(浸禮)의 역사」, P. 22.
21) W. A. Lumpkin; 노윤백 역, 「침례(浸禮)의 역사」, P. 22.
22) Robert Robinson, P. 402.

인다.[23] 이는 마치 "굴러들어온 돌이 박힌 돌을 빼다"는 격언과 같다.

7. 유아세례와 관수례를 반대한 분파들

로마가 서연방(西聯邦) 전체의 지도권과 권위를 점차적으로 장악함에 따라 물을 어린아이들의 머리 위에 붓거나 뿌리는 유아세례(Infant Sprinkling)가 서방으로 급격히 퍼져 나감에 반하여, 유아세례(Infant Baptism)와 관수례(Affusion)를 반대하는 수많은 분파(分派)들이 12세기뿐만 아니라 계속적으로 나타나게 되었다. 즉 아르메니아(Armenia)와 발칸 반도에서 번성하고 있던 카타리(Cathari)파, 불가리아의 보고밀(Bogomiles)파, 남부 불란서에 있는 페트로브루시우스(Peterobrusians)파, 불란서 리옹(Lyons)에서 일어난 발도(Waldenses)파, 아르메니아와 동부 유럽에 있는 바울(Paulicians)파 등은 "유아세례", "유아침례", 그리고 "교황제도" 등을 반대했고, "믿는 자의 침례"(Believer's Baptism)와 "침수침례"(Baptism by Immersion)를 주장했다.[24]

8. 화체설을 공인함(1215년)

1215년 제4회 라테란 회의(The Fourth Lateran Council)에서 성찬을 베풀 때 사제가 축사한 떡과 포도주가 실제로 그리스도의 몸과 피로 변한다는 화체설(化體說, Transubstantiation)이 채택되었다.

9. 아퀴나스가 관수례를 인정함(1260년대)

스콜라 신학의 대가인 토마스 아퀴나스(Thomas Aquinas, 1225-1274년)는 "침수침례가 가장 안전한 방법이라고 주장하면서, 그러나 생명과 지능의

---

23) W. L. Lumpkin; 노윤백 역, 「침례(浸禮)의 역사」, P. 23.
24) Ibid., P. 23.

근원이라고 할 수 있는 머리 위에 물을 붓는 것도 마찬가지로 유효하다"라고 했다. 이 주장은 그 동안 가톨릭교회가 지켜오던 침수침례(Baptism by Immersion)를 관수례(灌水禮, Baptism by Pouring)로 대치(代置)하도록 많은 영향을 준 것으로 보인다.[25] 그리고 1284년의 니스메 회의(Synod of Nismes)에서는 "만일 유아들을 침수시킬 만큼의 물의 분량이 충분하지 못할 때는 약간의 물을 유아의 머리에 부어도 된다"라고 결의했다.[26]

10. 관수례를 공인함(1311년)

1311년에 있었던 라베나 종교회의(The Council of Ravenna)는 "침례는 '삼중 관수례'(三重 灌水禮, Trine Affusion)나 '삼중 침수침례'(三重 浸水浸禮, Trine Immersion)로 행하여야 한다"라고 제정했다.[27] 이때부터 서방에서는 침수침례(Baptism by Immersion)가 관수례(Baptism by Pouring)로 변화되는 과정이 급속히 이루어졌다.[28] 그리고 경우에 따라 관수례(灌水禮)를 더 간소화하여 물을 뿌리는 세례(洗禮, Sprinkling)형식도 행해진 것으로 사려(思慮)된다. 그러니 오늘날까지도 가톨릭교회의 공식형식은 "삼중 관수례"(Trine Affusion)나 "삼중 침수침례"(Trine Immersion)이지만, 주로 "삼중 관수례"(Trine Affusion)가 행해지고 있다.

11. 존 위클리프의 활동(1365년경-1384년)

1365년부터 영국 옥스포드 대학교 교수이며, "종교개혁의 새벽별"이라 불리었던 존 위클리프(John Wycliffe, 1324-1384년)는 "교황제도", "속죄권

---

25) Ibid., P. 24.
26) James Christal, *A History of the Modes of Christian Baptism* (Philadelphia: Lindsay & Blackiston, 1861), PP. 103-104.
27) Ibid., P. 105.
28) William L. Lumpkin; 노윤백 역, 「침례(浸禮)의 역사」, P. 24.

판매", "화체설", "유아세례"(Infant Baptism) 등을 반대했다. 그러나 그는 로마 가톨릭교회의 성례전 교리(聖禮典 敎理)와 믿음과 행위에 의한 구원론(Salvation by Faith plus Works)을 믿었다. 그는 1384년 병사(病死)했으나 1428년 이단으로 정죄되어 시신이 화형을 당했다.

12. 잔 후스의 활동(1410년대)

1398년 체코 프라하 대학의 교수, 1402년 동교 학장, 1400년에 목사 안수를 받아 프라하에 있는 베들레헴교회에서 목회를 하던 잔 후스(Jan Hus, 1373-1415년)는 존 위클리프(John Wycliffe, 1324-1384년)의 영향을 받아 위클리프처럼 교황제도, 속죄권 판매, 화체설, 유아세례(Infant Baptism) 등을 반대하다가 이단으로 정죄되어 화형을 당했다.

13. 칠성례를 공인함(1439년)

1439년 피렌체 공의회(Council of Florence, 1438-1445년)에서 롬바드 피터(Peter the Lombard, 1095년경-1169년, 1159년 파리 주교로 선임)의 칠성례(七聖禮, The seven sacraments; 영세, 견신례, 성찬식[미사], 고해성사, 임직수임례, 결혼식, 임종도유례)를 공식으로 채택하게 되었다.[29] 당시 가톨릭교회 내에서 성행하고 있었던 교회의식이 무려 30여 종이 넘었다고 한다. 그 까닭은 313년 기독교가 로마의 국교가 되고 이교도(異敎徒)들을 기독교인으로 흡수(吸收) 및 수용(受容)하는 과정에서 이방종교의 의식(儀式)들이 유입되었기 때문이다. 그중 가장 대표적인 예(例)를 들면 침례를 받기 전에 행했던 축신례(逐神禮, Exorcism: 병자나 죽어가는 환자의 머리에 물을 뿌려 귀신을 쫓아내는 의식)와 카피툴라비움(Capitulavium: 머리를 씻는 의식)이다. 그래서 롬바드 피터가 이것들을 정리하

---

29) Berkhof; 신윤복 역, 「기독교교리사」, P. 282.

여 칠성례(七聖禮)를 만들었다고 한다.

14. 영국교회의 침례에 대한 역사

영국에서는 서방의 다른 나라와는 달리 제도가 바뀌는 것을 반대했다. 그 이유는 로마와 거리가 멀고, 옛것을 사용하기를 좋아하는 영국인들의 애착심, 그리고 영국교회의 독자적인 전통의 변화에 대한 거부반응을 보였기 때문이다.

816년 초기에 캔터베리 대주교(The Archbishop of Canterbury)가 실리치즈(Cealichyth)에서 있었던 회의에서 "장로들은 거룩한 침례를 집행할 때 유아들의 머리에 물을 붓지 말고, 유아들을 침수(浸水)시켜야 할 것을 알아야 한다"라고 했다.[30]

1085년경 영국교회(British Church)의 전례법규(典禮法規, Rubric)에는 다만 불가피한 경우에만 단회 침수침례(單回 浸水浸禮, Single Immersion)나 관수례(Affusion)로 유아에게 침례를 허락한다고 했다.[31]

1486년에 헨리 7세(Henry VII)의 아들 아더 왕자(Prince Arthur)는 성수반(聖水盤, The font)에 의하여 유아침례를 받았고, 에드워드 6세(Edward VI)와 엘리자베스(Elizabeth)는 삼중 침수침례를 받았다. 후에 스코틀랜드의 제임스 6세(James VI)가 아들을 낳았을 때, 엘리자베스 여왕이 그 아이가 유아침례

---

30) James Christal, P. 177.
31) W. T. Whitley, "A Word, a Thought, a Deed," The Chronicle, October, 1943, PP. 168-170.

를 받을 성수반(聖水盤, The font)을 보냈다.[32]

1550년 이후부터 영국에서 유아들에게 관수례(Affusion)나 살수례(Sprinkling)를 행하는 경향이 점점 심해졌으나, 1610년 이후까지도 영국에서는 습관적으로 유아 침수침례(Infant Immersion)가 주어지기도 했다.[33]

G. 신약교회 의식과 가톨릭교회 성례전의 대조표

신약시대에 사도들에 의해 실행되었던 침수침례(Baptism by Immersion)와 주의 만찬(Lord's Supper)이 중세기 가톨릭교회에 의해 그 개념과 형식(形式)이 얼마나 많이 변질되었는가를 한 눈으로 볼 수 있도록 "신약교회 의식과 가톨릭교회 성례전의 대조표"를 부록에 첨부했으니 참고하기 바란다.

---

32) William L. Lumpkin; 노윤백 역, 「침례(浸禮)의 역사」, PP. 24-25.
33) Ibid., P. 25.

제 8 장
종교개혁가들의 교회의식에 대한 견해

A. 루터(Martin Luther)의 견해

1. 루터의 구원론, 신앙관, 교회론

루터(Martin Luther, 1483-1546년)의 성례관에 대한 이해를 돕기 위해 그의 구원론과 신앙관 및 교회론을 간단히 설명하기로 한다.

(1) 첫사람 아담이 범죄하여 타락한 이후 자연적인 방법으로 출생한 모든 인간은 다 죄를 지니고 태어난다. 이것을 원죄라고 하는데 이 원죄의 요소는 첫째, 하나님을 믿거나 경외하거나 사랑할 능력이 결핍되어 있는 상태이고, 둘째, 하나님의 말씀을 어기고 육체적 목적들을 추구하는 정욕, 곧 육체의 욕심들을 말한다.[1]

(2) 그의 구원론은 이신득의(以信得義)의 교리(The Doctrine of Justification by Faith only)에서 시작된다. 칭의(稱義, justification)를 주는 믿음은 역사적 지식이 아니고 사죄(赦罪)와 의인(義認)을 약속하는 하나님의 제의(提議)를 굳게 수락(受諾)하는 것을 의미한다.[2] 그리고 칭의는 율법의 행위에 있지 않고 믿음으로 되며(롬 3:28), 그리스도 예수 안에 있는 구속으로 말미암아 하나님의 은혜로 값없이 얻는 것이고(롬 3:24), 인간에게서 난 것이 아니며 하나님의 선물이다(엡 2:8). 그런고로 누구든지 이 은혜의 선물을 자기의 공로(일)에 의하여 획득한 것처럼 자랑을 할 수 없는 것이라고 했다(엡 2:9).[3]

(3) 루터 교파가 말하는 구원의 과정은 복음 아래 사는 모든 사람은 누구나 다 세례를 받거나, 말씀의 선교(宣敎)를 통하여 충만한 은혜를 받기 때문에 그들은 중생에 나타난 하나님의 은혜를 거부할 수 없게 된다는 것이다. 즉 신자의 자녀로 태어난 어린이들은 세례 받을 때 중생되고, 또 신앙의 은사를 받게 된다. 그러나 불신자의 자녀들은 후기생활(後期生活)에서 만족한 소명(召命, Calling)을 받게 되는데, 그때 성령이 그들의 마음에 조명(照明)해 주며, 의지(意志)를 강화시킴으로써 그들로 하여금 하나님의 은혜를 거스를 수 없게 한다. 그리고 그들은 통회하게 될 것이고, 중생하게 되며, 또 신앙의 은사를 받게 될 것이다. 그리하여 그들은 믿음으로 칭의를 받게 되고, 사죄를 받아 하나님의 자녀로 받아들여져 그리스도와 연합하여 성령으로 갱신(更新)되며, 마지막에 영화롭게 된다는 것이다.[4] 결론적으로

---

1) Theodore G. Tappert ed., "Apology of Augsburg Confession", *The Book of Concord* (Philadelphia: Fortress Press, 1959), PP. 102-103.
2) Ibid., P. 114.
3) Ibid., P. 117.
4) Louis Berkhof, *The History of Christian Doctrine* (Grand Rapids, Michigan: Baker Book House, 1937); 신복윤 역, 「기독교교리사」 (서울: 성광문화사, 1979), PP. 253-254.

말하면 (1) 말씀을 통해 받는 믿음으로 의롭게 되기도 하고, (2) 성례의 신앙으로 성례를 받음으로 의롭게 되기도 한다는 것이다.

(4) 아우그스부르그 신앙고백(The Augsburg Confession) 제12조(회개)에서 "한번 칭의(稱義)를 받은 사람이 성령을 상실할 수 있음을 부인하는 주장을 배격한다"[5]고 했다. 이 말은 인간이 언제든지 하나님의 은혜를 물리칠 수도 있다는 것이다. 즉 한번 거듭난 사람은 영원히 구원을 받는다는 구원(救援)의 연속성(連續性)을 부인한다.

(5) 그리고 루터는 교회를 유형성(有形性)과 무형성(無形性)으로 구별했다. 교회란 본질적으로 보이지 않는 영역(領域), 즉 믿음으로 그리스도와 교통하며, 성령을 통하여 구원의 축복에 참여하는 데 있는 것이지, 교황과 같은 수장(首長)을 가진 유형적(有形的)인 단체가 아니라는 것이다. 그리고 유형적 교회는 무형적 교회에 의하여 그리스도가 그의 성령으로 교회를 모으시되, 이 일을 행하심에 있어 하나님은 말씀과 성례전의 선택된 방법에 의하여 이루신다고 했다.[6] 그리고 유형적 교회는 언제나 교회의 영적 훈련에 동참하지 않는 위선자나 악인을 갖게 될 것을 인정했다. 아우그스부르그 신앙고백(The Augsburg Confession)은 유형적 교회를 "복음(Gospel)을 바로 가르치며, 성례전(聖禮典, Sacraments)을 바르게 집행하는 성도들의 회중(會衆)"이라 정의했다.[7] 그리고 루터의 교회론에서 가장 특징적인 것은 신자들의 보편적 사제성(普遍的 司祭性)인 신자의 제사장직분(The Universal

---
5) Theodore G. Tappert ed., "the Augsburg Confession, XII. Repentance", *The Book of Concord*, P. 35.
6) Berkhof: 신복윤 역, 「기독교교리사」, PP. 275-276.
7) Theodore G. Tappert ed., "the Augsburg Confession, VII. The Church", *The Book of Concord*, P. 32.

Priest- hood of Believers) 사상이었다.[8]

2. 루터의 성례관

루터는 로마 가톨릭교회를 반대하여, 처음에는 성례가 말씀에 속하는 표징(標徵, signs)이요, 인호(印號, seals)라고 했다. 그리고 성례의 작용이 성례를 받는 자의 신앙에 좌우된다고 주장했다. 그러나 후에 성례가 표징이요 인호인 말씀과 밀접하며 본질적인 관계가 있다는 성례의 우월성(優越性)을 표시했다. 그리고 재침례교도(Anabaptists)들과 논쟁을 한 이후(1524년)부터 성례의 절대적 필요성과 그 객관적 특성을 강조하고, 성례의 효과는 성례를 받는 자의 주관적 태도보다 하나님의 역사(役事)에 좌우된다고 했다.[9] 이 논리는 표징(標徵)과 상징(象徵)하는 물질 사이에는 일시적(一時的)이며, 국부적(局部的)인 관계가 있다는 주장이다. 따라서 신적 능력(神的 能力)은 유형적 말씀으로서 성례에 나타나는데 그것은 신적 은혜(神的 恩惠)의 매개물(媒介物)과 같다는 것이다.[10] 이 주장은 스콜라 신학자들의 성례관과 같은 것이다.[11]

성례를 단순히 구원의 상징(象徵)이나 중생을 기념하기 위해 하나의 예전(禮典)으로 집행하는 것은, 마치 성도들이 하나님께서 구원을 베푸신 은혜에 감사하여 헌금을 드리는 행위와 같은 것으로, 그것은 어디까지나 희생제물을 바치는 행위(Sacrificial acting)에 불과하지 하나님이 성례에 직접 개입하시어 주도하시는 신비한 은혜의 통로서의 성례(Sacrament)는 될 수

---

8) Helmut T. Lehmann ed. *Luther's Works. Volume 35. (Word and Sacrament I)* (Philadelphia: Muhlenberg Press, 1960), P. 101.
9) Berkhof; 신복윤 역, 「기독교교리사」, P. 285-286. (Heppe, Dogm. Ⅲ, P. 380. 참조)
10) Ibid., P. 286.
11) Ibid., P. 283을 대조해 보라.

없다고 반박한다. 아우그스부르그 신앙고백(The Augsburg Confession) 제13조는 성례전에 대하여 다음과 같이 말했다.

> 성례전은 사람들 가운데서 단순히 신앙고백의 표시(signs)가 되게 할 뿐만 아니라, 특히 우리에 대한 하나님의 뜻의 표지(signs)와 증거(testimonies)가 되게 하기 위하여, 믿음을 일깨우고 굳게 하기 위하여 제정되었다. 그러므로 우리는 성례전을 통하여 주어지고 선언되는 약속을 믿을 수 있는 믿음이 더해지도록 역시 성례전을 사용해야 한다. 그러므로 우리 교회는 성례전이 그의 외형적인 행위로써 의롭게 한다고 가르치며, 성례전을 사용할 때 죄의 용서를 믿는 믿음이 필요하다고 가르치지 않는 사람들을 배격한다.[12]

3. 루터의 세례관

아우그스부르그 신앙고백(The Augsburg Confession) 제9조(세례에 관하여)에 "…세례는 구원을 위하여 필요하며, 세례를 통하여 하나님의 은총이 인간에게 주어집니다. 그리고 아이들도 세례를 받아야 합니다. 세례를 통하여 하나님께 바쳐진 아이들은 하나님의 은총 가운데 참여하게 됩니다…"라고 했고, 루터(Martin Luther)의 저서 「대교리 문답서」 제4부(세례), 14항, 53항은 세례에 대하여 다음과 같이 설명하고 있다.

> (14) … 이 세례에 사용하는 물은 보통 물이 아니라 하나님의 말씀과 계명에 의하여 이해되고 성별된 물입니다. 이것은 그 물

---

12) Theodore G. Tappert ed., "the Augsburg Confession, XIII. The Use of the Sacraments", *The Book of Concord*, PP. 35-36.

자체가 다른 물보다 더 고상해서가 아니라 하나님의 말씀과 계명이 여기에 첨가되었기 때문에 거룩한 물인 것입니다. (53) … 세례는 쉽게 말해서 물과 하나님의 말씀이 서로 밀접하게 연결되어 있고 말씀이 물을 동반할 때 거기에 믿음이 결핍되더라도 세례는 유효합니다. 그 이유는 나의 믿음이 세례를 구성하는 것이 아니라 믿음은 단지 받는 것이기 때문입니다. 아무리 세례를 잘못 받거나 잘못 사용되었다 할지라도 세례는 무효가 되지 않는데 그 이유는 세례가 우리의 믿음에 매어 있지 않고 말씀에 매어 있기 때문입니다.

그리고 루터는 "믿고 침례를 받는 자는 구원을 얻으리니…"(막 16:16)라고 하신 하나님의 약속을 의지하여 세례를 받으면 구원을 받는다는 사실을 주저함 없이 믿어야 한다고 했다.[13] 그리하면 세례에 첨부된 언약의 말씀에 대한 수세자의 신앙에 의해 세례(洗禮)가 수세자의 영적 탄생으로 말미암아 은혜의 자녀가 되게 하고, 의롭게 인정받는 사람이 되게 한다고 했다. 즉 "성례가 아니고 성례의 신앙이 의롭게 한다"[14]라는 말과 같이 세례가 아니고 세례에 첨부된 말씀에 대한 신앙이 의롭게 한다고 했다.

4. 루터의 침수침례에 대한 견해

루터는 논문 "거룩하고 축복된 침례의 성례"(The Holy and Blessed Sacrament of Baptism)에서 침례가 원어적으로 침수침례(Baptism by Immersion)

---

13) 성결교회와 역사연구소 편, 「유아세례 다시보기」 (서울: 도서출판 바울서신, 20004), P. 125; *Reformation Writings of Martin Luther*, trans. Bertram Lee Woolf, I (London, 1952), P. 254.
14) Helmut T. Lehmann ed. *Luther's Works*. Vol. 35, P. 30; *Luther's Works*. Vol. 36, PP. 66-68; "교회의 바벨론 감금", 「루터 選集 제7권(은혜의 해설자)」, P. 179; "대교리 문답서", P. 434.

임을 설명하고, 또 그 뜻이 그리스도의 죽음과 부활을 의미하는 것이므로 성경의 본래의 행습인 침수침례가 마땅히 시행되어져야 한다고 다음과 같이 강조했다.

> 침례(독어 Die Taufe)는 헬라어로 밥티스모스(βαπτισμός)이고, 라틴어로는 멜시오(mersio)이며, 그리고 여러 곳에서 유아들에게 침례를 주기 위하여 침례반(浸禮盤, the font) 속으로 밀어넣거나 담그는 습관이 없고, 다만 침례기의 물을 떠서 유아들에게 부어 주고 있지만, 그러나 본래의 행습이 마땅히 시행되어져야 한다. 그리고 '타우페'(Taufe)라는 단어의 뜻을 따르면 유아나 혹은 누구든지 침례를 받는 사람을 마땅히 물 속에 완전히 넣어 가라앉혔다가 다시 끌어올리도록 해야 적절하다. 왜냐하면 독일어 'Taufe'(침례)라는 단어는 분명히 'tief'(깊음의 뜻)라는 단어에서 유래되었으며, 침례를 받는다는 것은 물 속에 깊이 잠근다는 의미이다. 이 단어의 용법은 침례 사제의 근본적 의미에 비춰볼 때 역시 타당한 것이다. 앞으로 계속 논의되겠지만 침례란 옛 사람과 죄 많은 혈과 육으로 난 사람이 하나님의 은혜 속에 완전히 빠지는 것을 의미하기 때문이다. 그러므로 우리는 침례의 의미를 공정하게 나타내야 하고, 또 침례가 표명하는 참되고 완전한 표지인 침례를 행하는 데 공정을 기해야 한다. …침례의 중요성은 죄에 대한 복된 죽음과 하나님의 은혜 안에서의 부활로, 즉 죄 가운데 잉태되고 태어난 옛사람이 물에 장사(葬事)되고 은혜로 거듭난 새 사람으로 일어난다는 것이다.[15]

---

15) Helmut T. Lehmann ed. "The Holy and Blessed Sacrament of Baptism 1." *Luther's Works*. Volume 35(Word and Sacrament I) (Philadelphia: Muhlenberg Press, 1960), PP. 29-30.

그리고 그는 그의 논문 "Babylonia Captivity of the Church"(교회의 바빌로니아 유수)에서도 침수침례(Baptism by Immersion)만이 침례의 충분한 의의(意義)를 드러낼 수 있기 때문에 자기는 침수침례를 행하고 싶다고 했다.

> "그러므로 침례는 죄를 씻어버린다고 말하는 것이 참으로 옳기는 하나 그 표현이 침례의 충분한 의의(意義)를 드러내기는 너무나 온화하고 미약하다. 침례는 오히려 죽음과 부활의 상징이다. 이러므로 그 낱말이 말하고 그 신비가 나타내는 바와 같이 나는 침례를 받으려고 하는 사람들을 완전히 물 속에 잠기게 하고 싶다. 그 이유는 내가 이것을 필요하다고 생각하기 때문이 아니고, 오히려 철저하고 완전한 것에 완전하고 철저한 표징을 주는 것이 좋기 때문이다. 그리고 이것은 의심 없이 그리스도에 의해 제정된 방법이다."[16]

그러나 루터가 침수침례를 강력히 주장했음에도 불구하고 왜 루터교파가 관수례(灌水禮, Affusion)를 행하고 있는지 그 내력을 알 수도 없고, 또 루터가 침수침례를 행했는지 아니면 관수례를 행했는지도 기록이 없어 알 수가 없다. 다만 루터가 성례전에 사용된 물의 능력과 효과가 물의 양에 관계가 없다 하여 물을 머리에 붓는 관수례(灌水禮, affusion)나 물 속에 잠그는 침수침례(Immersion)를 상관하지 않고 가톨릭교회의 행습을 따라 삼중 관수례(三重 灌水禮, Trine Affusion)를 행한 것으로 추측을 할 뿐이다.

---

16) Helmut T. Lehmann ed. "Babylonia Captivity of the Church" *Luther's Works*. Volume 36. *(Word and Sacrament II)* (Philadelphia: Fortress Press, 1959), P. 68.

4. 루터의 유아세례관

루터(Martin Luther)는 유아세례에 대하여 그의 저서 「대교리 문답서」제4부, 57항에서 "…우리는 그러한 이유 때문에(유아의 믿음을 보고) 그에게 세례를 주는 것이 아니고 오직 하나님의 명령이기에 준다…"라고 말했다. 그리고 「아우그스부르그 신앙고백 변증서(1531년)」제9조(세례에 대하여)는 다음과 같이 되어 있다.

> "…그러므로 모든 족속에게 세례를 주라"(마 28:19)는 그리스도의 명령에 따라 어린아이들에게도 구원의 약속이 적용되도록 그들에게 세례를 주는 것은 필요한 일이다. 구원이 모든 사람에게 주어진 것처럼, 세례도 남자에게나 여자에게나 아이들에게나 유아들에게나 모두에게 주어진 것이다. 그러므로 구원은 세례와 함께 주어지는 것이기 때문에 유아들도 세례를 받아야 하는 것은 당연하다…."

5. 루터의 성찬관

루터는 떡과 포도주가 아무런 변화가 없이 남아 있으나, 그럼에도 불구하고 성찬에는 떡과 포도주 안에, 그리고 그 아래, 그리고 그것들과 함께, 몸과 피를 함께하는 그리스도의 인격이 신비스럽게 기적적인 방법으로 임재한다는 공재설(共在說, Consubstantiation)을 주장했다.[17] 그리고 "성례가 아니고 성례의 신앙이 의롭게 한다"는 교리에 따라 성찬에 첨부된 언약의 말씀에 대한 수찬자(受餐者)의 신앙에 의해 성찬이 하나님의 자녀가 되게 하고, 의롭게 인정받는 사람이 되게 한다고 했다.

---

17) Louis Berkhof, *Systematic Theology* (Wm B. Eerdmans Publishing Co.); 권수경, 이상원 역, 「벌코프 조직신학 下」(서울: 크리스챤 다이제스트, 2000), P. 916.

B. 츠빙글리(Ulrich Zwingli)의 견해

1. 츠빙글리의 구원론과 교회론

츠빙글리(Ulrich Zwingli, 1484-1531년)는 기독교 인문주의자로서 기독교의 참 본질을 재발견하는 길은 성경의 메시지(massage)를 발견해서 기독교의 갱신에 적용하는 것이라고 믿었다. 따라서 그는 전 신학을 성경으로부터 이끌어 내기를 원했다.[18] 그리고 하나님의 섭리와 예정에 대하여는 하나님과 인간 사이에서 모든 것은 하나님의 의지에 따라 일어난다고 믿었으며, 예정과 자유의지와 공로의 전반적인 운영은 하나님의 섭리에 의존한다고 생각했다.[19] 그런고로 구원은 하나님의 선택의 결과이지 인간적 노력의 결과는 될 수 없다.

츠빙글리는 불가시적 교회를 선택된 자들의 모임(공동체)이라 하였고, 가시적 교회를 불가시적 교회에 대한 징표(徵表)라 했다. 그는 교회와 국가에 대하여 루터보다도 훨씬 더 밀착된 연관성을 말했다. 즉 취리히의 정부를 구성하는 의회에서 중요한 역할을 감당하면서 신정통치(神政統治)와 매우 유사한 정부 운영을 도모했다.[20]

---

18) *On true and False Religion, in The Latin Works of Huldreich Zwingli*, ed. S. M. Jackson, et al., 3 Vols. (Philadelphia: Heidelberg Press, 1912-29). 3:98. 〈이후로 이 책을 'Lat. Zwingli'라는 약칭으로 부르겠음〉; Justo L. Gonzalez, *A History of Christian Thought Vol. Ⅲ*; 이형기, 차종순 옮김, 「기독교사상사 Ⅲ」 (서울: 대한예수교장로회 총회출판국, 2001), PP. 102-104.
19) Lat. Zwingli 2:136; 3:70.
20) Justo L. Gonzalez, *A History of Christian Thought, Vol. Ⅲ* (Nashiville: Abingdon Press, 1970); 이형기, 차종순 옮김, 「기독교사상사 Ⅲ」 (서울: 대한예수교장로회 총회출판국, 2001), P. 113.

2. 츠빙글리의 성례관

츠빙글리의 성례관은 루터, 가톨릭교회, 재침례교도 등의 이론을 반박하는 과정에서 발전되었다. 그의 성례관은 그의 논문 "참 종교와 거짓 종교에 대하여"(On True and False Religion)에 잘 요약되어 있다. 그는 성례를 징표 혹은 예전(禮典)으로서, 이것에 의해서 자신이 그리스도의 군사 혹은 군사가 되려고 함을 교회에게 증명해 보이기 때문에 자신의 신앙을 스스로에게 알리기보다는 교회 전체에게 알리는 것이라고 했다. 즉 성례는 신앙고백의 기념이요, 표지(標識)라는 것이다. 그리고 세례는 기독교인이 되는 첫시작이며, 주의 만찬은 그리스도인이 그리스도의 고난과 승리를 마음에 새기고 또한 그리스도의 몸인 교회의 일원임을 나타낸다고 주장했다.[21]

3. 츠빙글리의 세례관

츠빙글리는 세례가 세례를 받는 자의 죄를 씻어 없애주는 것이 아니라고 했으며, 할례와 세례의 유추를 세약의 표징으로 보고, 고내 사람들이 할례의 행위를 이스라엘과 연합했음을 나타내는 징표로 삼은 것처럼, 지금의 기독교인들은 세례의 행위를 교회와 연합했음을 나타내는 징표로 삼았다. 따라서 세례란 단지 그것을 받는 사람이 하나님께 헌신됨을 나타내는 표(標)요 서약(誓約)인 동시에 세례자를 신앙공동체(교회)의 회원으로 받아들이며 알리는 공적 인침과 마크(Mark)라고 했다.[22]

---

21) Lat. Zwi ngli 43: 184.
22) 성결교회와 역사연구소 편, 「유아세례 다시보기」, P. 218; James White, *The Sacraments in Protestant Practice and Faith* (Nashiville: Abingdon Press, 1999), P. 36.

4. 츠빙글리의 유아세례관

그는 재침례교도들(Anabaptists)과 결별하기 전에는 신앙은 성령의 선물이지 물세례와는 무관하므로 믿음을 고백할 수 없고, 확인시킬 수 없는 유아에게 세례를 주는 유아세례(Infant Baptism)를 반대했다.[23] 그러나 결별 이후부터는 유아세례가 공동체에 대한 동맹과 그 회원권을 증명하는 것이어서 유아가 그 공동체에 소속되었음을 증명하는 것으로 보았다.[24] 츠빙글리는 국가(State)와 교회(Church)를 사실상 동일한 것으로 보았기 때문에 성례전은 단지 교회에 대한 충성심을 나타낼 뿐만 아니라 도시공동체, 즉 취리히 도시에 대한 충성을 나타내는 것으로 보았다. 따라서 유아가 세례 받는 일을 허용치 않는 것은 바로 취리히 도시 공동체에 대한 불충의 행위로 보았다. 그리하여 유아세례를 반대한 그의 제자인 재침례교도의 지도자들을 반역자, 분열자, 이단자로 취리히 시정부에 고발하여 처형하게 했던 것이다.[25]

5. 츠빙글리의 성찬관

주의 만찬에 관해서 먼저는 루터와 츠빙글리 사이에서, 그리고 나중에는 이들의 추종자들 사이에서 오랜 기간에 걸쳐 논쟁이 있었다. 츠빙글리가 주의 만찬에 관계된 일상적인 오류를 기필코 배제시키려고 하는 이유는 이러한 오류들이 수세기 동안 교회 안에 스며들어서 각종 우상숭배를 빚어냈기 때문이다. 그는 요한복음 6장에서 그리스도가 자신의 살을 먹으라고 말씀하신 내용은 그 본문의 맥락 속에서 이해되어야 옳다고 했다.

---

23) 성결교회와 역사연구소 편, 「유아세례 다시보기」, P. 99; T. George, *Theology of the Reformers* (Nashville: Broadman, 1988), PP. 138-143.
24) 성결교회와 역사연구소 편, 「유아세례 다시보기」, P. 218; Alister E. McGrath, *Reformation Thought: Introduction* (Oxford: Blackwell Publishers, 1993), P. 179.
25) 성결교회와 역사연구소 편, 「유아세례 다시보기」, P. 218; Alister E. McGrath, P. 178.

즉 그리스도는 우리에게 먹힘에서가 아니고, 죽으심에서 우리 구원의 도구가 되신다는 면에서 이해해야 한다. 주의 만찬을 제정하신 본문 가운데 "…이다"(is)는 그리스도께서 여러 곳에서 "나는 문이다", "나는 선한 목자다", "나는 길이다"라고 말씀하신 것처럼 "상징하다"(signifies)로 이해해야 옳다고 했다.[26] 그리하여 그는 기념설(記念說, Memorialism) 혹은 상징설(象徵說, Symbolism)을 주장했다. 즉 주의 만찬에서 축사를 한 떡과 포도주는 어디까지나 떡과 포도주의 실체이며, 예수 그리스도의 살과 피를 상징하는 물질로서, 예수 그리스도께서 당한 고난을 상징하며 기념하는 것이다.[27]

츠빙글리가 "그리스도가 성만찬에 육체적으로 임한다"고 하는 루터의 공재설(共在說, Consubstantiation)을 반대한 이유는 첫째로, 물질적인 것과 영적인 것에 대한 그의 이해 때문이다. 육체와 영은 본질적으로 다르기 때문에 어느 한쪽을 택하든지 다른 한쪽이 될 수 없기 때문이다. 성찬은 영적으로 유익이 있기 위해서 순수하게 영적이어야 한다는 것이다. 그래서 그는 "구원을 획득하는 데 있어 나는 이 세상적인 어떠한 싱물(elements)의 힘에도, 즉 감각적인 사물에 그 근거를 두고 싶지 않다"[28]고 했다. 둘째로, 그의 성육신(成肉身)에 대한 이해 때문이다. 루터의 기독론이 교부시대의 알렉산드리아에서 유행했던 합일적인 유형이라고 한다면, 츠빙글리의 기독론은 안디옥의 특징이었던 분리적 유형이다. 그는 성육신이란 속성의 교류(communicatio idiomatum)를 통해서 인간의 본성이 어디에나 편재하는 어떤 것으로 보는 사상을 받아들일 수 없었다.[29] 만일 그리스도께서 하늘

---

26) *On true and False Religion* (*Lat. Zwingli*, 3 : 205).
27) Berkhof; 신복윤 역, 「조직신학 下」, P. 917.
28) *On true and False Religion* (*Lat. Zwingli*, 3 : 211, 214).
29) G. W. Locher, *Die Theologie Huldrych Zwingli im Lichte seiner Christologie* (Zurich: Zwingli Verlag, 1952), PP. 128-132.

에 올라가셔서 하나님의 우편에 앉아 계신다면, 그리스도의 몸은 어디에나 있을 수 없다는 것이다.

C. 재침례교도들(Anabaptists)의 견해

1. 재침례교파의 시작

재침례교도들의 기원이 보헤미아 형제단, 발도파, 복음주의적 인문주의자들, 심지어 중세의 신비주의자들의 후예로 오해되어 왔지만, 윌리엄 에스텝(William R. Estep)은 그의 저서 「재침례교도의 역사」(The Anabaptist Story)에서 재침례교도가 츠빙글리(Ulrich Zwingli)가 스위스 취리히(Zurich)에서 종교개혁을 할 때 그의 밑에서 헬라어로 성경공부를 하던 젊은 문하생들로부터 시작되었음을 밝혀주고 있다. 이들은 츠빙글리의 성경공부반에서 유아세례가 비성서적이며, "신자의 침례"(Believer's Baptism)가 성서적임을 배웠고, 또 관헌의 간섭을 받지 않고 개심한 신도들로 구성된 교회를 세우기 위해 츠빙글리가 국교제도를 폐지하고 자유교회(Free Church)를 세울 그 날을 학수고대했었다.

그러나 이들은 1523년 10월 공개 토론에서 미사와 성상(聖像)의 사용을 폐지하고 주의 만찬을 실시해야 한다는 결정을 놓고 시위원회의 반대에 굴복하여 변질된 츠빙글리의 변론에 불만을 품게 되었다. 그리하여 1525년 1월 21일 콘라드 그레벨(Conrad Grebel)과 게오르게 블라우로크(George Blaurock)를 위시하여 10여 명이 펠릭스 만츠(Felix Manz)의 집에 모여 자신들이 받은 유아세례(Infant Baptism)가 무효임을 선언하고, 각자의 신앙고백에 의하여 관수례(灌水禮, Affusion)를 다시 받고 츠빙글리와는 달리 신약성서적 교회를 복원(復原)하기 위해 신약성서의 가르침을 따라 종교개혁을 단행할 것을 결의함으로 발족된 스위스 형제단(Swiss Brethern)이 그 기원이 되었음을 잘 밝혀주고 있다.[30]

후일에 재침례교도들 중에 신비주의자, 지복천년설, 광신적인 주의 재림파 등이 발생하여 그 이름이 명예롭지 못하게 되자, 1536년 네덜란드의 가톨릭 신부였던 메노 시몬스(Menno Simons, 1496-1561년)를 지도자로 삼고, 그의 이름을 따라 메노나이트(Mennonite)라는 새로운 이름을 갖게 되었다.[31] 그리고 이들은 영국의 청교도들 중 과격파인 분리주의자들에게 많은 영향을 끼쳤으며,[32] 또 이들의 영향을 받은 분리주의자들에 의하여 영국에 침례교회가 발생하게 되었다.

2. 재침례교도들의 주장
1) 국교를 반대하고 자유교회를 주장함

앞에서 이미 언급한 바와 같이 재침례교파의 종교개혁운동은 국교(The state church)를 반대하고 자유교회(The Free Church)를 주장함으로 시작된 것이다. 이들은 가톨릭교회가 그 이름 자체가 말하듯이(Cathoric은 전체적, 보편적이라는 뜻임) 우주에는 교회가 하나밖에 없다고 주장하지만, 에베소나 골로새서가 의미하는 보편적 교회 혹은 우주적 교회(Universal Church)는 무형적 교회(無形的 敎會)를 말하는 것이고, 유형적 교회(有形的 敎會)는 자유교회

---

30) William R. Estep, *The Anabaptist Story* (Grand Rapids, Michigan: William B. Eerdmans Publishing Company, 1996); 정수영 역, 「재침례교도의 역사」 (서울: 요단출판사, 1990), PP. 31-49.
31) Robert G. Torbet, *A History of the Baptists*. Third Edition (Valley Forge, Pennsylvania: Judson Press, 1978), PP. 24-25; Gonzalez; 이형기, 차종순 옮김, 「기독교사상사 Ⅲ」, PP. 132-134.
32) W. R. Estep; 정수영 역, 「재침례교도의 역사」, PP. 307-316.

(The Free Church) 혹은 지역교회(Local Church)를 의미하는 것이라고 했다.[33]

재침례교도들은 국교(The state church)를 반대하고, 종교의 자유(Religious Liberty)와 교회와 국가의 분리(Separation of Church and State)를 주장했다. 교회는 신자만으로 구성된 신앙공동체로서 국가로부터 아무런 지원도 받지 말아야 하고, 회원들의 자발적인 헌금으로 운영하는 자치권과 독립권이 있는 자유교회(The Free Church)가 되어야 하며, 또 목회자는 공동체가 선출해야 한다고 했다. 국가는 법률에 따라 세속적인 고유의 기능만 수행하고, 반면에 교인은 국법이 신앙양심을 침해하지 않는 한 복종해야 한다고 했다. 즉 교회와 국가는 서로 간섭을 해서는 안 된다고 주장했다.

2) 신자의 침례와 회심자의 회원권을 주장함

재침례교도들은 교회가 순수한 영적 신앙공동체가 되기 위해서는 교회회원 모두가 거듭난 자들로서 영적 제사장이 되어 하나님의 말씀과 기도로 하나님의 신정(神政, Theocracy)을 받아 개인의 신앙생활과 신앙공동체의 생활에 임해야 한다고 주장했다. 그런고로 교회는 "중생자의 회원권"(Regenerate Church Membership)을 지켜야 하고, 따라서 거듭난 자에게만 침례를 주는 "신자의 침례"(Believer's Baptism)가 우선되어야 한다고 했다.

---

33) 신약성서가 말하는 교회는 항상 회중(An Assembly) 또는 백성들의 모임(Gathering of People)을 지칭하는 헬라어 에클레시아($\epsilon\kappa\kappa\lambda\eta\sigma\iota\alpha$)로 번역되었으며, 에베소서와 골로새서를 제외하고는 모두 우주적 교회의 개념이 아닌 지역교회(Local Church)의 개념으로 사용되었다. 데이나(H. E. Dana)는 신약성서에 사용된 에클레시아에 대한 어원학적 연구의 결과를 다음과 같이 말했다. "에클레시아($\epsilon\kappa\kappa\lambda\eta\sigma\iota\alpha$)라는 말이 신약성서에 114번 나왔는데, 3번은 분명히 교회에 대하여 언급한 것이 아니고, 85번은 지역교회(Local Church)의 개념으로 언급한 것이 분명하게 나타나며, 26번은 여러가지 뜻으로 해석할 수 있다." 또 그는 "구체적으로 말하면, 이 용어의 고전적 어법에 있어 에클레시아의 신약성서적 의미에는 네 가지 요소가 있는데; 첫째, 회중이 지역적이었고; 둘째, 자치적이었으며; 셋째, 회원의 일정한 자격을 전제하였고; 넷째, 민주주의적 원리에 입각하여 처리되었다"라고 했다. [노영식 저, 「한국인 교회정치 무엇이 문제인가?」, P. 60에서]

3) 유아세례를 반대함

재침례교도들이 "유아세례"를 반대하는 첫번째 이유는 "사람이 마음으로 믿어 의에 이르고 입으로 시인하여 구원에 이르느니라"(롬 10:10)고 하신 말씀과 같이 예수 그리스도를 믿고 거듭난 자가 그 신앙을 능동적으로 고백할 때 침례를 주어야 하는데, 유아들은 신앙고백이나 믿음을 나타낼 능력이 없다는 것이다. 신학용어로 "오직 믿음에 의한 칭의교리"(The Doctrine of Justification by faith alone)를 강조한 것이다. 두번째 이유는 마태복음 18:3에 "가라사대 진실로 너희에게 이르노니 너희가 돌이켜 어린 아이들과 같이 되지 아니하면 결단코 천국에 들어가지 못하리라"라고 하셨기 때문에 죄의식이 없는 어린이는 믿음 없이 구원을 받게 된다고 믿기 때문이다. 셋째로, 유아세례는 고대 교부들의 세례중생설(Theory of Baptismal Regeneration)에 근거하여 가톨릭교회가 인위적(人爲的)으로 만든 것이기 때문이다. 성경에 유아들에게 침례나 세례를 준 경우가 없다.

그들에게 있어서 유아세례는 성경에 없는 것이므로 유아세례를 받았던 사람이 개인의 신앙고백에 의해 침례를 받는 것은 재침례(再浸禮)가 아니었다. 그러나 데오도시우스(Theodosius I, 379-395년) 황제와 저스티니안(Justinian I, 518-565년) 황제 이래로 "재세례를 베푼 자에게는 사형을 내린다"는 고대의 법률이 유효했다는 점이 그들에게 치명적 결과를 초래했던 것이다.[34] 그리하여 만츠(Felix Manz, 1498년경-1527년)는 취리히(Zurich) 주교좌성당 참사원의 아들로서 라틴어, 희랍어, 히브리어에 능통하여 유아세례 반대에 대한 학구적 연구와 교육에 큰 업적을 남겼으나, 이로 인해 1527년 1월 5일, 개혁운동을 시작한 지 만 2년 만에 취리히에서 익사처형(溺死

---

34) Gonzalez; 이형기, 차종순 옮김, 「기독교사상사 Ⅲ」, P. 123.

處刑을 당했다.³⁵⁾ 그리고 블라우로크(George Blaurock, 1492-1529년) 신부는 침례를 다시 받기 위하여 쿠어(Chur)에 있는 수도원을 뛰쳐나온 스위스의 사제(Priest)로서 유아세례 반대자이며, 독일의 재침례교도의 지도자인 발타자르 허브마이어(Balthasar Hubmaier) 신부를 개심시킨 개혁가로 1529년 9월 6일, 개혁운동을 시작한 지 2년 8개월 만에 화형으로 최후를 마쳤다.³⁶⁾ 이들 외에 수많은 재침례교들의 젊은 지도자들이 가톨릭교회의 박해와 종교 개혁가들의 고발에 의하여 순교를 당했다. 그리고 가장 큰 비극은 츠빙글리의 제자들이 그들의 스승이었던 츠빙글리의 고발에 의해 죽임을 당한 것이다.

4) 침수침례를 행함

재침례교도들의 침례양식(樣式)은 개혁운동을 처음 시작할 때는 관수례(Affusion)를 행했으나, 개혁운동을 시작한 후 2개월 반이 지난 후인 1525년 4월 9일, 콘라드 그레벨(Conrad Grebel)이 세인트 갈(St. Gall)의 지터 강(Sitter River)에서 약 500명에게 침례를 주었는데, 강까지 간 것을 보아 분명히 침수침례(Baptism by Immersion)를 준 것이 확실하고, 또 1526년 3월 7일 취리히 종교회의(The Zurich Council)에서 "다른 사람에게 다시 침례를 주는 사람은 반드시 물에 빠뜨려 죽임을 당해야 한다"는 벌칙을 결정한 것으로 보아 운동 초기부터 일반적으로 침수침례(浸水浸禮)를 베푼 것으로 알 수 있다.³⁷⁾ 그리고 최초의 재침례교파의 슐라이 다임 신앙고백서(Schleitheim Confession, 1527년)에는 분명히 침수침례를 지지하고 있기 때문이다.

---

35) W. R. Estep; 정수영 역, 「재침례교도의 역사」, PP. 63-67.
36) Ibid., PP. 67-73.
37) W. R. Estep; 정수영 역, 「재침례교도의 역사」, PP. 59-60; S. M. Jackson (ed.), *The Latin Works and the Correspondence of Huldreich Zwingli*, "Commentary on Epistle to the Romans" (New York: G. P. Putnam's Sons, 1912-1929, IV, 364 & 144.

D. 칼빈(John Calvin)의 견해

1. 칼빈의 구원론과 교회론

칼빈(John Calvin, 1509-1564년)의 구원론은 첫인간 아담이 범죄로 인해 전적 타락(Total Depravity)을 했으므로 인간의 자력(自力)으로는 구원이 불가능하며, 오직 하나님의 절대적 주권(絶對的 主權)에 의한 예정(豫定)과 선택(選擇)에 의해서만이 가능하고, 선택받은 사람만을 위한 제한속죄론(制限贖罪論, Limited Atonement)을 주장했다.[38] 개혁교파(改革敎派)는 구원의 순서(Order of Salvation)를 (1) 부르심(召命, calling), (2) 중생(重生, regeneration), (3) 회심(回心, conversion, 믿음〈信仰, faith〉 + 회개〈悔改, repentance〉), (4) 칭의(稱義, justification), (5) 양자(養子) 삼으심(adoption), (6) 성화(聖化, sanctification), (7) 견인(堅忍, perseverance), (8) 영화(榮化, glorification) 등으로 본다. 그리고 이 구원은 하나님의 불가항력적 은총(不可抗力的 恩寵, Irresistible Grace)에 의하여 시작되며, 성령의 내적 부르심(Inward Calling) 혹은 효과적 부르심(Effectual Calling)과 직접직으로 연결된다. 칼빈은 이신득의(以信得義)의 교리를 무상은혜(無償恩惠)의 행위로 보았으나, 칭의를 인간의 내적 생명을 변화시키는 것이 아니고, 인간이 하나님에 대해 가지는 법적 관계만을 바꾸게 하는 법정적(法廷的) 행위로 보았다. 즉 칭의의 근거를 신자들 고유(固有)의 의(義)에서 찾는 것이 아니라, 죄인이 믿음에 의하여 예수 그리스도로부터 전가(轉嫁)되는 의(義)에서만 보았다. 따라서 칼빈의 기본적 입장은 그리스도와의 산 연합을 통하지 않고서는 그리스도의 축복에 참여할 수 없다는 것이다.[39]

---

38) John Calvin, *Institutes of the Christian Religion* (Philadelphia: The Westminster Press); 김종흡 외 3인 공역, 「기독교개요」 (서울: 생명의 말씀사, 1988), Vol., I, Ch. 2, 1-3; Vol., Ⅲ, Ch. 21-24.
39) Berkhof; 신복윤 역, 「기독교교리사」, P. 256; John Calvin, *Institutes of the Christian Religion, Vol. Ⅲ*, Ch. 1-20.

칼빈도 루터와 같이 교회를 불가시적 교회(不可視的 敎會)와 가시적 교회(可視的 敎會)로 구별했으며, 교회의 본질을 불가시적 교회에서 찾았다.[40] 그러나 루터교회가 교회의 통일성과 거룩성을 교회의 직원이나, 말씀, 성례 등, 객관적인 의식(儀式)에서 찾는 데 반해, 개혁파 교회는 그것들을 더 광범하게 신자의 주관적 교통에서 찾았다. 또 루터교파는 구원이 교회를 통해서(교회 안에서)만 시행되는 하나님이 예정하신 절대적 방법인 복음의 선교(宣敎)나 성례에 의해 주어질 수 있다고 한 데 반하여 개혁교파는 구원이 가시적 교회 밖에서도 있을 수 있다고 했다. 그 이유는 성령은 평범한 방법만 쓰시지 않고, 그가 원하시는 때와 곳에 따라 역사(役事)하시어 구원을 이루기도 하시기 때문이다.[41] 그는 가시적 교회를 참 신자와 거짓 신자를 절대로 구별할 수 없기 때문에 부름 받은 피택자(被擇者)의 단체라고 했다. 그리고 진정한 교회와 거짓교회는 삼대 표지(三大 標識, The Three Marks)인 말씀과 성례를 진정으로 행하고, 권징(勸懲)을 신실하게 시행하는가에 따라 구별된다고 했다.[42]

2. 칼빈의 성례관

칼빈은 성례의 본질적 요소를 하나님의 약속의 말씀과 은혜의 언약에서, 또 모든 은혜를 주시는 그리스도의 인격 안에서 찾았다. 그래서 성례는 언약의 징표(Signs of the Covenants)요, 인호(a seal)이며, 사람들 앞에서 믿음을 고백하는 행위로서 신앙고백의 표지(標識, sign)인 것이다. 그러나 그는 성례를 유형적 요소 안에 고유하게 존재하는 영적 축복으로 생각지 않

---

40) Calvin, *Institutes of the Christian Religion*, Vol. IV, Ch. 1, 7.
41) Berkhof; 신복윤 역, 「기독교교리사」, P. 277.
42) Calvin, *Institutes of the Christian Religion*, Vol. IV, Ch. 1, 9-12.

고, 하나님의 은혜를 전달하는 도구(道具)에 지나지 않는다고 했다.[43]

3. 칼빈의 세례관

칼빈의 저서「기독교 강요」(Institutes of the Christian Religion) Vol. IV, Chapter 15, (세례)에서 그의 세례관을 요약하면 다음과 같다.

> (1절) 우리가 그리스도에게 접붙임을 받아 하나님의 한 자녀로 인정되기 위해서 교회라는 공동체에 가입되는 입문의 표정을 세례라고 한다. 세례는 하나님이 주신 것이며, 그 목적은 첫째, 하나님 앞에서 우리의 믿음에 도움이 되고, 둘째, 사람들 앞에서 우리의 고백에 도움이 되게 하려는 것이다…. 세례는 우리가 깨끗하게 되었다는 표와 증명이 된다는 것이다. …"믿고 침례를 받는 사람은 구원을 얻을 것이요"(막 16:16)라는 약속과 함께 세례를 받는 것이 세례의 가장 중요한 점이다"(2절)…실로 세례가 우리에게 약속하는 것은 그리스도의 피를 뿌림으로써 얻는 정결이지 결코 그 이외의 것이 아니다. 그러나 깨끗하게 씻는다는 점에서는 유사하기 때문에 피를 물로 대신한 것이다. (5절) 세례는 또 다른 유익을 준다. 즉 그리스도 안에서 우리가 죽는 것과 그의 안에서 새 생명을 얻는 것을 알려준다. 참으로 (바울)사도가 말한 바와 같다. "우리가 그의 죽으심과 합하여 침례를 받음으로 그와 함께 장사되었나니 이는… 우리로 또한 새 생명 가운데서 행하게 하려 함이니라"(롬 6:4). (6절) 끝으로, 우리의 믿음이 세례에서 받는 이득은 우리가 그리스도의 죽음과 생명에

---

43) Ibid., Ch. 14, 1-26.

접붙임이 될 뿐 아니라 그리스도 자신과 밀접하게 연합되어 그의 모든 축복을 나누게 된다는 확실한 증거이다.

4. 세례의 형식에 대한 칼빈의 견해

침례의 방법에 대하여는 칼빈이 그의 저서 「기독교 강요」(Institutes of the Christian Religion) Vol. IV, Chapter 15, Section 19, "그릇된 세례식과 바른 세례식"의 마지막 문장에서 "그렇지만 밥티조(βαπτίζω)라는 말은 '잠근다'는 뜻이며, 고대교회에서는 침수침례를 행한 것이 분명하다(The very word Baptizo, however, signifies to immerse: and it is certain that immersion was the practice of the ancient Church)"라고 했다. 그는 이렇게 신약교회의 침례방법을 인정했음에도 불구하고 "세례 받는 사람을 완전히 물에 잠그느냐, 세 번 잠그느냐, 한 번 잠그느냐 또는 물을 부어 뿌리기만 하느냐 하는 이런 세밀한 점은 중요한 것이 아니다. 나라가 다른 데 따라 교회가 자유로 선택하도록 하는 것이 옳다"고 했다.

이 같은 칼빈의 주장은 종교개혁가(宗敎改革家)로서 이율배반적 행위(二律背反的 行爲)이며, 씻을 수 없는 큰 실수요, 지울 수 없는 큰 오점(汚點)이라 아니할 수 없다. 그 이유는 첫째로, 침례에 대한 성경의 가르침을 누구보다 더 잘 알고 있었고, 둘째로, 침례의 정당성(正當性)을 자신이 시인까지 하였으며, 셋째로, 종교개혁의 주제(主題)로 신앙의 유일기준(唯一基準, sola fidei regula)인 성경의 절대권위를 주창하면서 성경의 가르침을 따르지 아니하고 외면(外面)한 까닭이다. 그뿐만 아니라 세례의 방식은 중요하지 않다고 한 그의 무책임한 주장은 그의 다른 교훈과 함께 유럽의 그리스도인들에게 큰 영향을 미쳤기 때문이다. 즉 서부 유럽으로 흩어진 칼빈주의자들은 어느 곳에 가든지 전에 물을 뿌리는 살수례(撒水禮, Sprinkling)를 베풀지 아니했던 곳에서 세례(洗禮, Sprinkling)를 지배적인 방법으로 시행했고, 존 낙스(John Knox)에 의해 살수례(撒水禮, Sprinkling)가 스코틀랜드(Scotland)에서 처음으로 시작되어 다시 에드워드 6세(Edward Ⅵ)의 재임기간에 영국 남부로 확산되었으며, 결국 1644년 8월 5-7일 침례와 세례를 하나로 통일시키기 위해 투표에 붙여 24:25 표로[44] 웨스트민스터 신앙고백서(Westminster Confession)에 세례를 삽입했던 것이다. 성경말씀(롬 6:4)이 분명히 침수침례(Baptism by Immersion)로 가르치고 있는데, 성경의 가르침은 따르지 않고 투표에 붙여 결정을 했다는 자체가 비성서적 방법이 아닐 수 없다. 그리하여 그때부터 오늘날까지 개신교파의 다수가 침수침례 대신 약식(略式)인 세례(Baptism by Sprinkling)를 정례(正禮)인 양 행하고 있는데, 이에 대한 책임은 전적으로 칼빈이 져야 할 몫이라고 생각한다.

5. 칼빈의 유아세례에 대한 견해

칼빈은 「기독교 강요」 제4권, 16장에서 유아세례의 타당성을 다음과 같이 주장했다. ⑴ 〈3-6절에서〉 할례와 세례는 하나님의 언약의 표징이라는 점과 교회에 처음으로 가입하는 표로서 같은 것이다. 그리고 유대인의 자손들이 하나님의 언약의 상속자로서 거룩한 후손으로 불렸다면 그리스도인에게서 태어난 유아들도 언약의 상속자로 태어나 하나님께 받아들여졌으므로 세례를 주어야 한다. ⑵ 〈7-9절에서〉 그리스도께서 어린이들을 불러 축복하셨으므로(마 19:13-15) 우리는 그들을 세례의 표징과 은

---

44) 웨스트민스터 회의(Westminster Assembly, 1643-1649년)가 1644년 8월 5-7일 침례와 세례를 하나로 통일시키기 위해 투표를 한 결과 24:24가 되었으나 사회자 라이트푸트(John Lightfoot, 1602-1675년) 감독이 세례를 지지함으로 세례로 결정되어 침례교파를 제외한 대부분의 개신교 교파들이 오늘날까지 세례(洗禮, Baptism by Sprinkling)를 행하고 있는 것이다.

혜에서 제외해서는 안 된다. (3) 〈21-22절에서〉 세례를 받은 어린이들 안에서 성령이 역사하시므로 어린이가 자라서 세례 받은 뜻을 깨닫게 된다. (4) 〈9절에서〉 유아세례를 통해서 얻는 영적 유익들로 ① 어린 자녀가 축복의 서약에 동참했다는 부모의 확신, ② 어린이들에게는 장성함에 따라 풍요한 위로의 근원이 된다는 점, ③ 무의식적 상태에서도 서약의 모든 축복을 받을 자라는 칭호를 준다는 확신을 부모들이 갖게 된다는 점 등을 들었다.[45]

7. 칼빈의 성찬관

칼빈은「기독교 강요」제4권, 17장에서 그리스도의 만찬에 대하여 가톨릭교회의 화체설(化體說, Transubstantiation)과 루터의 공재설(共在說, Consubstantiation)과는 달리 영적 실재 임재설(靈的 實在 臨在說, Theory of Spiritual Real Presence)을 주장했다. 이 사상은 축사한 떡과 포도주를 믿음으로 받아먹는 순간 성령님이 영적으로 실재로 임재하여 역사하신다고 믿는 것이다.[46] 그리고 그는 성찬의 특별한 결실은 그리스도와의 연합이며, 성찬에는 서로 사랑하라는 뜻이 내포되어 있다고 했다.「기독교 강요」제4권, 17장, 47-50절에서는 평신도에게 잔을 주지 않는 가톨릭교회의 성찬식(미사)이 잘못된 것임을 지적했다.

---

45) Berkhof; 신복윤 역,「기독교교리사」, P. 292;
46) Berkhof; 권수경, 이상원 역,「벌코프 조직신학 下」, PP. 917-918, 920.

제 9 장
영국의 종교개혁과 침례교회의 발생

A. 성공회의 종교개혁

영국의 종교개혁은 헨리 8세(Henry Ⅷ, 1491-1547년)가 자신의 이혼에 내한 교황의 재가를 얻지 못하게 되자 1534년 의회를 열어 수장령(首長令, Act of Supremacy)을 가결하게 함으로써 헨리 8세가 영국교회의 수장(首長)이 되어 정치적으로 영국이 로마 교황의 지배로부터 벗어난 후 토마스 크랜머(Thomas Cranmer, 1489-1556년)를 캔터베리 교구장으로 지명하여 수도원을 해산시키고, 영어성경을 배치하며, 영어 기도서(Litany)를 승낙한 것 이외에는 바뀐 것이 없었다. 1547년 헨리 8세가 죽고 에드워드 6세(Edward Ⅵ)의 재임기간(1547-1553년)에 크랜머가 42개 조항의 개혁안을 마련하였으나 왕의 서명만 받고 국회의 통과를 보지 못하던 중 1553년 에드워드 6세가 죽고 메리(Mary) 여왕이 즉위하여 가톨릭 복귀를 단행함에 따라 크랜머를 위시해 290명의 신교 지도자들이 처형을 당함으로 모든 개혁안이 백지화되고 말았다. 1558년 메리(Mary) 여왕이 죽고 엘리자베스(Elizabeth) 여왕이 즉위하자 영국교회를 국교주의로 이끌어 나가는 예배통일령(Act of Uniformity)을 내려 철저한 단일화(單一化) 작업을 하게 되었고, 드디어 1571년 "39개 신앙고백"(Thirty-Nine Articles of Religion)을 반포하게 된 것이다.

1. 성공회의 신학적 노선

성공회의 교리는 영국 왕 헨리 8세(Henry Ⅷ)와 에드워드 6세(Edward Ⅵ)의 재임기간(1533-1553년)에 캔터베리 대주교로 있던 크랜머(Thomas Cranmer, 1489-1556년)가 초안하여 1548년 말 의회를 거쳐 1549년 성령강림절부터 사용하기 시작한 후 몇 번 수정되어 오늘까지 사용되고 있는 「공동기도문」(Book of Common Prayer)과 엘리자베스(Elizabeth) 여왕이 영국교회를 국교로 이끌어 나가기 위해 1571년에 선포한 "39개 조문"(Thirty-Nine Articles of Religion)이 잘 반영하고 있다.[1]

"39개 조문"은 성공회 신앙노선의 기본 강령이라 할 수 있는데, 이 신조는 가톨릭교와 개신교들의 극단적 교리들을 배제하고, 보다 원만한 중도(中道, Via Media)적 입장을 수용한다는 사상에 의하여 마련된 것이었다. 이에 따라 성공회는 (1) 초대교회의 풍부한 유산, (2) 고대 영국 토착교회의 열정적인 선교와 복음에 대한 유산, (3) 로마 가톨릭교회로부터 받은 교리와 조직과 제도의 유산, (4) 종교개혁으로부터 받은 개혁사상의 유산, (5) 정치, 경제, 사회 등을 중심으로 한 인간과 역사의 경험으로부터 받은

---

1) The Episcopal Church, *The Book of Common Prayer(English-Korean)* Episcopal Asiamerica Ministry. Episcopal Church Center, New York; E. J. Bicknell, *A Theological Introduction to THE THIRTY-NINE ARTICLES of the Church of England* (Longmans, Green and Co. Ltd.) 1961.

교훈과 유산, 이 모든 것들이 함께하여 오늘의 성공회가 존재한다고 주장한다. 즉 고교회파(High Church)나 저교회파(Low Church)도 아닌 광교회파(Broad Church)라고 한다.

1888년 램버스에서 개최된 세계 성공회 주교회의가 채택한 "램버스 4강령"(Lambeth Quadrilateral)은 (1) 구원에 필요한 말씀으로서 신구약의 성서, (2) 기독교 영세(領洗)의 상징으로서 "사도신경"(Apostles' Creed)과 신앙의 진술로서 "니케아 신경"(Nicene Creed), (3) 그리스도 자신에 의해 세워진 두 가지 성사(세례와 성만찬), (4) 역사적 주교제도 등으로서 성공회의 기본교리를 잘 요약해 주고 있다.

가톨릭교회와 같은 점과 다른 점

가톨릭교회와 같은 점	가톨릭교회와 다른 점
1. 철저한 감독주의와 사도계승권을 주장하며, 교회의 전통을 소중히 여긴다. 2. 공도문(The Book of Common Prayer)을 따라 예전적 예배(禮典的 禮拜)를 드리고, 교회력(Church calendar)을 사용한다. 3. 조도(早禱)와 만도(晚禱)를 행하며, 기도할 때 묵주(默珠)를 사용한다. 4. 말씀 중심보다, 미사(Mass)를 중심으로 하는 예배를 드린다. 5. 마리아를 성모로 공경하며, 성인(聖人)들을 공경한다. 6. 교회의식은 칠성례 중 세례와 주의 만찬은 주님이 직접 명하신 것이고, 나머지 5가지는 성경 안에 허용되어 있었던 행위라는 점에서 인정하여 실제로는 가톨릭교회와 같이 칠성례를 다 행하고 있다.	1. 외경을 정경으로 인정하지 않고, 라틴어가 아닌 영어성경을 사용한다. 2. 감독정체(監督政體)이지만 중앙집권정체(中央集權政體)가 아니다. 3. 공도문(The Book of Common Prayer)의 내용이 가톨릭교회 것과 다르다. 4. 연옥설(煉獄說)을 반대한다. 5. 성상(聖像)을 금지한다. 6. 신부들이 결혼을 한다. 7. 미사를 드릴 때 라틴어가 아닌 영어를 사용하며, 떡만 주는 것이 아니라 잔(盞)도 주는 이종배찬(二種陪餐)을 행한다. 8. 구원론은 개신교(改新敎)와 같이 믿음으로만 의롭다 함을 인정받는 교리를 따르고 있다.

2. 성공회의 신앙관과 구원론

성공회의 신앙관은 "39개 조문"(Thirty-Nine Articles of Religion) 제8조에 "사도신경"(Apostles' Creed)과 "니케아 신경"(Nicene Creed) 그리고 "아다나시우스 신경"(Athanasian Creed) 등 세 신조들을 철저하게 받아들여서 믿어야 한다"고 했다. 그리고 제11조에서는 "믿음으로만 의롭다 함을 인정받는다"(以信得義)는 교리가 가장 건전한 교리라고 했다. 제18조에는 예수 그리스도의 이름으로써만 영원한 구원을 얻는다고 했다.

3. 성공회의 성사(聖事, Sacraments)

39개 조문 제25조

"그리스도가 제정하신 성사는 그리스도인의 신앙고백의 배지(badges)나 표(標, token or mark)일 뿐 아니라, 하나님께서 우리 가운데 불가시적으로 일하시는 은총의 증거(證據)이며, 효과적인 표증(表證, sign)이다"라고 했다. 그리고 복음서에서 우리 주 그리스도가 친히 명령하신 성례전은 두 가지인데, 즉 세례(Baptism)와 주의 만찬(The Supper of the Lord)이다. 나머지 다섯 가지(견진성사, 혼배성사, 고해성사, 조병성사, 신품성사)는 성경 안에 허용되어 있었던 행위라는 점이 부분적 이유가 되지만 하나님의 명령에서 나온 가견적 징표나 의식(visible sign or ceremony)이 아니며, 세례의식과 성만찬과 같은 성질을 가진 성례전이 아니다.

정철범의 「성공회 입문」(서울: 성베다니교회 출판부, 1989년)은 성공회의 성례관을 다음과 같이 설명하고 있다.

도구는 어떤 인격자가 생각하는 바를 달성하기 위해 사용하는 매개체이며, 상징은 내적이며 추상적이다. 도구의 배후에는 목적이 있고 행위와 관계가 있다. 그리고 상징은 아는 것과 관계가 있다. 내적인 것과 외적인 것을 연결시키는 것이 도구와 상징의 관계이다. 인간이 어떤 목적(생각)을 갖고 있을 때 목적 자체는 보이지 않지만 여러가지 행위와 사건들이 도구가 되어 목적을 성취한다. 이것이 성사(聖事)의 원리다. 보이지 않는 하나님의 말씀(인류를 구속하시려는 목적인 하나님의 사랑)이 성육신(incarnation)하여 그리스도로 탄생하신 사건(행위)이 성사(聖事)의 원리를 잘 보여주고 있다.

성사를 통하여 하나님의 은총(恩寵) 곧 성령의 은혜(선물)의 결과로 우리 인간을 죄에서 해방시켜 성화시켜 주고, 그리스도와 연합시켜 그리스도의 생명으로 양육시켜 준다. 또 하나님의 거룩한 백성으로 살 수 있는 능력을 제공한다. 교회는 이와 같은 하나님의 은총을 받는 수단으로 성사를 거행하는 것이다.

그리고 성사의 유효성과 효력은 신앙공동체인 교회가 합법성을 띠고 있을 때 유효하게 되는데, 그 유효성을 갖기 위해 다음 다섯 조건이 필요하다고 했다. (1) 성사를 받을 대상자, (2) 사용할 물질이나 재료, (3) 일정한 형식, (4) 성례를 베풀 집례자(성직자)의 자격, (5) 성사를 받을 대상자의 의향 등이다.

4. 성공회의 성세(聖洗, Baptism)

"39개 조문" 제27조에 "세례는 신앙고백의 징표(a sign)이며 신자와 불신자와의 구별의 표시(mark)일 뿐더러 중생 혹은 신생의 징표(a sign)이다. 이 표에 따라 세례를 올바로 받는 이는 그것을 도구로 하여 교회와 결합된다. 사죄의 약속과 성령에 의하여 하나님의 자녀로서 우리가 받아들일 수 있는 약속이 가견적 증시(可見的 證示)되고 인침을 받아(visibly signed and sealed) 하나님께 바치는 기도로 신앙이 굳어지고 은혜가 더해진다"고 했다.

세례를 받기 위해서는 회개와 믿음이 있어야 하고, 스스로 자유의사로 받아야 한다고 했고, 세례의 효과를 (1) 그리스도와의 신비적 결합, (2) 성화의 은총, (3) 새로운 힘과 정신의 선물을 주며, 우리를 하나님의 성전으로 만들어 주고 은혜의 선물을 준다고 했다. 그리고 세례의 형식에 대하여는 성문화로 규정한 곳이 없고 다만 관습에 따라 '삼중 관수례'(三重 灌水禮, Trine Affusion)를 행하고 있다.

5. 성공회의 유아세례관

"39개 조문" 제27조 하반절에 "유아세례는 그리스도의 제정하신 제도에 가장 잘 조화되는 것이므로 교회에서 어떤 일이 있더라도 보존되어야 한다"라고 했다. 정철범 신부는 그의 저서 「성공회 입문」[2]에서 "영세는 죄를 마술적으로 제거하는 것이 아니고, 회개를 통한 믿음의 길로 들어가는 입문으로서 그리스도인의 생활 과정의 시작이다"라고 전제한 후 유아에게 세례를 주어야 할 이유를 다음과 같이 제시했다. (1) 유아는 회개할 수

---

[2] 정철범 저, 「성공회 입문」 (서울: 성베다니교회 출판부, 1989); 서호승 저, 「하늘나라를 향한 순례」 (성공회 입문) (대한성공회 출판부, 2001).

도 없고, 회개할 필요도 없다. (2) 하나님의 은총은 유아의 신앙이나 의향에 달려 있지 않다. (3) 어린아이라 해도 그리스도인의 귀속(歸屬)으로서 그리스도인의 공동체에서 자라나야 하는 것이다. (4) 영세는 신앙생활의 시작과 과정을 의미하는 것으로서 영적 성장에 영향을 주기 때문에 유아세례는 유익하다. (5) 세례를 받은 유아의 부모나 대부모는 반드시 책임을 지고 유아가 성장했을 때 그들에게 신앙교육을 시켜야 한다.

6. 성공회의 성체성사(聖體聖事, Lord's Supper)

"39개 조문" 제30조는 "주의 잔을 신자들에게 나누어 주는 것을 금해서는 안 된다. 왜냐하면 주의 성찬의 떡과 잔, 두 종류가 모든 그리스도인에게 배찬되어야 함을 그리스도가 정하시고 명령하셨기 때문이다"라고 했다. 그리고 정철범 신부는 그의 저서 「성공회 입문」에서 성찬의 의미를 다음과 같이 말했다. (1) 과거적 의미는 인간을 위해 희생이 되신 예수 그리스도의 수난을 기억하는 것으로 희생과 봉사를 의미한다. (2) 현재적 의미는 신자들이 그리스도와 함께 서로 상통하고 일치하는 것을 의미한다. (3) 미래적 의미는 하나님께 도달할 수 있는 길을 제공받게 된다는 뜻이다. 성체관은 칼빈의 영적 실재 임재설(靈的 實在 臨在說, Theory of Spiritual Real Presence)을 매우 가깝게 믿는다고 한다.

결론적으로 성공회가 "성례는 새로운 힘과 정신의 선물을 주며…은혜의 선물을 준다"고 한 것은 가톨릭교회의 주입은총(注入恩寵) 교리를 따르고 있고, "어린아이라 해도 그리스도인의 귀속(歸屬)으로서 그리스도인의 공동체에서 자라나야 하는 것이다"라고 한 것은 칼빈이 "그리스도인의 상속권에 의해 유아들에게 세례를 주어야 한다"고 한 주장을 따르고 있다.

B. 영국 청교도운동

17세기에 영국에서 일어난 청교도운동(淸敎徒 運動, The Puritan Movement)은 로마 가톨릭교적인 영국 국교회의 교리와 예배의식 및 정치체제를 반대하여 일어난 운동이다. 처음에는 스위스 취리히에서 망명생활을 마치고 1549년 귀국한 존 후퍼(John Hooper, 1495-1555년)에 의하여 교회 내의 가톨릭적 의식에 대한 개혁으로 시작되었으나, 1569년부터는 캠브리지 대학교 교수인 토마스 카트라이트(Thomas Cartwright, 1535-1603년)의 영향으로 신학과 교회정치의 개혁으로 승화되었다.[3] 청교도의 사상은 첫째로, 성경에서 교리와 생활의 근거를 찾는 신본주의(神本主義)로 말씀에서 삶의 동기와 방향과 목적을 발견하고 하나님의 말씀이 가는 데까지 가는 사상이다. 둘째로, 하나님의 주권적 은혜에 의해 구원을 받은 인간은 하나님의 영광만을 위해 살아야 하는 책임이 있다는 것이다. 셋째로, 교회와 국가는 서로 분립되어야 한다는 것이다.[4] 청교도(淸敎徒, Puritan)라는 명칭은 영국 국교회의 "가톨릭교적인 요소들을 정화(淨化)하려는 자들"이라는 뜻으로 그들의 반대자들에 의해 조롱으로 불려진 명칭이었다.

그러나 메리 1세(Mary Tudor, 1516-1558년)의 개신교 탄압, 엘리자베스 1세(Elizabeth I, 1533-1603년)의 중도적(中道的) 종교정책, 청교도들의 주도에 의하여 서명된 "일천 명의 청원서"(Millenary Petition) 때문에 제임스 1세(James I, 1566-1625년)가 소집한 햄턴 궁정회의(Hampton Court Conference)의 결과에 대한 실망 등등으로 청교도들은 온건파와 과격파로 나뉘었다. 즉 영국 국교

---
3) 김의환, 「기독교회사」 (서울: 성광문화사, 1991), PP. 315-316.
4) Ibid., PP. 321-323.

회에 헌신하면서 칼빈주의적 방향으로 교회를 개혁하기 원하는 온건파(이후로 청교도라 칭함)와 영국 국교회에 대해 그리스도인이 할 수 있는 유일한 방법은 전면적 거부뿐이라고 믿었던 소수의 과격파(이후로 분리주의자라 칭함)로 갈라졌다.[5] 이 분리주의자들(Separatists)은 1538년부터 화란에서 영국으로 이민 온 재침례교도들의 영향을 많이 받아왔던 것으로 전해지고 있다. 1573년경에는 약 5만여 명의 재침례교도들이 영국에 살고 있었던 것으로 추정한다.[6]

제임스 1세의 뒤를 이어 그의 아들 찰스 1세(Charles I)가 1625년 즉위하여 국교주의자인 윌리암 로드(William Laud, 1573-1645년)를 캔터베리 대주교에 임명하여 청교도들을 탄압하자 많은 분리주의자들은 화란과 미국으로 피난을 갔다. 1629-1640년 사이에 매사추세츠(Massachusetts) 주, 살렘(Salem)으로 이민을 간 자의 수가 무려 2만 명이 되었다고 한다. 한편 1637년 찰스 1세(Charles I)가 스코틀랜드(Scotland)에게 영국 국교회의 공동기도서를 강요하자 스코틀랜드의 지도자들이 칼빈주의의 장로교제도를 사수(死守)하기 위해 영국을 침공하기에 이르렀다. 그리하여 찰스 1세는 군비를 충당하기 위해 1640년 11월, 두번째 국회를 소집하게 되었고, 이 장기국회(The Long Parliament)가 로드(Laud)를 런던탑에 투옥하자 찰스 1세(Charles I)가 1642년 1월에 다섯 명의 하의원을 반역죄로 기소하여 체포하려고 한 사건으로 인해 내전(內戰)이 발발했다. 대체로 북부와 서부는 왕의 편, 남부와 동부는 의회의 편이었다. 이때 의회군의 지휘를 크롬웰(Oliver Cromwell, 1599-1658년) 장군이 맡았다.[7]

---

5) 강병도 편, 「교회사 대사전 Ⅲ」 (서울: 기독지혜사, 1994), PP. 218-219.
6) R. G. Torbet, *A History of the Baptists. Third Edition* (Valley Forge, Pennsylvania: Judson Press, 1978), P. 26; 허긴 역, 「침례교회사」 (대전: 침례신학대학출판부, 1994), PP. 29-30.

이렇게 전쟁을 치르면서 의회는 1643년 종교문제 자문기관으로 웨스트민스터 회의(Westminster Assembly, 1643-1649년)를 열어 1646년 후반에 "웨스트민스터 신앙고백"(Westminster Confession)과 "소요리 문답"(Shorter Catechism) 및 "대요리 문답"(Larger Catechism)을 작성해 의회에 제출하게 하였고, 1647년에 의회가 이를 승인한 것이다. 그리하여 이후로 "웨스트민스터 신앙고백"은 스코틀랜드(Scotland)와 미국 장로교회 신앙의 기본적 표준이 되었으며, "소요리 문답"은 항상 칼빈주의의 가장 유명한 해설서로 분류되어 왔다.

찰스 1세(Charles I)는 크롬웰(Oliver Cromwell, 1599-1658년) 장군에 의하여 1649년 1월에 단두대의 이슬로 사라지고 종교의 자유가 허락되었다. 그러나 1660년 찰스 2세(Charles II)의 왕정복고사건으로 청교도들이 많은 고난을 다시 당했으나, 1672년 3월 15일 찰스 2세(Charles II)가 선포한 자유령(Declaration of Indulgence), 1687년 4월 4일에 제임스 2세(James II)가 발표한 신교 자유령(Declaration of Indulgence) 등을 거쳐 1687년 5월 24일의 관용법(Toleration)에 의해 비국교인들이 1689년부터 개인적 신앙의 자유를 보장받게 되었던 것이다.[8]

1. 웨스트민스터 총회와 세례(Baptism by Sprinkling)

에드워드 6세(Edward VI)와 엘리자베스(Elizabeth)가 "삼중 침수침례"(三重浸水浸禮, Trine Immersion)를 받았고, 스코틀랜드의 제임스 6세(James VI)가 아

---

7) Williston Walker, *A HISTORY OF THE CHRISTIAN CHURCH*. 4th edition (Edingburgh: T. & T. Clark Ltd., 1986); 송인설 역, 「기독교회사」 (서울: 크리스챤 다이제스트, 2001), PP. 614-616.
8) Ibid., PP. 618-619.

들을 낳았을 때, 엘리자베스(Elizabeth) 여왕이 그 아이가 유아침례를 받을 성수반(聖水盤)을 보낸 것을[9] 보면 당시 영국의 가톨릭교회나 성공회는 삼중 침수침례(三重 浸水浸禮, Trine Immersion)나 삼중 관수례(三重 灌水禮, Trine Affusion)를 행했다고 본다.

살수례(撒水禮), 즉 물을 뿌리는 세례(洗禮, Baptism by Sprinkling)는 칼빈(John Calvin)의 제자인 존 낙스(John Knox, 1514년경-1572년)에 의해 스코틀랜드(Scotland)에서 처음으로 행해졌으며, 다시 에드워드 6세(Edward VI)의 재임기간에 영국 남부로 확산되었다. 그리고 웨스트민스터 회의(Westminster Assembly, 1643-1649년)가 1644년 8월 5-7일 침례와 세례를 하나로 통일시키기 위해 투표를 한 결과 24:24가 되었으나 사회자 라이트푸트(John Lightfoot, 1602-1675년) 감독이 세례를 지지함으로 세례로 결정되어 침례교파를 제외한 대부분의 개신교 교파들이 오늘날까지 세례(Baptism by Sprinkling)를 행하고 있다.[10]

이해할 수 없는 일은 청교도의 첫번째 사상이 "성경에서 교리와 생활의 근거를 찾는 신본주의(神本主義)로 말씀에서 삶의 동기와 방향과 목적을 발견하고 하나님의 말씀이 가는 데까지 가고 말씀이 멎는 곳에서 멎는다"는 것이다.[11] 그러나 성경이 침례의 방법이 침수침례(Baptism by Immersion)라는 것을 엄연히 가르치고 있는데(마 3:16-17; 막 1:9-11; 롬 6:4-5) 성경의 가르침을 따르지 않고, 사람의 의견을 따라 투표에 회부하여 침례를 세례로

---

9) William L. Lumpkin, *A History of Immersion* (Nashville, Tennessee: Broadman Press, 1962); 노윤백 역, 「침례(浸禮)의 역사」, (서울: 침례회출판부, 1976), PP. 24-25.
10) William L. Lumpkin, 노윤백 역, 「침례(浸禮)의 역사」, PP. 42-43; Harold L. Fickett, *A Layman's To Baptist Beliefs* (Grand Rapids, Michigan: Zondervan Publishing House, 1965); 도한호, 정익환 역, 「침례교인의 신앙」(침례회출판부, 1975), P. 98.
11) 김의환, P. 321.

결정한 것은 비성서적 결정이요, 청교도 정신에 위배되며, 또 신앙의 유일기준(唯一基準, sola fidei regula)으로서 성경의 절대적 권위를 주창(主唱)한 종교개혁 정신에 위배(違背)되는 처사라 아니할 수 없다.

그리고 웨스트민스터 신앙고백서 제28장 3항에 "세례 받는 사람을 물 속에 반드시 잠기게 할 필요가 있는 것은 아니고, 그 사람 머리 위에 물을 붓거나 뿌려서 집행하여도 무방하다"고 했다. 침례의 주된 목적이 예수 그리스도가 십자가에 달려 죽으시고 장사된 후 3일 만에 다시 부활하신 구속의 사건을 묘사하고 상징하는 것인데, 어떻게 수침자를 물 속에 잠그지 아니하고 "죽음"과 "장사"를 상징하며, 또 물 속에서 다시 올라오지 아니하고 어떻게 "부활"을 묘사하며 상징할 수 있는지? 그런고로 세례(洗禮, Sprinkling)나 관수례(灌水禮, Affusion)는 예수 그리스도께서 침수침례(Baptism by Immersion)를 제정하신 근본 의도와 목적을 천명할 수 없다는 사실을 알아야 한다.

2. 웨스트민스터 총회와 유아세례(幼兒洗禮, Infant Baptism)

"웨스트민스터 신앙고백"(Westminster Confession) 제28장 4항에 "그리스도에 대하여 신앙과 순종을 실제로 고백한 사람들뿐만 아니라 양친이 다 믿거나 어느 한 편만 믿는 집의 유아들도 세례를 받을 수 있다"고 했다. 구약교회는 민족적 구원이었기 때문에 부모에 의하여 할례를 받아 이스라엘 민족으로 성별되고 민족적 구원에 동참할 수 있었지만, 신약교회는 어디까지나 개인적 구원이라 "그리스도에 대한 신앙과 순종을 실제로 고백한 사람"만이 구원을 받게 되며, 침례를 받아 그 교회의 회원이 되는 것이다. 부모의 신앙이 자녀들의 신앙을 대신할 수 없는 것이다.

C. 침례교의 기원

침례교회의 기원설에는 예루살렘 - 요르단 - 요한설(The Jerusalem-Jordan-John Theory), 사도계승설(使徒繼承說, Apostolic Succession Theory), 재침례교 영혈설(再浸禮敎 靈血說, The Anabaptist Spiritual Kinship Theory), 그리고 영국 분리주의 후예설(分離主義 後裔說, The English Seperatist Descent Theory) 등이 있다.[12] 그러나 자생설(自生說)을 주장하는 학자들은 이러한 학설에 반하여 14세기에 위클리프(John Wycliff, 1324-1384년)가 로마 가톨릭교회를 공격했을 때 이에 대한 당시의 광범위한 인기와 그를 따르던 "로랄드파"(Lollards)로 불렸던 거대한 무리는 영국의 그리스도인들의 심층에 항상 복음주의적 조류가 강력하게 흐르고 있었다는 증거이며, 또 윌리엄 틴데일(William Tyndale, 1494년경-1536년)이 번역한 영어성경이 1526년부터 영국의 동부지역에 널리 배포된 뒤에 이곳에서 영국의 침례교도들이 자생하게 된 것은 자연스러운 것으로 본다. 즉 백성들의 언어로 된 신약성서의 배부가 신약성서적 그리스도인을 낳지 못했다고 보기는 힘든 것이다.[13]

침례교인들은 교황청의 군주정치체제(君主政治體制, Monarchial Polity)에 항거하고 교회의 영성회복(靈性回復)에 열심을 쏟는데 루터파, 츠빙글리파 및 칼빈파와 그 뜻을 같이 했다. 그러나 1611년(혹은 1612년)에 영국 런던의 교외인 스피탈휠드(Spitalfield)에서 처음으로 시작한 침례교회는 칼빈주의의 알미니언적 수정론(Arminian Modification)에 집착하고 있어서 일반(혹은 일반속죄)침례교회(General Baptist Church)라 불렸고, 1638년에 "믿는 자의 침례"를

---

12) Torbet, *A History of the Baptists, Third Edition*, PP. 18-21.
13) R. A. Baker, *The Baptist March in History*; 허긴 역, 「침례교발전사」(서울: 침례회출판사, 1968), PP. 64-65.

1640년에는 "개교회의 자치권"에 대한 신약성서적 원리를 깨달은 무리들에 의하여 시작된 쟌 스필즈버리(John Spilsbury) 목사가 시무하는 교회는 웨스트민스터 신앙고백(Westminster Confession)에 표명된 계약신학(契約神學, Covenant Theology)에 집착하여 제한적 속죄론을 지지하고 있어서 특수침례교회(Particular Baptist Church)라고 불리게 되었다.[14]

1. 일반 침례교의 시작

영국 최초의 일반 침례교회는 토마스 헬위즈(Thomas Helwys)와 존 머튼(John Murton)이 1611년(혹은 1612년) 화란의 암스텔담(Amsterdam)으로부터 8-9명의 교인들을 데리고 영국 런던의 교외인 스피탈휠드(Spitalfield)로 돌아와 예배를 드리기 시작한 것이다. 그러나 이 교회가 설립되기 직전까지 실질적인 지도자는 존 스미스(John Smyth)였다.

존 스미스(John Smyth, 1570년경-1612년)는 1593년에 캠브리지 대학에서 석사과정을 마친 후 위컴 주교(Bishop Wiokham)에 의해 서품을 받았다. 그리고 그 해 1594년부터 1598년까지 4년간 크라이스트 칼리지(Christ Colage)에 유능한 교수로 봉직했다. 1600년 9월 27일에 8:7의 표결로 링컨(Lincoln) 시의 설교자로 임직되었고, 1602년 8월 1일 링컨(Lincoln) 시가 그에게 40파운드의 연봉과 평생 살 주택을 지급하기로 결정했다. 그러나 2개월 후인 10월 13일 그의 청교도적 견해와 생활태도로 인하여 부당하게 해임을 당하였다. 그래서 그는 그의 고향 게인스버러우(Gainsborough)에 돌아와 의사생활을 통해 자신과 가족의 생계를 유지하면서 링컨에서 설교한 내용을 두 권의 책으로 출판했다. 그리고 게인스버러우(Gainsborough)에

---

14) R. G. Torbet; 허긴 역, 「침례교회사」, P. 25.

있는 필립스(Jerome Philips)가 담임하고 있는 국교회에 출석하여 봉사하다가 성공회 주교의 허락 없이 사역을 했다 하여 심한 질책을 받았다. 그리하여 9개월간 그 동리에 있는 분리주의자들(Separatists)인 토마스 헬위즈(Thomas Helwys)와 존 머튼(John Murton)을 중심으로 하여 모이고 있는 비국교회 회원들과 교제하며, 심도 깊은 성경공부와 토의끝에 온건파 청교도였던 그가 과격파 청교도(Radical Puritans), 즉 분리주의자(Separatists)로 변신하여 그 교회의 목사가 되었다. 그리고 1606년 구약교회를 모범으로 하는 교회규약을 작성했다. 그러나 이 교회는 제임스 1세(King James I)와 벤 크로프트 주교(Bishop Bancroft)의 박해로 인해 1607년(혹은 1608년)에 네덜란드, 암스텔담(Amsterdam, Netherlands)으로 피난을 갔다.[15]

거기서 1608년 스미스(Smyth)가 유아세례에 대한 잘못을 깨닫고 구약적 계약에 의한 교회가 아니라 거듭난 자의 회원에 의한 교회를 설립하기 위하여 자신과 전교인 40여 명이 관수례(灌水禮, affusion)를 받고 영어로 예배를 드리는 최초의 영어사용 침례교회를 시작했다. 1610년 2월에는 지기가 행한 관수례가 성서적이 아니라고 고백하면서 메노파(Menno) 교회의 회원권을 요청했다. 이 일로 인하여 헬위즈(Thomas Helwys)와 머튼(John Murton)이 스미스와 그를 따르는 무리들을 제명처분하고, 나머지 8-9명의 교인들을 데리고 영국 런던의 교외인 스피탈휠드(Spitalfield)로 돌아와 예배를 드리기 시작했다. 스미스는 1612년 9월 1일 폐병으로 사망하여 암스텔담(Amsterdam)의 근교 노이베케르케(Nieuwwekerke)에 안장되었다.[16] 스미스

---

15) R. G. Torbet; 허긴 역, 「침례교회사」, PP. 39-40; William R. Estep, *The Anabaptist Story* (Grand Rapids, Michigan: William B. Eerdmans Publishing Company, 1996); 정수영 역, 「재침례교도의 역사」 (요단출판사, 1990), PP. 319-321.
16) R. G. Torbet, pp. 35-37.

는 "분리주의 교회들의 차이점"(The Differences of the Churches of the Separation) 외 다수의 저서를 남겼다.

스미스와 헬위즈가 헤어진 이유를 두 가지로 보는데, 첫째는, 스미스가 메노파의 주장을 따라 그리스도인은 정부의 치안관이 될 수 없다는 견해를 갖고 있는 반면, 헬위즈는 정부의 관원들은 질서 있는 사회를 위해 하나님의 서임(敍任)을 받았으므로 그를 교회에서 제외시키는 것은 올바르지 않다고 했다. 둘째는, 스미스는 그리스도인의 생활에서 맹세를 불허했으나 헬위즈는 맹세를 허용한 점이다.[17] 이들이 신약교회의 회복을 위해 주장하고 실천한 원리들을 정리해 보면 (1) 성서의 지상권, (2) 믿는 자의 침례, (3) 믿는 자의 회원권, (4) 유아세례 반대, (5) 양심의 자유, (6) 국교 반대와 정교분리, (7) 개교회의 독립과 자치권, (8) 화체설과 미사 반대 등이었다.

헬위즈(Thomas Helwys)는 그의 저서 「불법의 비밀에 대한 선언」(A Short Declaration of The Mystery of Iniquity)을 영국 왕 제임스 1세에게 바쳐가며 교회와 국가의 분리와 종교의 자유를 탄원하다가 1616년 감옥에서 순교를 했고, 머튼(John Murton)은 헬위즈의 후임으로 13년간(1613-1626년) 교회를 섬김으로 인하여 대부분의 시간을 감옥에서 보내다가 순교를 당했다.[18]

2. 특수 침례교의 시작

1640년에 "침수침례"(Baptism by Immersion)와 "개교회의 자치권"

---

17) W. R. Estep; 정수영 역, PP. 328-329.
18) Ibid., pp. 326-330.

(Autonomy of Local Church)이 신약성서적 원리임을 깨달은 무리들에 의해 시작된 영국의 특수(혹은 제한 속죄)침례교회는 1616년 헨리 제이콥(Henry Jacob)에 의하여 런던의 사우스와크(Southwark)에서 조직된 비분리주의자 혹은 독립주의 회중이 주축을 이루어 시작되었다.

1616년 사우스와크(Southwark)에 제이콥(Henry Jacob, 1563-1624년)이 회중교회(Congregational Church)를 설립했다. 제이콥은 화란의 라이덴(Leyden)에 있는 회중교회에서 6년간 존 로빈슨(John Robinson)[19]의 영향을 받아 청교도에서 분리주의자 목사로 전환한 사람이다. 제이콥(Jacob)이 1622년까지 6년간 이 교회를 시무하다가 미국 버지니아로 이민을 간 뒤, 1625년부터 존 레드로프(John Lathrop)가 시무하였다. 그러나 그는 1632년 투옥되었고, 1634년 출옥을 한 후 라우드 대감독(Archbishop Laud)의 박해를 피해 30여 명의 교인들을 데리고 미국 뉴잉글랜드(New England)로 이민을 갔다.[20]

남은 교인들 중 일부를 피혁상이면서 크롬웰 통치하의 영국의회의 의원이며, 프레이즈-갓 베러본(Praise - God Barebone, 하나님을 찬양하는 뼈만 남은 사람이라는 뜻)이라는 이름을 갖고 있는 목사가 맡고, 다른 일부는 캠브리지 대학 출신인 제시이(Jassey)가 1637년 여름부터 맡게 되었다.

그리고 1638년 제시이(Jassey)가 맡고 있는 교회 회원들 중 "믿는 자의 침례"(Believer's Baptism)가 성서적이라고 주장하는 무리들이 제시이(Jassey)

---

19) 로빈슨(John Robinson, 1575년경-1625년)은 영국 스클우비(Scrooby)에 있는 분리주의자 교회의 목사였으나 박해로 인하여 1609년 화란의 라이덴(Leyden)으로 피난을 갔으며 그곳에서도 분리주의자들의 교회목사가 되었다. 그리고 교인들에게 미국 이민을 권장함으로 1620년 7월 21일 메이플라워(Mayflower)호를 출범케 했고, 고별설교를 한 목사로 유명하다. 그는 라이덴에 남아 있으면서 뉴잉글랜드에 이민을 간 청교도(특별히 플리머스에 있는 청교도들)에게 편지와 논문을 보내어 조언과 격려를 한 영적 지도자였다.
20) R. G. Torbet, PP. 40-41.

를 떠나 존 스필즈버리(John Spilsbury) 목사가 시무하는 혼합교회로 갔다. 이 교회는 1633년 제이콥(Jacob) 교회에서 교구목사로부터 받은 세례는 무효라고 하여 갈라져 나온 무리와 함께 사무엘 이튼(Samuel Eaton)이 세운 교회다.

이 혼합교회는 1640년 이전에 그리스도의 장사와 부활을 비유하는 침수침례(Baptism by Immersion)만이 신약성서적인 것임을 확신하게 되었고, 또 리차드 블런트(Richard Blunt)를 화란의 린스버그(Rhynsburg)에 있는 메노나이트파의 소집단인 린스버그스(Rhynsburgers) 혹은 학료(Collegiants)로 보내어 그들이 행하고 있는 침수침례에 대하여 학습해 오도록 했다. 그리하여 그곳의 장로인 존 바텐(John Batten)으로부터 침례의 방법에 대한 서신을 받아와서 블런트(Richard Blunt)가 블랙락(Blacklock)에게 침수침례(Baptism by Immersion)를 주었고, 다시 블랙락(Blacklock)은 블런트(Richard Blunt)를 위시하여 모든 교인들에게 침례를 줌으로써 영국에서 최초의 특수침례교회가 되었다. 1644년에는 런던 시내에 특수침례교회가 7교회로 확장되었고 그 7교회가 런던 신앙고백서(London Confession)를 채택함으로써 명실공히 신약성서적 침례교회로 등장한 것이다.[21]

물론 런던 신앙고백서의 내용은 성경의 권위, 교회론, 침수침례, 정부와의 관계에 대한 것 등으로서 일반침례교회의 주장과 비슷했으며 신약교회의 회중정체 원리와 일치했다. 영국에서 발생한 침례교회에 대하여 헨리 베더(Henry C. Vedder)는 "1610년 이후로는 우리가 의심할 나위없는 문헌적 증거로 입증된 침례교회의 단절 없는 계승을 소유하고 있으며…늦어도 1641년경부터는 침례교의 교리와 행습이 모든 본질적 특색에 있어

---

21) R. G. Torbet, *A History of the Baptists, Third Edition*; 허긴 역, 「침례교회사」, PP. 50-51.

서 오늘날의 그것과 똑같다"고 했다.[22] 그러니까 2세기 중엽부터 변질되어 온 신약성서교회(New Testament Church)가 1500여 년 만에 회복(回復)된 것이다.

D. 침례교의 특성

침례교회의 특성이란 신약성서에 나타나 있는 신약교회(New Testament Church)의 교리를 복원(復原)하며 실행함에 있다. 헨리 베더(Henry C. Vedder)가 "1641년경부터 침례교의 교리와 행습이 모든 본질적 특색에 있어서 오늘날의 그것과 똑같다"고 한 침례교의 주장을 요약하면 다음과 같다.

1. 성경 66권을 신앙과 생활의 최고 권위로 삼는다(딤후 3:16).

1) 성경의 저자는 성령이며, 구약 39권과 신약 27권은 과오가 없는 하나님의 말씀임을 믿는다. 2) 성경 안에는 그리스도를 통하여 인간을 죄에서 구원하시려는 하나님의 모든 계획이 담겨 있다고 믿는다. 3) 따라서 모든 사람은 성경을 읽고, 공부하고, 묵상하며, 그 교훈에 따라 살아야 하고, 또 다른 사람에게 전파하고, 가르쳐야 한다. 4) 성경은 인간생활의 절대적 권위를 가진 지침서로서 어떤 전통, 신조, 어떤 사람의 교훈, 저서 등과 동일시해서는 안 된다고 믿는다. 5) 성경은 성령의 도움을 받아 해석해야 하고, 함부로 해석을 해서는 안 된다고 믿는다.

---

22) Henry C. Vedder, *A Short History of Baptists* (Philadelphia: The Judson Press, 1907), P. 201.

2. 구원은 은혜를 통해 믿음으로 얻는다(엡 2:8-9).

구원은 은혜로 인하여 믿음으로 얻는 것이며, 행위로 얻는 것이 아니고, 값없이 얻는 선물이다(롬 6:23). 이 구원은 새사람이 되게 하는(고후 5:17) 하나님의 말씀과 성령으로 중생함을 받아 이루어지며(벧전 1:23; 요 3:3), 중생을 통한 구원은 취소될 수 없다(롬 8:35-39)고 믿는다.

3. 모든 신자는 영적 제사장임을 믿는다(히 4:16; 벧전 2:9).

침례교회는 모든 그리스도인들은 각각 하나님의 은혜의 보좌 앞으로 담대히 나아가(히 10:19-20) 직고하며(롬 14:12; 벧전 4:5), 하나님과 개별적으로 교통함으로 신정(神政, Theocracy)을 받아야 할 책임과 능력을 가진 존재로 인정한다. 즉 "전 신자의 제사장 직분"(The Priesthood of All Believers)을 주장한다. 따라서 "개인의 우선권"(The Primacy of the Person)과 "모든 신자는 하나님 앞에서 평등한 형제임"(All Believers are Brethren on the Same Level before God)을 인정하며, "전 신자의 봉사사역"(The Ministry of All Believers)을 강조한다.

4. 우주적 교회와 지역교회를 주장한다.

침례교회는 교회를 우주적 교회(宇宙的 敎會, Universal Church)와 지역적 교회(地域的 敎會, Local Church)로 구분한다. 우주적 교회는 바울이 에베소서와 골로새서에서 말한 천국과 이 세상의 모든 시대에 걸쳐 있는 참 신자들의 회중을 말한다. 지역적 교회는 (1) 회중이 지역적이었고, (2) 자치적이었으며, (3) 회원의 일정한 자격을 전제하였고, (4) 민주주의적 원리에 입각한 조직체임을 말한다. 따라서 지역교회는 하나님의 뜻에 의해 그 지역의 신자들로 조직된 유기체로서 외부의 간섭 없이 성령의 인도함을 따라 자치적이며 독립적으로 교회의 사명을 수행할 수 있는 능력이 있다고 믿는다.

그리고 모든 교회는 보다 효과적인 선교사업을 도모하기 위해 서로 협동해야 한다고 믿는다(행 11:27-30; 갈 2:10; 고전 16:1; 롬 15:26).

5. 신약교회는 회중정치체제였다고 믿는다(행 1:15-26; 6:2-6).

(1) 거듭난 자로서 침례를 받은 자라야 지역교회의 회원이 되어야 한다는 "회심자의 회원권"(Regenerate Church Membership)을 주장한다. (2) 모든 회원은 계급, 특권, 기회 및 의무에 있어서 동등하다는 회원동등권(Equal Right of Members)을 주장한다. (3) 개개인의 신정(神政, Theocracy)을 전제하는 다수결의에 의하여 모든 업무를 결정하고 처리하는 영적 민주주의(Theodemocracy)를 주장한다.

6. 신약교회 의식은 침례와 주의 만찬뿐이다.

1) 침수침례(Baptism by Immersion): (1) 침례의 방법은 "침례"라는 원어 "밥티스마"(βάπτισμα)의 동사 "밥티조"(βαπτίζω)의 의미 "물 속에 잠기다"의 뜻에 따라 **침수침례**(Baptism by Immersion)를 **행한다**. (2) 침례의 의미는 **침례**가 십자가의 죽으심과 부활을 통하여 죄인들을 구원하신 그리스도의 구속사역을 상징적으로 나타내는 의식으로서 구원받은 성도가 온 몸을 물 속에 잠근 후 다시 올라오는 행위다. 물 속에 잠그는 것은 옛 사람을 장사지냄을 나타내고, 물 위로 올라오는 것은 새 생명을 얻어 의인의 신분이 된 것을, 또 주님의 재림 때 부활과 승천할 것을 상징한다(롬 6:3-11; 골 2:12). (3) 침례의 목적은 예수 그리스도의 명령에 순종하기 위해서다. 주님은 전도하고 가르치라는 명령과 함께 침수침례를 주라고 명령을 하셨기(마 28:19-20) 때문이다. 그러나 침례가 구원의 요건이 아니라고 믿는다. (4) 침례의 대상자는 예수 그리스도를 자신의 구세주로 영접하여 거듭나 구원

의 확신을 가진 사람이 자신의 영적 체험을 교회 앞에서 고백하여 교회로부터 중생한 그리스도인임을 인증받아야 한다. (5) 침례의 시기는 거듭남으로 구원의 확신을 갖고 그리스도를 생활의 주인으로 모신 사람은 일정한 기간이 필요없이 즉시 받아야 한다고 믿는다.

2) 주의 만찬(Lord's Supper): (1) 주의 만찬의 의미는 그리스도가 십자가에서 상하신 몸과 흘리신 보혈을 기념하는 의식이다(고전 11:23-26). (2) 주의 만찬의 대상자는 중생하고 침례를 받은 성도라야 한다. 그러나 마음의 준비(지체관계나 도덕적 면에서 생긴 문제를 해결하지 못한 상태를 말함)가 안 되어 있는 성도는 삼가는 것이 좋다(고전 11:27-29).

(3) 주의 만찬의 목적은 첫째, 침례와 마찬가지로 그리스도의 명령에 순종하는 것이며, 둘째, 주님이 십자가에서 당하신 고난과 죄 사함을 위해 흘리신 보혈을 기억하며 기념하기 위함이다. 셋째, 모든 성도들이 이 의식(잔치)을 통하여 그리스도와 더불어, 그리고 다른 성도들과 더불어 끊임없이 교제(κοινωνια)하며 연합을 도모함에 있다.

7. 신약교회의 직분은 목사와 집사뿐이다.

1) 목사: 신약교회에 있어서 목사(혹은 목자)와 장로 및 감독은 한 가지 직분에 대해 세 가지 기능을 설명하는 명칭으로 사용되었다(행 20:17, 28). 즉 장로는 목회자에 대한 히브리적 표현으로 경험이 많고 존경받을 만한 연장자를 뜻하는 것이고, 감독은 목회자에 대한 헬라적 표현으로서 교회를 돌보는 사람이라는 뜻이다. 그리고 목사는 목회자의 직임을 설명한 용어로서 주님의 양(성도)들에게 영의 양식을 공급해 먹이고 바른 길로 인도하는 사람이라는 뜻이다. 따라서 침례교회는 장로와 감독을 목사와 동일하게 보며, 목사와 구별하거나 따로 두지 않는다. 목사의 자격은 디모데전

서 3:1-7에 명시되어 있다.

2) 집사: 집사 직분의 유래는 사도행전 6:1-6에서 기인한다. 집사는 교회를 섬기는 봉사자인 동시에 목사의 일을 돕는 협력자요 보조자이다. 집사의 자격은 (1) 성령이 충만한 자, (2) 지혜가 충만한 자, (3) 칭찬을 듣는 사람이며, 더 자세한 규정은 디모데전서 3:8-12에 있다.

8. 모든 신자는 선교와 은사적 봉사자

3) 침례교회는 신약성서적 원리인 "전 신자의 봉사사역"(The Ministry of All Believers)의 원리에 입각하여 목사나 집사뿐만 아니라 거듭난 모든 교회 회원을 은사적 봉사자로 믿고 "분담사역"(The Shared Ministry)을 도모하고 있다. 따라서 마태복음 28:19-20과 사도행전 1:8에 "그리스도의 증인"이 되라고 하신 "대선교명령"에 의해 모든 교인들을 선교사역에 동참시키고 있다.

9. 청지기로서의 삶 (눅 16.1-10, 벧전 4.10)

모든 성도는 예수 그리스도를 구세주로 모실 뿐만 아니라, 그분을 삶의 주인(The Master)으로 모시고 청지기의 삶을 살아야 한다. 죄인으로서 죽고 영생을 얻어 새로운 삶을 살게 된 성도들은 나의 생명, 생각, 감정, 의지, 몸, 시간, 재능, 재물, 자녀 등을 나의 주인이신 그리스도께 다 바쳐야 한다.

10. 교회와 국가의 분리 (마 22:21; 롬 13:1-7)

국가는 하나님께서 세우신 것이므로 그리스도인들은 국법을 지키고 명령에 순종해야 한다. 그러나 교회와 국가는 분리되어 서로 간섭치 말아야 한다.

PART III

세례와 유아세례의 성경적, 신학적 고찰

(10-12장)

"PART Ⅲ: 세례와 유아세례의 성경적, 신학적 고찰(10-12장)"에서는 "PART I: 침례의 성경적 고찰(1-5장)"에서 고찰한 신약성경이 말하는 침수침례의 의미, 그 목적, 형식(Mode), 대상자의 자격, 주님께서 침수침례를 행하라고 지상명령으로 명하신 원래의 의도와 선교적 의의, 그리고 "PART II: 침례가 변질된 역사적 고찰(6-9장)"에서 성경적 침수침례가 이단적 교리나 미신적 사상에 의해 변질된 과정 등을 근거로 하여 세례와 관수례, 그리고 유아세례가 성경말씀과 신학적으로 볼 때 왜, 어떻게, 무엇이 잘못되었나를 더 구체적으로 고찰하려고 한다.

제 10 장

[세례에 대한 성경적, 신학적 고찰]

본 장은 세례와 관수례를 행하고 있는 대표적 교단들의 주장에 대해 성경적, 신학적 고찰을 하려고 한다. 본 장의 목적은 세례나 관수례가 성경 말씀과 신학적으로 볼 때 왜, 어떻게, 무엇이 잘못되었나를 구체적으로 고찰하는 것이다. 따라서 독자들은 본 장을 통해 성경적 침수침례의 참된 의미와 그 중요성에 대하여 이전보다 더 깊은 이해를 가지며, 또 침수침례만이 예수 그리스도께서 교회의식(敎會儀式)의 하나로 제정하신 의도와 목적을 성취할 수 있다는 확신을 갖기 바란다.

A. 가톨릭교파의 관수례에 대하여

〈가톨릭교파의 주장〉

가톨릭교회는 첫째, 고대 교부들이 침례(혹은 세례)를 받아야 구원을 받을 수 있다고 주장한 세례중생론(Theory of Baptismal Regeneration), 둘째, 성례(Sacraments) 자체에 신비한 능력이 있어 하나님의 은혜를 주입한다는 터툴리안의 성례주의(聖禮主義, Sacramentalism), 셋째, 침례(浸禮)는 죄책(guilt)으로서의 원죄(Original Sin)를 모두 제거한다"고 한 어거스틴의 원죄론 등을 기초로 하여 "오직 믿음으로만 구원"(Salvation by Faith Alone)이 아닌 "성례를 더한 믿음에 의한 구원론"(Salvation by Faith plus Sacrament)을 주장한다. 그래서 (1) 세례(Baptism)는 중생과 칭의(稱義, Justification)의 은혜를 받게 한다. 즉 원죄에서 온 죄, 세례를 받을 때까지 범한 죄, 죄의 오염(汚染), 죄의 자연적 결과를 제외한 영원한 형벌(刑罰)과 모든 일시적인 형벌 등에서 구원함을 받게 한다. (2) 성화(聖化, Sanctification, 개신교의 칭의가 포함되어 있음)의 은혜와 믿음(형성된 신앙, fides formata), 소망, 사랑의 초자연적 선(善)을 불어넣어 주심으로써 영적 갱신(更新)을 가져오게 한다. (3) 가톨릭교회의 신입회원이 되어 교회의 권한(權限)에 굴복함으로써 성도의 단체와 신자의 유형교회(有形敎會)를 구성하게 한다. (4) 그리고 세례(Baptism)를 행할 때 사용된 물은 분량(分量)에 관계없이 그 효력(效力)이 같으므로 침수침례(Baptism by Immersion)가 원칙이지만 관수례(Baptism by Pouring)도 무방하다 하여 "삼중 관수례"(三重 灌水禮, Trine Affusion)를 행하고 있다.

【반론 A】

1. 성경에 구원은 나사렛 예수가 하나님의 아들이시며 구세주이심을 믿고 영접하면 하나님의 자녀가 되는 권세를 얻게 된다고 하셨다(요 1:12-14). 구원은 오직 믿음으로만 얻는다고 되어 있다(요 3:16; 롬 3:28; 엡 2:8-9). 그런고로 성례가 구원의 조건 중 하나라는 가톨릭교회의 구원론은 성서적

이 아니다. 믿음으로만 구원을 받는다는 중요한 성경구절은 다음과 같다.

○ 요한복음 1:12-14

⑿영접하는 자 곧 그 이름을 믿는 자들에게는 하나님의 자녀가 되는 권세를 주셨으니 ⒀이는 혈통으로나 육정으로나 사람의 뜻으로 나지 아니하고 오직 하나님께로서 난 자들이니라. ⒁말씀이 육신이 되어 우리 가운데 거하시매 우리가 그 영광을 보니 아버지의 독생자의 영광이요 은혜와 진리가 충만하더라.

○ 요한복음 3:16

하나님이 세상을 이처럼 사랑하사 독생자를 주셨으니 이는 저를 믿는 자마다 멸망치 않고 영생을 얻게 하려 하심이니라.

○ 로마서 3:28

그러므로 사람이 의롭다 하심을 얻는 것은 율법의 행위에 있지 않고 믿음으로 되는 줄 우리가 인정하노라.

○ 로마서 10:10

사람이 마음으로 믿어 의에 이르고 입으로 시인하여 구원에 이르느니라.

○ 에베소서 2:8-9

⑻너희가 그 은혜를 인하여 믿음으로 말미암아 구원을 얻었나니 이것이 너희에게서 난 것이 아니요 하나님의 선물이라. ⑼행위에서 난 것이 아니니 이는 누구든지 자랑치 못하게 함이니라.

2. 제2장, "침례요한의 회개침례"에서 침례요한의 침례가 회개와 함께 나사렛 예수를 메시아로 믿고, 하나님의 종말론적 왕국에 들어가기 위해 메시아가 성령과 불로 베푸실 침례를 받을 준비가 되었다는 하나의 표시로 주어졌음을 이미 고찰한 바 있고, 제4장, "예수 그리스도의 목회사역과 대분부"에서 제자들이 행한 침례도 예수를 하나님의 아들로 믿고 구세주(Messiah)로 영접하고 회개하여 죄 사함을 받아 거듭났으며, 또 예수 그리스도의 제자가 되어 장차 주님께서 성령과 불로 주실 침례를 받으려고 기다리는 준비된 자들에게 주어진 것으로 고찰했었다. 그뿐만 아니라 제5장, "그리스도인의 침례, B. 사도행전에 나타난 침례와 성령의 관계"에서도 사도행전 2:38을 위시하여 침례를 베푼 경우를 살펴본 결과 성령이 [복음선포 → 메시지에 대한 신앙적 수용 → 회개 → 침수침례 → 성령침례]라는 순서를 따라 역사하신 것이 관찰되었다. 이에 따르면 침례란 어디까지나 거듭난 자의 믿음과 회개에 대한 가시적 표현이었다. 즉 그리스도의 죽음과 부활, 그리고 그리스도와 연합하여 옛 사람이 죽고 새 생명을 받아 하나님의 자녀의 신분으로 다시 태어난 영적 체험에 대한 상징적 표현이었다. 그런고로 가톨릭교회가 주장하는 "세례가 하나님의 은총과 중생을 주입(注入)한다"는 주입은총(注入恩寵) 교리는 성경에 없는 비성서적 가르침이다. 이것은 분명히 인간들이 조작한 거짓교리이다.

3. 신약성경에 "침례를 주다"로 쓰인 헬라어 "밥티제인"(βαπτιζειν)의 원동사 "밥티조"(βαπτίζω)는 "물에 잠그다"의 뜻으로 주례자가 수침자(受浸者)를 물 속에 완전히 잠근 후 다시 물 위로 끌어올리는 것을 말한다. 신약성경에 동사 "밥티조"(βαπτίζω)는 81번, 명사 "밥티스마"(βάπτισμα, 침례)는 22번이나 사용되었다.[1] 이것은 신약교회가 분명히 침수침례(浸水浸禮, Baptism

by Immersion)를 행했음을 말하고 있다. 그리고 우리 주님도 침수침례를 받으셨다(마 3:16). 그런고로 가톨릭교회가 이마에 물을 세 번 붓는 관수례(灌水禮, Baptism by Pouring)는 변질된 것으로 성경적 침례가 아니다. 침수침례가 관수례로 바뀌게 된 동기와 역사는 이미 제6장, "교부들에 의해 침례가 변질된 과정"과 제7장, "중세기에 침례가 변질된 과정(600-1517년)"에서 고찰한 바 있으니 다시 읽어보기 바란다.

관수례는 첫째, 주님이 "아버지와 아들과 성령의 이름으로 침수침례(Baptism by Immersion)를 주라"(마 28:19)고 하신 명령을 거역하는 불순종의 행위다. 둘째, 주님이 침수침례를 주라고 하신 의도와 목적에 위배되는 행위다. 즉 침수침례를 주라고 하신 가장 큰 목적은 (1) "물 속에 들어가는 것"은 예수 그리스도께서 인류를 구속하시기 위해 십자가에 못박혀 피를 흘리시고 죽어 무덤에 장사되었다는 뜻과, 동시에 수침자(受浸者)의 옛 사람이 그리스도와 연합하여 함께 죽었다는 뜻, (2) "물 속에서 올라오는 것"은 예수 그리스도께서 장사된 지 3일 만에 사망을 이기고 무덤에서 다시 부활하셨다는 뜻과, 동시에 수침자가 그리스도와 연합하여 새 생명을 얻어 의인의 신분으로 다시 살아났다는 뜻, 그리고 (3) 주님이 재림하실 때 모든 그리스도인들이 부활 혹은 변화하여 승천할 것을 나타내며, 주님이 이루신 구속사역을 상징하고, 기념하며, 그 은혜를 기억하게 하는 것이다. 그러나 관수례는 주님이 침수침례를 통하여 이러한 복음의 내용을

---

1) 1957년 침례신학교 교장 도월태(Ted. H. Dowell) 교수의 "침례교 교리"강의 Notebook에서; 필자의 조사에 의하면 Robert Young, *Analytical Concordance of the Bible, Twenty-second American Edition Revised* (Wm. B. Stevenson. New York: Funk and Wagnalls Company, n. d.)와 W. S. Moulton and A. S. Geden, *A Concordance to the Greek Testament* (Edinburgh: T. & T. Clark LTD, 1986)에는 "밥티스마"($βάπτισμα$, 침례)가 22번. "밥티조"($βαπτίζω$)는 74번으로 나와 있다.

선포하며 설명하시려는 원래의 목적과 뜻을 성취할 수 없다. 셋째, 세례를 행할 때 사용된 물은 분량(分量)에 관계없이 그 효력(效力)이 같으므로 침수침례(Baptism by Immersion)가 원칙이지만 관수례(Baptism by Pouring)도 무방하다는 주장은 터툴리안(Tertullian)이 "주의 만찬과 침례가 구원의 신비적(神秘的)인 효력을 발휘한다"고 한 미신적 사상에 근거한 것으로 이는 성경적 교리가 아니다.

4. 가톨릭교회에서 세례가 중생을 주입한다는 "세례중생설"(Theory of Baptismal Regeneration)을 주장하고 있는 이유는 베드로전서 3:21 상반절에 "물은 예수 그리스도의 부활하심으로 말미암아 이제 너희를 구원하는 표니 곧 침례라"고 했다 하여 요한복음 3:5 하반절에 "…사람이 물과 성령으로 나지 아니하면 하나님 나라에 들어갈 수 없느니라"고 한 "물" 대신에 세례를 대입(代入)하여 "세례와 성령으로 나지 아니하면 하나님 나라에 들어갈 수 없느니라"로 해석하기 때문이다. 따라서 그들은 "세례" 자체에 하나님의 신비한 능력이 있어 사제(司祭)가 성부, 성자, 성령의 이름으로 세례를 베풀면 세례를 받는 자에게 중생, 속죄, 성화를 위한 신앙이 주입(注入)된다고 주장한다. 매우 미신적인 생각이라 아니 할 수 없다.

그러나 베드로전서 3:21 하반절에 "육체의 더러운 것을 제하여 버림이 아니요"라고 했다. 그런고로 이 말씀은 침례를 행할 때 사용된 물이 죄를 씻는다는 뜻으로 말한 것이 아니고, 또 "세례중생설"(洗禮重生說)을 말한 것도 분명히 아니다. 그 이유는 그가 이미 베드로전서 1:23에서 "너희가 거듭난 것이 썩어질 씨로 된 것이 아니요 썩지 아니할 씨로 된 것이니 하나님의 살아 있고 항상 있는 말씀으로 되었느니라"라고 했기 때문이다. 같은 편지 안에서 서로 상충(相衝)되는 사상을 주장할 이유가 없다. 그러므로 "물은 예수 그리스도의 부활하심으로 말미암아 이제 너희를 구원하는 표(標, Sign)니 곧 침례(Baptism)라. 육체의 더러운 것을 제하여 버림이 아니요 오직 선한 양심이 하나님을 향하여 찾아가는 것이라"고 한 베드로전서 3:21의 해석은 (1) 심판의 도구였던 물이 지금은 그리스도의 부활로 인해 주어진 구원을 상징하는 표(sign)인 침수침례가 되었고, (2) 침수침례는 구약의 결례(潔禮)와 같이 육체의 더러운 것을 제거(除去)하여 버리는 의식(儀式)이 아니며, (3) 침수침례의 참된 의미는 오직 하나님을 향하여 찾아가는 데 있다고 해야 한다.

요한복음 3:5의 "물"에 대한 해석은 다양하다. 즉 (1) "하나님의 말씀", (2) "성령", (3) "성령침례에 대응하는 물 침례", (4) "남성의 정액(精液)", (5) "산모의 양수(羊水)" 등이 있지만 분명한 것은 "물 침례"를 말하지는 않는다. 그 이유는 "물 침례"는 항상 회개와 죄 사함을 전제하기 때문이다. 그런고로 요한복음 3:5의 "물"을 베드로서 1:23에 근거하여 "하나님의 말씀"으로 해석하는 것이 가장 정당하다고 본다. 제5장 "그리스도인의 침례, B. 사도행전에 나타난 침례와 성령의 관계"에서 구원의 사역이 항상 [복음선포 → 메시지에 대한 신앙적 수용 → 회개 → 침수침례 → 성령침례]의 순서를 따라 이루어지고 있음이 고찰되었다. 이에 따르면 침례는 항상 복음을 믿고 회개하여 중생한 자에게만 주어졌다는 것을 알 수 있다. 이에 대한 성구는 다음과 같다.

○ 마태복음 28:19-20
　그러므로 너희는 가서 <u>모든 족속으로 제자를 삼아</u> 아버지와 아들과 성령의 이름으로 침례를 주고.

○ 마가복음 16:16

믿고 침례(浸禮)를 받는 사람은 구원(救援)을 얻을 것이요 믿지 않는 사람은 정죄(定罪)를 받으리라.

○ 사도행전 2:38

베드로가 가로되 너희가 회개(悔改)하여 각각 예수 그리스도의 이름으로 침례(浸禮)를 받고 죄 사함을 얻으라. 그리하면 성령(聖靈)을 선물로 받으리니.

○ 사도행전 2:41

그 말을 받는 사람들은 침례(浸禮)를 받으매 이 날에 제자의 수가 삼천이나 더하더라.

○ 사도행전 8:12

빌립이 하나님 나라와 및 예수 그리스도의 이름에 관하여 전도함을 저희가 믿고 남녀가 다 침례를 받으니.

○ 사도행전 18:8

또 회당장 그리스보가 온 집으로 더불어 주를 믿으며 수다한 고린도 사람도 듣고 믿어 침례를 받더라.

B. 루터교파의 관수례에 대하여

〈루터교파의 주장〉

루터(Martin Luther)는 세례에 대하여 첫째, "하나님의 말씀이 본래의 신적 능력을 가지고 세례의 물을 영광스러운 생명의 물로 변화시키며, 중생의 씻음을 가져오게 한다"고 가르쳤고 또 "그것은 보통물이 아니고, 하나님의 명령이 내포되어 있으며, 하나님의 말씀과 관련된 물이다"라고 했다.[2] 둘째, "세례에 첨부된 언약의 말씀에 대한 수세자(受洗者)의 신앙에 의해 세례(洗禮)가 수세자의 영적 탄생으로 말미암아 은혜의 자녀가 되게 하고, 의롭게 인정받는 사람이 되게 한다"고 했다.[3] 즉 세례가 아니고 세례의 신앙이 의롭게 한다는 것이다. 셋째, "세례는 구원을 위하여 필요하며, 세례를 통하여 하나님의 은총이 인간에게 주어진다"고 했다.[4] 그리고 세례의 방법에 대하여는 말씀과 함께하고 있는 물은 그 분량(分量)에 관계가 없이 유효하다 하여 가톨릭교회와 같이 삼중 관수례(三重 灌水禮, Trine Affusion)를 행하고 있다.

【반론 B】

1. 루터교파는 중생을 받는 길이 두 가지가 있다고 한다. 하나는 그리스도의 복음을 믿음으로 중생을 받게 되고, 다른 하나는 "세례에 첨부된 언약의 말씀에 대한 수세자(受洗者)의 신앙에 의해 세례(洗禮)가 수세자의 영

---

[2] Louis Berkhof, *The History of Christian Doctrine* (Grand Rapids, Michigan: Baker Book House, 1937); 신복윤 역, 「기독교교리사」, (서울: 성광문화사, 1979), P. 290.
[3] Helmut T. Lehmann ed. "Babylonia Captivity of the Church", *Luther's Works. Volume 36. (Word and Sacrament II)* (Philadelphia: Fortress Press, 1959), P. 66; 지원용 편역, "교회의 바벨론 감금, 세례의 성례", 「루터선집」, 제7권, (서울: 컨콜디아사, 1989), P. 179.
[4] 지원용 편역, "아우그스부르그 신앙고백서, 제9조 세례에 관하여", 「신앙고백서」(*The Book of Concord*) (서울: 컨콜디아사, 1991), P. 28.

적 탄생으로 말미암아 은혜의 자녀가 되게 하고, 의롭게 인정받는 사람이 되게 한다"는 것이다. 로마서 3:28; 5:1에서 말하는 믿음으로 의롭다 하심을 얻는 믿음은 어디까지나 예수를 하나님의 아들로 믿고, 구세주로 영접하는 믿음(마 16:16; 요 1:12-13; 요 3:16)이다. 즉 예수 그리스도의 성육신(成肉身), 구속적인 십자가의 죽음과 보혈에 의한 죄 사함, 그리스도의 부활, 승천, 재림과 세상의 심판 등을 믿는 믿음을 말한다. 그러나 성경 66권에 "세례를 받으면 은혜의 자녀가 되고, 의롭게 인정받는 사람이 된다"고 하는 "세례에 첨부된 언약의 말씀"은 없다.

2. (1) "세례는 구원을 위하여 필요하며"라고 했는데, 침례나 세례를 받지 아니해도, 예수 그리스도를 하나님의 아들로 믿고 구세주로 영접하고, 십자가의 보혈로 죄 사함을 받아 거듭나면 구원을 받을 수 있다. 이에 대한 가장 좋은 예를 들면 예수 그리스도와 같은 시간에 십자가형을 받고 있던 두 강도 중 하나가 예수를 구세주로 영접함으로 주님과 함께 낙원으로 간 사건이다(눅 23:39-43). (2) "세례를 통하여 하나님의 은총이 인간에게 주어진다"라고 했는데, 하나님의 은총은 하나님의 말씀을 믿는 믿음을 통하여 성령에 의해 주어지는 것이지, 세례를 통하여 주어지는 것이 아니다. 침례는 하나님의 구속의 은총을 받은 사람에게 주는 표징(標徵, a sign, a mark)이지, 구원의 조건이 될 수 없는 것이다. "세례는 구원을 위하여 필요하며, 세례를 통하여 하나님의 은총이 인간에게 주어진다"고 한 말은 결국 신학적으로 "세례중생설"(Theory of Baptismal Regeneration)을 주장하는 것이다. 결론적으로 루터교파의 세례관은 가톨릭교회와 같이 "세례중생

---

5) Stanley Edwin, Anderson, *Your Baptism is Important*. Edinburgh: Marshall, Morgan & Scott, 1960; 이요한 역, 「침례의 중요성」(서울: 침례회출판사, 1974), PP. 184.

설"에 귀착(歸着)된다.⁵⁾

3. "하나님의 말씀이 본래의 신적 능력을 가지고 세례의 물을 영광스러운 생명의 물로 변화시키며, 씻음을 가져오게 한다"고 한 말은 루터가 가톨릭교회와 같이 "세례중생설"을 주장한다는 뜻이다. 즉 요한복음 3:5; 베드로전서 3:21; 에베소서 5:26-27 등에서 말하는 "물"을 "세례의식"으로 해석하고, 또 "세례의 물"이 죄를 씻는다고 해석을 한다. 그리고 이 성구들을 "세례에 첨부된 언약의 말씀"이라고도 한다. 이에 대해 이미 "A. 가톨릭교회의 관수례에 대하여"에서 논한 바 있다. 그리고 본래 예수 그리스도께서 제정하신 침수침례는 "육체의 더러운 것을 제하여 버림이 아니요 오직 선한 양심이 하나님을 향하여 찾아가는 것이라"는 베드로전서 3:21에 대한 해석을 언급한 바 있다. 죄는 오직 그리스도의 보혈로만 사함을 받으며, 씻음을 받을 수 있는 것이다. 십자가의 피가 죄 사함을 받게 한다는 성경구절들은 다음과 같다.

○ 요한일서 1:7
저가 빛 가운데 계신 것같이 우리도 빛 가운데 행하면 우리가 서로 사귐이 있고 그 아들 예수의 피가 우리를 모든 죄에서 깨끗하게 하실 것이요.

○ 골로새서 1:14
그 아들 안에서 우리가 구속 곧 죄 사함을 얻었도다.

○ 에베소서 1:7
우리가 그리스도 안에서 그의 은혜의 풍성함을 따라 그의 피로 말미암아 구속 곧 죄 사함을 받았으니.

○ 히브리서 9:14

하물며 영원하신 성령으로 말미암아 흠 없는 자기를 하나님께 드린 그리스도의 피가 어찌 너희 양심으로 죽은 행실에서 깨끗하게 하고 살아 계신 하나님을 섬기게 못하겠느뇨.

○ 베드로전서 1:18-19

너희가 알거니와 너희 조상의 유전한 망령된 행실에서 구속된 것은 은이나 금같이 없어질 것으로 한 것이 아니요, 오직 흠 없고 점 없는 어린 양 같은 그리스도의 보배로운 피로 한 것이니라.

○ 요한계시록 5:9

새 노래를 노래하여 가로되 책을 가지시고 그 인봉을 떼기에 합당하시도다 일찍 죽임을 당하사 각 족속과 방언과 백성과 나라 가운데서 사람들을 피로 사서 하나님께 드리시고.

○ 요한계시록 7:14

내가 가로되 내 주여 당신이 알리이다 하니 그가 나더러 이르되 이는 큰 환난에서 나오는 자들인데 어린 양의 피에 그 옷을 씻어 희게 하였느니라.

○ 요한계시록 12:11

또 여러 형제가 어린 양의 피와 자기의 증거하는 말을 인하여 저를 이기었으니 그들은 죽기까지 자기 생명을 아끼지 아니하였도다.

4. 루터는 그의 논문 "거룩하고 축복된 침례의 성례"(The Holy and Blessed Scrament of Baptism)에서 침례가 원어적으로 침수침례(Baptism by Immersion)임을 설명하고, 또 그 뜻이 그리스도의 죽음과 부활을 의미하는 것이므로 성경의 본래 행습인 침수침례가 마땅히 시행되어야 한다고 강조했다. 그리고 "교회의 바빌로니아 유수"(Babylonia Captivity of the Church)에서도 침수침례(Baptism by Immersion)만이 침례의 충분한 의의(意義)를 드러낼 수 있기 때문에 자기는 침수침례를 행하고 싶다고 했다. 그런데 루터가 왜 침수침례를 행하지 아니했는지에 대해서는 기록이 없어 알 수가 없다.

C. 츠빙글리의 관수례에 대하여

〈츠빙글리의 주장〉

츠빙글리는 가톨릭교회처럼 성례를 신비한 은혜의 통로로 보지 아니했고, 세례중생설과 "침례가 하나님의 은총과 중생을 주입(注入)한다"는 어거스틴의 은총론도 믿지 아니했다. 그리고 세례의 신앙이 의롭게 한다는 루터의 주장도 거부했다. 그리고 할례와 세례의 유추를 계약의 표징으로 보고, 고대 사람들이 할례의 행위로 이스라엘과 연합했음을 나타내는 징표로 삼은 것처럼, 지금의 기독교인들은 세례의 행위로 말미암아 교회와 연합했음을 나타내는 징표로 삼았다고 한다. 따라서 세례란 단지 그것을 받는 사람이 하나님께 헌신됨을 나타내는 표(標)요, 서약(誓約)인 동시에 세례자를 신앙공동체(교회)의 회원으로 받아들이며 알리는 공적 인침과 마크(Mark)라고 했다.

【반론 C】

츠빙글리가 세례를 단지 그것을 받는 사람이 하나님께 헌신됨을 나타내는 표지(標識)요, 서약(誓約)인 동시에 세례자를 신앙공동체(교회)의 회원으로 받아들이며 알리는 공적 인침과 마크(Mark)라고 했는데, 그 이유는 가톨릭교회가 수세기 동안 성례를 신비한 은혜의 통로라 하여 우상숭배를 빚어냈기 때문에 성례(세례와 주의 만찬)의 우상숭배적 요소를 뿌리째 뽑기 위함이었다. 그러나 할례가 이스라엘 공동체와 연합을 나타내는 징표인 것처럼, 세례를 교회와 연합했음을 나타내는 징표로 삼았다는 주장은 신학적으로 문제가 있다. 이에 대한 반론은 제11장, "유아세례에 대한 고찰, B. 유아세례에 대한 성경적, 신학적 고찰, 2. 유아세례와 언약신학에 대하여"에서 논하기로 한다.

D. 개혁교파의 세례에 대하여

〈개혁파의 주장〉

칼빈(John Calvin)은 그의 저서 「기독교 강요」 제4권, 15장, 2항에서 루터(Martin Luther)의 "하나님의 말씀이 세례의 물을 영광스러운 생명의 물로 변화시키며, 중생의 씻음을 가져오게 한다"는 주장을 반박했다. 그러나 그는 "세례가 우리에게 약속하는 것은 그리스도의 피를 뿌림으로써 얻는 정결이지 결코 그 이외의 것이 아니다. 그러나 깨끗하게 씻는다는 점에서는 유사하기 때문에 피를 물로 대신한 것이다"라고 했다. 그리고 「기독교 강요」 제4권, 15장, 19항(그릇된 세례와 바른 세례)에서는 "세례 받는 사람을 완전히 물에 잠그느냐, 세 번 잠그느냐, 한 번 잠그느냐 또는 물을 부어 뿌리기만 하느냐 하는 이런 세밀한 점은 중요한 것이 아니다. 나라가 다른 데 따라 교회가 자유로 선택하도록 하는 것이 옳다"고 가르쳤다. 그래서 그는 제네바교회에서 "관수례"(Affusion)를 행하였고, 세례(洗禮, Baptism by Sprinkling)는 그의 제자 존 낙스(John Knox, 1514년경-1572년)에 의해 스코틀랜드(Scotland)와 영국에 보급되었다.[6] 그리고 웨스트민스트 회의(Westminster Assembly, 1643-1649년)의 결정에 따라 개혁주의 교파들은 모두 세례를 행하고 있다.

【반론 D】

1. 칼빈(John Calvin)이 "세례가…그리스도의 피를 뿌림으로써 얻는 정결(淨潔)이지 결코 그 이외의 것이 아니다. 깨끗하게 씻는다는 점에서…피를 물로 대신한 것이다"라고 말했는데, 이 말은 세례가 그리스도의 죽음, 장사, 부활의 진리보다 구약의 피를 뿌리는 결례를 더 반영하고 있다는 뜻이다. 그러나 사도 베드로는 베드로전서 3:21에서 "침례는 육체의 더러움을 씻어 내는 것이 아니라"고 했다. 첫째, 예수 그리스도께서 침례를 교회의식 중 하나로 제정하신 근본적 목적이 교회가 침례를 통하여 그의 죽으심, 장사, 부활을 상징하고 기억하도록 하는 것인데, 왜 구태여 구약의 결례에 근거하여 "씻는다"는 제2의 의미를 강조함으로 침례의 원뜻을 오도(誤導)하고 있는가? 둘째, 성경해석법에 의하면, "신약이 구약을 해석하고 (The New Testament interprets The Old Testament), 서신서가 복음서를 해석한다(Epistles interprets the Gospels)"로 되어 있다. 그런데 신앙의 유일기준(唯一基準,

---

[6] William L. Lumpkin, *A History of Immersion* (Nashville, Tennessee: Broadman Press, 1962); 노윤백 역, 「침례(浸禮)의 역사」 (서울: 침례회출판부, 1976), PP. 33-34; James Chrystal, *A History of the modes of Christian Baptism* (Philadelphia: Lindsay & Blackiston, 1861), P. 186.

sola fidei regula)으로 성경의 절대적 권위를 주장하는 종교개혁의 대가이며, 성경학자인 칼빈이 신약교회의 의식인 침례를 신약성경의 말씀을 따라 해석하지 않고, 구약의 결례를 따라 해석한 것은 참으로 납득할 수 없는 일이다.

2. 침례의 방법에 대해서도 칼빈이 그의 저서 「기독교 강요」(Institutes of the Christian Religion) Vol. IV, Chapter 15, Section 19, "그릇된 세례식과 바른 세례식"의 마지막 문장에서 "그렇지만 밥티조($\beta\alpha\pi\tau\acute{\iota}\zeta\omega$)라는 말은 '잠그다' 라는 뜻이며, 고대교회에서는 침수침례를 행한 것이 분명하다"(The very word Baptize($\beta\alpha\pi\tau\acute{\iota}\zeta\omega$), however, signifies to immerse: and it is certain that immersion was the practice of the ancient church)라고 했다. 그는 이렇게 신약교회의 침수침례를 인정했음에도 불구하고 또 어떤 성경말씀의 근거도 없이 "세례 받는 사람을 완전히 물에 잠그느냐, 세 번 잠그느냐, 한 번 잠그느냐 또는 물을 부어 뿌리기만 하느냐 하는 이런 세밀한 점은 중요한 것이 아니다. 나라가 다른 데 따라 교회가 자유로 선택하도록 하는 것이 옳다"라고 했는데, 이것 역시 종교개혁의 대가답지 않은 매우 무책임한 가르침이었다고 본다.

3. 사도바울이 로마서 6:3-11과 골로새서 2:12-13에서 침례의 뜻이 예수 그리스도의 구속적 "죽음"과 "장사"와 "부활"을 상징하고, 영적으로 수침자의 "옛 사람에 대한 죽음"과 "장사"와 "신생(新生)"을 상징한다고 분명하게 설명을 했는데, 성경학자인 칼빈이 왜 이 말씀을 따르지 않고 외면을 했는지, 또 이 말씀을 전도대상자나 교인들에게 어떻게 해석하며 가르쳤는지 참으로 궁금하다. 분명한 사실은 관수례(灌水禮, Baptism by Pouring)

나 세례(洗禮, Baptism by Sprinkling)는 만민을 위한 그리스도의 구속적 "죽음"과 "장사"를 상징할 수도 없고, 만유의 머리되시는 그리스도의 권능과 영광과 위엄과 승리의 "부활"을 상징할 수도 없다는 것이다. 그런고로 관수례와 세례는 침수침례(浸水浸禮, Baptism by Immersion)를 대신(代身)할 수 없다.

4. 그리고 웨스트민스터 회의(Westminster Assembly, 1643-1649년)가 1644년 8월 5-7일 침례와 세례를 하나로 통일시키기 위해 투표를 한 결과 24:24가 되었으나 사회자 라이트푸트(John Lightfoot, 1602-1675년) 감독이 세례를 지지함으로 세례로 결정되어 침례교파를 제외한 대부분의 개신교 교파들이 오늘날까지 세례(Baptism by Sprinkling)를 행하게 된 역사적 사건을 이미 제9장, "영국의 종교개혁과 침례교회의 발생, B. 영국 청교도 운동"에서 언급한 바 있다. 청교도사상의 첫 번째가 "성경에서 교리와 생활의 근거를 찾는 신본주의(神本主義)로서, 말씀에서 삶의 동기와 방향과 목적을 발견하고 하나님의 말씀이 가는 데까지 가고, 말씀이 멎는 곳에서 멎느냐"는 것이나.[7] 그런데 신약성경이 침례의 방법이 침수침례(Baptism by Immersion)라는 것을 엄연히 가르치고 있는데(마 3:16-17; 막 1:9-11; 롬 6:4-5) 성경의 가르침을 따르지 않고, 사람의 의견을 따라 투표에 회부하여 침례를 세례로 결정한 것은 비성서적 결정이요, 청교도정신에 위배되며, 또 신앙의 유일기준(唯一基準, sola fidei regula)으로서 성경의 절대적 권위를 주창(主唱)한 종교개혁 정신에 위배(違背)되는 처사라 아니 할 수 없다.

5. 개혁교파의 조직신학자 루이스 벌코프(Louis Berkhof)는 그의 저서 「벌코프 조직신학 下」(Systematic Theology; 권수경, 이상원 옮김, 서울: 크리스찬 다이

---

7) 김의환, 「기독교회사」 (서울: 성광문화사, 1991), P. 321.

제스트, 2000) PP. 890-894에서 "'밥토'(βάπτω)와 '밥티조'(βαπτίζω)에 '씻다', '목욕하다', '씻음으로 정결케 하다' 등과 같은 다른 의미들이 있음이 명백하므로 물로 씻는다는 세례의 방법도 합당하다"라고 주장했다.

헬라어에 물을 뿌린다(sprinkle)는 "란티조"(ραντίζω)가 신약성경에 24번, 붓다(pour), 쏟아내다(pour out)의 뜻인 "케오"(χεώ)가 24번이나 사용되었다. 그리고 성결케 한다(cleanse, purify), 깨끗하게 한다(make clean, cleanse, purify)는 단어 "카다리조"(καθαρίζω)는 신약성경에 30번, 씻는다(wash)고 하는 "닢토"(νίπτω)는 17번, 목욕한다(bathe)는 단어 "루오"(λουώ)는 6번이나 사용되었지만 한 번도 침례에 관계되는 문장에나 단어에 이런 단어가 사용된 적은 없다.[8] 다만 침수침례의 뜻으로 "물속에 잠김"(immersion)의 뜻인 명사 "밥티스마"(βάπτισμα)가 22번 사용되었고, "침수침례를 준다"는 원동사 "밥티조"(βαπτίζω)가 81번이나 사용되었다. 만일 침례가 물로 죄를 씻는다는 뜻을 상징한다면 "닢토"(νίπτω)라는 단어를 사용했을 것이고, 피를 뿌린다는 뜻을 상징한다면 "카다리조"(καθαρίζω)를 사용했을 것이다. 그런데 밥토(βάπτω)나 밥티조(βαπτίζω)의 의미 중 제2의 의미나 제3의 의미에 "씻다"의 의미가 있다고 하여 "목욕하다", "씻음으로 정결케 하다" 등과 같은 다른 의미들이 있다고 주장하는 것은 세례를 정당화하기 위해 억지를 부리는 것이다. 그야말로 아전인수(我田引水)격인 것이다. 더구나 로마서 6:1-11에 침례(Baptism)라는 실체(實體)가 "물 속에 잠그는 것"으로 분명히 설명되고 있는데도 불구하고, "밥티스마"(βάπτισμα)나 "밥티조"(βαπτίζω)를 물을 뿌리는 세례(洗禮, Sprinkling)로 번역을 하며, 또 "물로 씻는다는 세례의 방

---

8) Stanley Edwin Anderson, *Your Baptism is Importent*; 이요한 역, 「침례의 중요성」, PP. 186 & 196.

법도 합당하다"는 주장은 어원학(Etymology)적으로나 성경해석학적으로 볼 때 어불성설(語不成說)이 아닐 수 없다.

그리고 마가복음 7:4에서는 잔이나 단지 및 놋그릇을 "씻는" 뜻으로 "밥티스모우스"(βαπτισμούς)가 사용되었고, 누가복음 11:38에서는 손을 "씻다"의 뜻으로 "헤밥티스데"(ἐβαπτίσθη)가 사용되었으며, 히브리서 9:10에서는 "몸을 씻는다"는 의미로 "밥티모이스"(βαπτιμοίς)가 사용된 것은 어디까지나 제전적(祭典的) 씻음(ceremony washing)을 설명하는 것이지 침례(Baptism)와는 관계가 없다.

E. 성공회의 관수례에 대하여

〈성공회의 주장〉

"39개 조문, 제27조"

세례는 신앙고백의 증표(a sign)이며 신자와 불신자와의 구별의 표시(mark)일 뿐더러 중생 혹은 신생의 징표(a sign)이다. 이 표에 따라 세례를 올바로 받는 이는 그것을 도구로 하여 교회와 결합된다. 사죄의 약속과 성령에 의하여 하나님의 자녀로서 우리가 받아들일 수 있는 약속이 가견적 증시(可見的 證示)되고 인침을 받아(visibly signed and sealed) 하나님에게 바치는 기도로 신앙이 굳어지고 은혜가 더해진다.

성공회는 세례를 받기 위해서는 회개와 믿음이 있어야 하고, 스스로 자유의사로 받아야 한다고 했으며, 세례의 효과를 (1) 그리스도와의 신비적 결합 (2) 성화의 은총 (3) 새로운 힘과 정신의 선물을 주며, 우리를 하나님의 성전으로 만들어 주고 은혜의 선물을 준다고 했다. 그리고 세례의 형식에 대해서는 성문화로 규정한 곳이 없고 다만 관습에 따라 "삼중 관수례"(三重 灌水禮, Trine Affusion)를 행하고 있다.

【반론 E】

성공회의 구원에 대한 교리는 대체적으로 개신교의 교리를 수용하고 있으며, 성례(聖禮, Sacraments)는 가톨릭교회의 칠성례(七聖禮) 중 세례와 주의 만찬만이 주님이 제정한 것이며 나머지 다섯 가지는 하나님의 명령에서 나오지 아니한 것으로 그 성질이 다르다고 한다. 그러면서도 실제적으로는 가톨릭교회의 칠성례를 다 행하고 있다. 그런고로 "A. 가톨릭교회의 관수례에 대하여"를 참고하기 바란다.

F. 반론에 대한 결론

"그러므로 너희는 가서 모든 족속으로 제자를 삼아 아버지와 아들과 성령의 이름으로 침례를 주라"(마 28:19)고 하신 말씀은 주님의 지상명령(至上命令)으로서 부활하신 주님께서 그의 구속사역을 성취하심으로 하나님 아버지로부터 위임받은(빌 2:5-11) "하늘과 땅의 모든 권세"(마 28:18) 즉 메시아 왕국의 통치권에 근거하고 있다는 점을 강조하고 있다. 근본사상은 예수 그리스도가 왕 되심(The Kingship)을 말한다. 그런고로 이 지상명령(至上命

슈)은 가장 엄중한 신적 권위(神的 權威)의 명령으로서 그의 제자들로 하여금 이 명령을 소홀히 하거나 무엇을 적당히 바꿀 수 없다는 것을 주지시키고 있음을 명심해야 한다.[9]

G. 침례와 세례의 대조표

주님께서 대분부로 "너희는 가서 모든 족속으로 제자를 삼아 아버지와 아들과 성령의 이름으로 침례(Baptism by Immersion)를 주라"(마 28:19)고 명령을 하신 의도와 목적을 다시 확인하기 위해 "침례와 세례의 대조표"를 부록에 첨부하였으니 참고하기 바란다.

---

[9] C. R. Beasley-Murray, *Baptism in the New Testament* (Grand Rapids, Michigan: William B. Eerdmans Publishing Company, 1962), P. 92.

제 11 장

[유아세례에 대한 고찰]

A. 유아세례에 대한 역사적 개관

1. 기독교 초기에 시리아와 팔레스타인에 있는 기독교의 도덕과 교회 규율에 관한 지침서인 "디다케"(The Didache) 혹은 "12사도의 교훈"은 2세기 초반의 작품으로 알려져 있는데, 여기에 "먼저 이 모든 것들을 외웠을 때만 침례를 받도록 했다"는 기록과[1] "침례를 주는 사람과 침례를 받게 된 사람, 그리고 할 수 있는 한 다른 사람들은 침례 전에 금식하라. 그러나 후보자에게는 미리 하루 이틀 전에 금식하도록 명하라"는 기록이 있다.[2] 이 것은 바로 "믿는 자의 침례"(Believer's Baptism)를 말하는 것으로 2세기 초반

---

1) Brian Russell, *Baptism sign and seal of the covenant of grace* (Grace Publications, 2001), P. 57.
2) Robert Cable, "The Organization of the Ritual of Invitation Until the Spread of Infant Baptism" The Sacraments(Collegeville, Minnesota: The Liturgical Press, 1988), PP. 15-16; 성결교회와 역사연구소 편, 「유아세례 다시보기」, P. 231.

까지는 유아침례가 없었음을 시사하고 있다. 그리고 주후 140년경 변증가 아리스티데스(Aristides)가 "만일 아이가 어려서 죽는다면 더욱더 하나님을 찬양하는데 그 이유는 그 아이가 죄 없이 세상을 떠났기 때문이다"라고 했다.[3] 이 진술 역시 당시 침례의 대상자가 성인이었음을 시사함과 동시에 2세기 중반까지 유아침례가 없었다는 것을 말해 주고 있다.

2. 이그나티우스(Ignatius, 30년경-117년)는 "주의 만찬은 죽을 사람을 해독하는 약효가 있고, 침례는 거룩하게 하는 효력이 있다"라고 했으며,[4] 또 에베소교회에 보내는 편지에서 "교회의 회원권이 구원의 필수다"라고 했다.[5] 그리고 저스틴(Justin Martyr, 100년경-165년)은 "침례는 물로 죄를 씻는 것으로, 구원을 완성시킨다"고 했다.[6] 이러한 주장은 침례를 받아야 구원을 얻는다는 "침례중생설"(Theory of Baptismal Regeneration)을 주장했다는 뜻이다. 그러나 저스틴이 "우리가 가르친 것을 확신하고 진리라고 믿는 사람들, 그리고 그 내용을 고백하며 그대로 살 능력이 있는 사람들은 침례를 받는다"라고 한 것을 보면 침례를 받을 대상자가 신리를 배울 수 있는 성인이었음을 말해 주고 있다.[7]

3. 이레네우스(Irenaeus, 130-200년경)는 "침례는 신생이며, 중생을 갖고

---

3) 성결교회와 역사연구소 편, 「유아세례 다시보기」 (도서출판 바울서신, 2004), P. 122; *First Apology of Justin Martyr* 17. 4; 15.11.
4) 정수영, 「신학의 역사」 (대전: 도서출판 명희, 2002), P. 95; C. C. Richardson, *The Christianity of Ignatius of Antioch*.
5) H. E. Dana, *A Manual of Ecclesiology, Second Edition Revised in Collaboration with L. M. Sipes* (Kansas City, Kansas: Central Seminary Press, 1944), PP. 101-103.
6) Robert A. Baker, *The Baptist March in History*; 허긴 역, 「침례교발전사」 (대전: 침례회출판사, 1968), P. 32.
7) 성결교회와 역사연구소 편, 「유아세례 다시보기」, P. 122; *First Apology of Justin Martyr* 61-2; James F. White, *Documents of Christian Worship* (Louisville, Kentucky: Westminster/John Knox Press, 1992), P. 147.

온다"고 했고,[8] 또 "그(예수)는 자기를 통하여 영아들, 유아들, 소년들, 장년들, 그리고 노인들을 하나님 앞에서 다시 나게 한다…이렇게 해서 그는 하나님을 위해 모든 사람의 죄를 씻고 있다"고 했다.[9] 그래서 이레네우스를 유아침례를 언급한 최초의 인물로 보기도 한다.[10] 이리하여 2세기 후반부터 "침례중생설"에 의해 유아들이 홍역(紅疫)과 같은 질병으로 죽더라도 영혼의 구원을 보장받게 하는 수단(手段)으로 유아침례(Infant Baptism)가 행해진 것으로 보인다.

4. 터툴리안(Tertullian, 160-215년경 혹은 170-220년경)은 "주의 만찬과 침례가 구원의 신비적(神秘的)인 효력을 발휘한다"고[11] 하면서 침례와 주의 만찬을 신비한 하나님의 은혜의 통로라 해서 최초로 "성례전"(聖禮典, Sacraments)이라고 불렀다. 그리고 그는 "침례의 물은 하나님으로부터 성결함을 받아 그 물 자체가 거룩하게 할 능력을 갖고 있다"고[12] 하여 "침례를 받기 이전의 모든 죄는 침례로 사(赦)함을 받을 수 있다"고 했다.[13] 즉 그는 침례중생설을 주장했다. 그러나 "침례를 받은 후에 범하는 죄는 용서받을 수 없다"는 자신의 가르침 때문에[14] "왜 순진무구한 나이에 죄의 용서함을 받아야 하는가?"라고 질문을 하면서 유아나 어린이에게 침례를 늦추는 것이 좋다고 주장했다.[15] 칼 바르트는 이에 대하여 "이것은 2세기 말 적어도 카르

---

8) R. A. Baker; 허긴 역, 「침례교발전사」, PP.32-34;
9) 성결교회와 역사연구소 편, 「유아세례 다시보기」, P. 122; Irenaeus, *ADV. Haer*, Ⅲ. xxii. 4.
10) 전성용, 「세례론: 칼 바르트의 성령론적 세례론」 (서울: 한들출판사, 1999), PP. 247-248.
11) 정수영, P. 257
12) Kevin Roy, Baptism Reconciliation and Unity (Patemoster Press, 1997), PP. 52-53.
13) Louis Berkhof, *The History of Christian Doctrine* (Grand Rapids, Michigan: Baker Book House, 1937); 신복윤 역, 「기독교교리사」 (성광문화사, 1984), P. 75.
14) William L. Lumpkin, *A History of Immersion* (Nashville, Tennessee: Broadman Press), 노윤백 역, 「침례(浸禮)의 역사」, (서울: 침례회출판사, 1976), P. 11.
15) Tertullian, *De Baptismo*, XVⅢ; Alexander Roberts, *The Ante-Nicene Fathers*, vol. Ⅲ (Grand Rapids, Michigan; Wm. B. Eerdmans Publishing Company, 1951), PP. 677-678.

타고에서 이미 나타나고 있었던 유아침례의 경향과 싸우는 명백하고 강력한 논증이다"라고 했다.[16]

5. 오리겐(Origen, 185년경-254년)은 "성례는 신적 감화의 상징이지만 성령의 은혜로운 역사를 나타내기도 한다"고 했고, 또 "침례는 교회에서의 신생의 시초이며, 죄의 사유를 의미한다"고 했다.[17] 그리고 "교회는 아이까지라도 침례를 베풀도록 사도들로부터 전통을 받았다"고 했다.[18] 그래서 교회는 유아들에게 침례를 주어야 하는데, 그 이유는 어린이에게 죄가 있다는 것은 다윗이 "내가 죄악중에 출생하였음이여 모친이 죄중에 나를 잉태하였나이다"(시 51:5)라고 한 고백에 근거하며,[19] "정결하지 못함으로 누구도 자유로울 수 없다"는 70인역의 욥기 14:4의 말씀에서 해답을 찾았다고 했다.[20] 유아세례 옹호자들은 공통적으로 오리겐 자신이 유아침례를 받았다고 주장한다. 이 증언들을 토대로 하여 볼 때 빠르면 주후 185년경에 이미 이집트에서 유아침례가 있었음을 말해 준다.

6. 키프리안(혹은 사이프리안, Cyprian, 200년경-258년)은 북아프리카의 66명의 감독들이 모인 카르타고 공의회(251-253년)에서 한 시골 감독인 피두스(Fidus)가 구약의 할례법(창 17:12)을 따라 유아침례(Infant Baptism)도 팔 일 후에 있어야 한다는 의견을 제시했으나 물리치고 생후 2-3일 만에 행할 것

---

16) 성결교회와 역사연구소 편, 「유아세례 다시보기」, P. 123; Karl Barth, CD IV/4, P. 187.
17) Berkhof; 신복윤 역, 「기독교교리사」, P. 84.
18) C. R. Beasley-Murray, *Baptism in the New Testament* (Grand Rapids, Michigan: William B. Eerdmans Publishing Company, 1962), P. 306.
19) H. F. Stander & J. P. Louw, *Baptism in the Early Church* (South Africa: Didaskalia Publishers, 1988), P. 68.
20) Origen, Luc. Hom. 14:Lev. Hom. 8. 3. R. M. Grant, "Development of the Gatechumenate" in *Made, Not Born* (Notre Dame and London: University of Notre Dame Press, 1976), P. 36.

을 주장했다고 한다.[21]

7. 콘스탄틴 대제(Constantine, the Great)가 주후 311년에 로마제국의 황제가 된 후 하나의 황제, 하나의 법, 만민을 위한 하나의 시민권, 하나의 종교 등을 이루어 로마제국의 통일을 더 한층 굳혀보겠다는 그의 정치적 야망으로 주후 313년에 공포한 밀라노 칙령(Edict of Milan)으로 기독교가 법적으로 승인되었고 또 교회와 국가가 급진적으로 통합되었다. 그래서 국가교회가 된 기독교회가 로마국가의 백성이면 누구나 교회의 회원이 되어야 하기 때문에 유아침례를 더 한층 보편화시켰다고 본다.[22]

8. 어거스틴(Augustine, 354-430년)은 터툴리안(Tertullian)의 주장을 따라 침례와 주의 만찬을 신비한 은혜의 통로라는 뜻으로 성례전(Sacraments)이라 불렀고, 원죄교리(原罪敎理)와 하나님의 은총교리(恩寵敎理)를 주장했다.[23] 따라서 "성례(聖禮)가 하나님의 은총을 받는 길이며, 침례(浸禮)는 죄책(guilt)으로서의 원죄(Original Sin)를 모두 제거한다"고 하면서 "침례가 구원에 있어서 필요불가결한 것이다"라고 했다. 따라서 "유아침례가 유아의 원죄를 제거하기 위해 절대로 필요하다"고 했다.[24] 그리하여 유아침례를 주어야 할 신학적 당위성을 부여함으로 침례중생설(浸禮重生說)과 함께 유아침례를 더욱 강화시켜 주었다.

---

21) 성결교회와 역사연구소 편, 「유아세례 다시보기」, P. 212; Paul K. Jewett, *Infant Baptism* (Grand Rapids, Michigan: William B. Eerdmans Publishing Company, 1978), P. 18.
22) William R. Estep, *The Anabaptist Story* (Grand Rapids, Michigan: William B. Eerdmans Publishing Company, 1996); 정수영 역, 「재침례교도의 역사」 (서울: 요단출판사, 1990), PP. 275-276.
23) Berkhof; 신복윤 역, 「기독교교리사」, PP. 153-156.
24) Ibid., P. 289.

9. 주후 407년에 인노센트 1세(Innocent I)가 칙령을 내려 유아침례를 강제적으로 시행하게 하였고,[25] 주후 411년에는 북아프리카의 카르타고 회의(the council of Carthage)에서 67명의 감독들이 만장일치로 구약의 할례처럼 태어나서 8일 안에 유아침례를 베풀어야 한다고 함으로써 유아침례가 교회사에서 일반적인 예식으로 자리를 잡게 되었다. 그리하여 3세기 중엽부터 5세기 말까지 신자의 침례(Believer's Baptism)와 유아침례(Infant Baptism)가 함께 행해지다가 유아침례가 점점 교회 안에서 일반화되기 시작했다.[26]

10. 주후 754년, 교황 스데반 3세(Pope, Stephen Ⅲ)가 불란서에 있을 때 브리타니(Brittany)의 몇몇 승려들이 "병이 든 어린아이에게 침례를 주어야 할 경우 어린아이의 머리에 손이나 컵으로 물을 붓는 것이 옳습니까?" 하고 물었다. 이에 대하여 교황, 스데반 3세는 "필요한 경우에는 그렇게 해도 무방하다"고 했다. 즉 유아를 물 속에 잠그는 유아침례(Infant Baptism by Immersion) 대신에 머리에 물을 붓는 유아 관수례(Infant Baptism by Pouring)를 허용했다.[27] 그러나 주후 1280년에 있었던 쾰른 회의(Synod of Cologne)에서 "관수례는 전혀 침수침례를 받을 수 없는 때만 허락한다"고 공포를 했고, 또 1284년의 니스메 회의(Synod of Nismes)에서 "그러나 만일 유아들을 침수시킬 만큼 물의 양이 충분하지 못할 때는 약간의 물을 유아의 머리에 부어도 된다"고 한 것을 보면 13세기까지는 주로 유아침례가 주어진 것으로

---

25) William R. Estep; 정수영 역, 「재침례교도의 역사」, P. 276; Krahn, *Meno Simons* (Karlsruhe: Heinrich Schneider, 1936), P. 136; Littell, Anabaptist View, P. 63에서 인용됨
26) 성결교회와 역사연구소 편, 「유아세례 다시보기」, P. 65; Brian Russell, *Baptism sign and seal of the covenant of grace* (Grace Publications, 2001), P. 58.
27) Robert Robinson, *The History of Baptism* (Boston: Press of Lincoln & Edmands, 1817), P. 381; William L. Lumpkin; 노윤백 역, 「침례(浸禮)의 역사」 (서울: 침례회출판부, 1976), P. 22.

보인다.

11. 주후 1311년, 라베나 종교회의(The Council of Ravenna)에서는 "침례는 '삼중 관수례'(三重 灌水禮, Trine Affusion)나 '삼중 침수침례'(三重 浸水浸禮, Trine Immersion)로 행하여야 한다"는 공식결정을 하게 되었다.[28] 그리하여 이때부터 서방교회에서는 침수침례(Baptism by Immersion)가 관수례(Baptism by Pouring)로 변화되는 과정이 급속히 이루어졌으며,[29] 마침내 유아침례(Infant Baptism by Immersion)도 유아관수례(Infant Baptism by Pouring)로 바뀌어 행하게 되었다.[30]

12. 주후 1517년부터 종교개혁가들의 유아세례관에 대해서는 "제8장, 종교개혁가들의 교회의식에 대한 견해"에서 이미 언급하였으니 여기에서는 생략하기로 한다. 그리고 종교개혁 이후 감리교의 창시자 존 웨슬리(John Wesley, 1707-1788년)는 "구원의 교리는 성경에 분명하게 제시되어 있으나 교회의 제도나 성례전에 관해서는 분명한 언급이 없으니 교회가 결정할 수 있다"는 성공회의 견해를 따랐다.[31] 그리고 유아세례에 대한 견해도 성공회의 주장과 매우 비슷하다.[32] 그러나 침례의 방법(Mode)은 사도적 방법을 따라 침수침례를 행하였다.

13. 1620년 메이플라워(Mayflower)호를 선두로 하여 많은 청교도들과 분

---

28) Ibid., P. 105.
29) William L. Lumpkin; 노윤백 역, 「침례(浸禮)의 역사」, PP. 23-24; James Chrystal, *A History of the Mode of Christian Baptism* (Philadelphia: Lindsay & Blackiston, 1861), P. 103-104.
30) 필자는 1311년 이후부터 "유아침례"를 "유아세례"로, "침례구원설"을 "세례구원설"로 부른다.
31) 성결교회와 역사연구소 편, 「유아세례 다시보기」, P. 183.
32) Ibid., PP. 221-222.

리주의자들이 미국으로 이민을 와서 그들의 이상을 실현하였지만 80여 년의 세월이 흘러감에 따라서 이민 2, 3세대들에 의해 청교도적 정신과 영적 도덕률이 흐려지기 시작하여 1700년대에 들어가면서 사회적, 윤리적, 영적인 환경이 혐오증을 느낄 만큼 부패하여 미국에 대각성운동(The Great Awakening Movement, 1725-1760년)이 일어나게 된 것이다. 그때 제1차 각성운동이 일어나게 된 원인 중 하나가 유아에게 세례를 주어 성인이 되면 자동으로 교회회원이 되는 교파와 유아에게 세례를 주지만 어른이 되어 예수를 구세주로 영접하고 믿는 신앙고백을 공적으로 행하였을 때부터 주의 성만찬에 참석시키며 교회회원권을 허용한 교회들이 "반계약신학"(Half-way covenant)에 의해 유아세례는 받았으나 거듭나지 아니한 불신자들을 교회의 준회원으로 받아준 까닭에 교회가 성도들의 신앙공동체라기보다 화려하게 차려입은 신사 숙녀들의 주말 나들이 사교장으로 전락(轉落)하게 되었다.[33] 그리하여 그때 미국에서 "반계약신학"(Half-way covenant)과 유아세례가 크게 문제되어 거론된 적이 있었다.

14. 20세기에는 스위스 신학자 칼 바르트(Karl Barth, 1886-1968년)가 침례는 본질상 예수 그리스도의 죽음과 부활 속에서 성령의 권능에 의해 한 인간의 참여로 말미암아 그의 회심을 나타내는 것이라고 했으며, 또 침례는 지각을 요구하는 믿음의 행위인 고로 오직 성숙한 인간만이 그에 응답할 수 있기 때문에 유아세례는 중단되어야 한다고 했다. 그러자 이에 대한 반론이 그의 동료였던 오스카 쿨만(Oscar Cullman)에게서 나왔으며, 루터

---

33) William Warren, Sweet, *The Story of Religion in America*; 김기달 역, 「미국교회사」 (서울: 보이스사, 1994), PP. 172-173; 강병도 편, 「교회사 대사전 I」 (서울: 기독지혜사, 1994), P. 405; Robert G. Torbet, *A History of the Baptists. Third Edition* (Valley Forge, Pennsylvania: Judson Press, 1963); 허긴 역, 「침례교회사」 (대전: 침례신학대학출판부, 1994), PP. 255-256.

란 신학자들인 요아킴 예레미아스(Joachim Jeremias)와 쿠르트 알란트(Kurt Aland)가 "초대교회가 유아세례를 베풀었느냐?"라는 주제로 1950년대와 1960년대에 일련의 책을 시리즈로 내면서 논쟁을 했다.[34]

B. 유아세례에 대한 성경적, 신학적 고찰

유아세례를 주장하는 이유들을 간추려 보면 대략 (1) 세례를 구원의 수단으로 믿기 때문에, (2) 언약신학에 의해, (3) 신약성경에 유아세례의 근거가 있다고 생각하기 때문에, (4) 교회회원권 때문에, (5) 유아세례를 받은 어린이와 부모들의 영적 유익 때문에 등으로 나눌 수 있다.

1. 구원의 수단인 유아세례에 대하여

1) 가톨릭교회는 세례중생론, 성례주의, 원죄론 등을 기초로 하여 "성례를 더한 믿음에 의한 구원론"(Salvation by Faith plus Sacrament)을 주장한다. 따라서 가톨릭교회의 세례는 중생과 은총을 주입하는 통로이며 수단이다. 그런고로 유아의 원죄를 제거하기 위해 유아세례가 절대적으로 필요하다고 주장한다. 그리고 루터교파 역시 아우그스부르그 신앙고백 제9조(세례에 관하여)에서 "…세례는 구원을 위하여 필요하며, 세례를 통하여 하나님의 은총이 인간에게 주어집니다. 그리고 아이들도 세례를 받아야 합니다. 세례를 통하여 하나님께 바쳐진 아이들은 하나님의 은총 가운데 참여하게 됩니다…"라고 했고, 또 아우그스부르그 신앙고백 변증서, 제9조(세례에 대하여)에서 "…그러므로 구원은 세례와 함께 주어지는 것이기 때문에

---

34) 성결교회와 역사연구소 편, 「유아세례 다시보기」, PP. 47, 224.

유아들도 세례를 받아야 하는 것은 당연하다"라고 했다. 그리고 루터가 "성례가 아니고 성례의 신앙이 의롭게 한다"고 했다. 이상에 대한 반론은 다음과 같다.

2) 성경에 구원은 나사렛 예수가 하나님의 아들이시며 구세주이심을 믿고 영접하면 하나님의 자녀가 되는 권세를 얻게 된다고 되어 있다(요 1:12-14). 그리고 구원은 오직 믿음을 통해서만 얻는다고 되어 있다(요 3:16; 롬 3:28; 엡 2:8-9). 그런고로 세례를 구원을 주는 통로로 믿고 유아세례를 주는 가톨릭교회의 주장은 세례중생설(Theory of Baptismal Regeneration)로서 비성서적 주장이다. 또 "성례가 아니고 성례의 신앙이 의롭게 한다"고 하면서 믿음이 없는 유아에게 세례를 주는 루터교회의 주장은 유아에게 신앙이 있기 때문에 세례를 주는지, 아니면 세례를 통해 유아에게 신앙이 주입되는지 일관성이 없다. 이러한 모순은 루터가 가톨릭교회의 성례주의를 벗어나지 못한 까닭으로 본다. 그리고 "대교리문답서", 제4부, 52-53항과 56-57항의 내용은 한마디로 말해 세례중생설에 의한 유아세례를 주장하고 있다. 그런고로 루터교파의 유아세례론 역시 성서적이 아니다.

2. 유아세례와 언약신학에 대하여

언약신학(Covenant Theology)에 의해 유아에게 세례를 주어야 한다고 한 사람은 츠빙글리며, 이 사상을 더 발전시킨 사람은 칼빈이다. 그리고 이 주장을 따르는 교파는 개혁교파와 성공회이다. 칼빈이 그의 저서 「기독교강요」 제4권, 제16장에서 유아세례를 주장한 내용을 간추려 보면 3-4절에서 할례와 세례는 하나님의 언약의 표징이라는 점과 교회에 처음으로 가입하는 표로서 같은 것이다. 6절에서는 유대인의 자녀들이 하나님의 언약의 상속자로 거룩한 자손으로 불렸다면, 그리스도인의 자녀들도 언약의 상속자로 거룩한 자손으로 불려져야 한다. 16절에서는 할례와 세례는 그 내적인 신비적 약속과 가치와 효력이 완전히 일치한다. 24절에서는 그리스도인에게서 난 유아들은 직접 언약의 상속자로 태어났으며, 하나님께 받아들여졌으므로 세례를 주어야 한다. 21-22절에서는 세례를 받은 어린이들 안에서 성령이 역사하시므로 어린이가 자라서 세례 받은 뜻을 깨닫는다고 했다. 그리고 성공회는 어린아이라 해도 그리스도인의 귀속(歸屬)으로서 그리스도인의 공동체에서 자라나야 하며, 영세는 신앙생활의 시작과 과정을 의미하는 것으로서 영적 성장에 영향을 주기 때문에 유아세례는 유익하다고 했다. 이에 대한 반론은 다음과 같다.

1) "할례와 세례는 그 내적인 신비적 약속과 가치와 효력이 완전히 일치한다"에 대한 반론

성경에 나타나 있는 중요한 언약을 보면 아담 언약(시작의 계약), 노아 언약(보존의 계약), 아브라함 언약(약속의 계약), 모세 언약(율법의 계약), 다윗 언약(왕국의 계약), 예수 언약(완성의 계약) 등으로 구분할 수 있다.[35] 그리고 하나님의 점진적 계시(Progressive Revelation)에 의해 언약도 점진적으로 발전되어 왔다. 예를 들면 "아브라함 언약"의 증표는 "할례"였고, "모세 언약"의 증표는 "짐승의 피에 의한 속죄제사"이다. 그리고 "예수 언약"의 징표는 "예수님이 십자가에서 죽으심으로 흘리신 피와 죽음에서 다시 살아나신 부활"이다. 때문에 칼빈이 "아브라함 언약"을 "예수 언약"과 동일하게 취급한 것은 성서신학적으로 볼 때 오류다. 그리고 대부분 구약의 사건들은 예수 그리스도께서 성취하실 구속사역을 모형으로 예시(豫示)한 것이 많기 때문

---

35) O. Palmer, Robertson, *The Christ of the Covenants*; 김의원 역, 「계약신학과 그리스도」 (서울: 기독교문서선교회, 1990), PP. 68-69.

에 구약은 신약으로 해석하고, 복음서는 사도들의 서신서로 해석하는 것이 성경해석학의 원칙이다. 그러나 칼빈은 구약으로 신약을 해석하는 모순을 범하고 있다.

창세기 12:1-3; 15:1-21; 17:1-27에 의하면, 하나님께서 아브라함을 택하시고 부르신 목적이 아브라함을 믿음의 조상으로 삼아 이스라엘이라는 큰 민족을 이루어 팔레스타인을 무대로 하고, 이스라엘 민족을 배우로 삼아, 애굽과 광야생활의 역사적 사건들을 통해 하나님께서 인류를 위해 마련하신 그리스도의 구속사역을 모든 족속에게 연극적(演劇的)으로 예시(豫示)하여 구원의 복음을 전하기 위함이었다(예를 들면, 유월절, 홍해를 건넘, 광야에서 일어난 생수와 메추라기사건, 성막제사 등등이다). 따라서 "아브라함 언약"에 있어서 할례의 특별한 의미는 종족번식에 있었다.[36] 즉 하나님께서 아브라함의 후손으로 큰 민족이 되게 하고 가나안 땅을 주시겠다고 하신 언약의 징표로 할례를 아브라함의 혈통인 그의 후손들에게만 주어 다른 민족과 구별하여 번성하도록 한 것이다.

출애굽기 19:1-6에서는 하나님께서 이스라엘 민족을 애굽에서 구출하여 시내산으로 인도하신 후, 모세를 불러 이스라엘 민족을 "제사장 나라"로 만드시겠다고 약속을 하셨다. 이 "모세 언약"은 하나님께서 아브라함과 맺은 언약을 성취하기 위한 구체적인 지침서로서 율법(짐승의 피에 의한 속죄 제사법)을 주어 이스라엘 민족이 제사장 나라가 되어 열방에게 복음을 전하는 선교하는 나라로 삼겠다는 선언(宣言)이었다. 그리고 이 중대한 선교사역을 수행하기 위해 하나님께서 직접 왕(王)이 되시어 이스라엘 민족을

---

36) O. Palmer, Robertson, 김의원 역, 「계약신학과 그리스도」, PP. 152-160.

통치하는 신정정치(神政政治)를 하시게 된 것이다. 이 신정정치체제는 국가와 종교를 하나로 합한 정교통합체제(政教統合體制)로서 이스라엘 광야교회가 이스라엘 민족의 국교(國敎, State Church)가 된 것이다. 따라서 이 경우에 할례는 국가적으로는 이스라엘 국민임을 증명하는 주민등록증이나 시민권의 역할을 했고, 종교적으로는 열방을 하나님께 인도할 사명을 위임받은 광야교회의 회원임을 표시하는 징표의 역할을 했다.

그러나 시간이 지나감에 따라 할례를 받은 이스라엘 백성 중에 할례를 다만 선민의 징표로만 여겨 그 특권만 누릴 뿐, 제사장 나라의 백성으로서 열방을 하나님께로 인도해야 할 사명감이나 믿음이 전혀 없는 불신자들이 생기기 시작한 것이다. 그리하여 마침내 모세는 "마음의 할례"를 강조하게 된 것이다. 즉 그는 "그러므로 너희는 마음에 할례를 행하고 다시는 목을 곧게 하지 말라"고 했다(신 10:16). 그리고 후일 사도바울도 같은 말을 했다.

이것이 바로 침례교인과 세례교인이 "침례의식"을 보는 차이점이라고 생각한다.

○ 로마서 2:28-29(표준새번역)

겉모양으로 유대 사람이라고 해서 유대 사람이 아니요, 겉모양으로 살에다가 할례를 받았다고 해서 할례가 아닙니다. 오히려 속이 유대 사람인 사람이 유대 사람이며, 율법의 조문을 따라서가 아니라, 성령을 따라서 마음에 받는 할례가 참 할례입니다. 이런 사람은, 사람에게서가 아니라, 하나님에게서 칭찬을 받습니다.

여기서 모세가 말하는 "마음의 할례"와 사도바울이 말한 "성령을 따라 마음에 받는 할례"는 성령으로 인(印)침을 받은 중생(重生)을 말한다(고후 1:22; 엡 1:13; 4:30). 모세시대에 할례를 받은 자들 중에는 성령으로 마음의 할례를 받은 자도 있고, 또 마음의 할례를 받지 못한 자도 있었다는 뜻이다. 그런고로 "모세 언약"에 있어서 할례는 성령으로 마음에 할례를 받은 신자들에게 주어진 영적 표시가 아니고, 다만 이스라엘 민족이라는 표징(表徵, Sign)에 불과한 것이었다. 그러므로 할례는 중생에 대한 표징(Sign)인 침례와 다른 것이다.

그뿐만 아니라 가나안을 정복한 후 사사시대를 거쳐 긴 왕국시대에 이르기까지 이스라엘은 제사장 나라의 직분을 수행하지 못했다. 오히려 그들은 선민으로서 선교와 봉사를 위한 희생적 정신보다 선민이라는 우월감에 의해 배타적 민족주의(Chauvinism)와 우상숭배로 타락해 이들을 통해 열방을 구원하려 하신 하나님의 뜻을 성취하지 못하고 결국 두 왕국은 앗시리아와 바벨론에 멸망당하고 말았다. 이때 하나님이 예레미야 선지자를 시켜 "새 언약"을 선포하게 하셨다(렘 31:31-40). "새 언약"의 핵심은 성령의 역사에 의한 내적 소생이다. 즉 하나님의 율법이 내면적으로 기록되는(The internalized inscription of the Law of God) 것이다(렘 31:33).[37] 그 후 하나님은 400년이라는 긴 침묵끝에 예수 그리스도를 이 세상에 보내셨고, 예수 그리스도께서는 "내가…나의 교회(에클레시아, ἐκκλησία)를 세우리니"라고 하셨다(마 16:18). 이 교회는 새로운 신앙공동체로서 예수를 하나님의 아들로 믿고 그리스도로 영접함으로 거듭난 자에게만 침례를 주게 하였으며, 또 거듭나고 침례를 받은 성도들만으로 구성된 신약교회에게 세계선교를 수

---

37) O. Palmer, Robertson, 김의원 역, 「계약신학과 그리스도」, PP. 274-303.

행할 사명을 부여한 것이다. 그리하여 이 교회에 성령으로 침례를 주시고(행 1:5), 성도들 마음속에 성령이 내주하셨으며(요 14:17), 성령으로 인치시고(고후 1:21-22; 엡 1:13; 4:30), 성령의 권능을 부어주신 것이다(행 1:8). 따라서 할례는 "예수 언약" 곧 "새 언약"에 의해 폐지되었다(행 10:44-48; 15:8-9).

결론적으로 구약교회와 신약교회가 다른 점은 첫째로, 구약교회는 구원의 단위가 가족적이며 민족적인 반면에, 신약교회는 구원의 단위가 개인적이며 세계적이다. 둘째로, 구약교회는 국가와 통합된 국가교회(State Church)인 점에 반하여 신약교회는 국가와 분립된 자유교회(Free Church)이다. 따라서 할례와 침례가 근본적으로 다른 점은 (1) 할례는 국가적으로 이스라엘 민족의 표시로서 신자와 불신자 모두에게 주는 것이었으나, 침례는 예수를 믿고 거듭난 자에게만 주는 점이 다르다. (2) 할례는 아브라함의 혈통을 따라 이스라엘 민족의 남자에게만 주어졌지만, 침례는 거듭난 자라면 모든 민족과 남녀노소를 막론하고 누구에게나 주는 점이 다르다. (3) 침례는 할례와 관계가 있는 것이 아니고, 오히려 "성령을 따라 마음에 받는 할례" 곧 성령으로 인(印)침을 받는 중생(重生)과 관계가 있는 것이다(고후 1:22; 엡 1:13; 4:30).[38] 그러므로 할례와 세례는 그 내적인 신비적 약속과 가치와 효력이 일치한 것이 아니다.

2) "그리스도인에게서 난 유아들은 직접 언약의 약속자로 태어났으며, 하나님께 받아들여졌으므로 세례를 주어야 한다"에 대한 반론

로마서 2:28-29에 "유대인으로 태어났다고 해서 참 유대인이 아니며, 육체에 할례를 받았다고 해서 참 할례가 아닙니다. 오히려 마음에 참된

---

38) O. Palmer, Robertson, 김의원 역, 「계약신학과 그리스도」, PP. 164-165.

변화를 받은 사람이어야 참 유대인이며, 기록된 율법이 아닌 성령님에 의한 마음의 할례가 진정한 할례입니다."(현대인의 성경)라고 했고, 또 "마음의 할례"를 "손으로 하지 아니한 할례", 혹은 "그리스도의 할례"(골 2:11)라고 했다. 즉 성령의 인침(고후 1:22; 엡 1:13; 4:30)을 받은 것을 진정한 할례라고 했으며, 이 진정한 할례를 받은 자들을 참 유대인라고 했다.

할례는 선민 이스라엘의 혈통에 따른 상속권에 의해 주어졌지만, 중생은 하나님의 말씀과 성령에 의해 이루어지는 것이며(요 5:3), 침례는 중생한 사람에게 주는 것이지, 혈통적 상속권에 의해 주어지는 것이 아니다. 그래서 요한은 "이는 혈통으로나 육정으로나 사람의 뜻으로 나지 아니하고 오직 하나님께로서 난 자들이니라"(요 1:13)고 했다. 새 언약은 개개인의 믿음에 근거한다.

로마서 4:11에 "아브라함은 할례를 받기 전에 이미 믿음으로 의롭다는 인정을 받은 표로서 후에 할례를 받았습니다."(현대인의 성경)라고 했다. 따라서 침례도 믿음으로 의롭다고 인정을 받은 사람에게 그 징표로 주어야 한다. 그런고로 믿음으로 칭의(稱義, Justification)를 받았다는 자신의 신앙고백도 없고, 또 할 수도 없는 유아들에게 "그리스도인의 자녀로 태어났다"는 이유 때문에 세례를 주어 장차 믿음으로 칭의(稱義)를 받게 될 것이라고 가정(假定)하는 것은 어디까지나 사람의 생각이지 성경의 가르침이 아니다.

3) "세례를 받은 어린이들 안에서 성령이 역사하기 때문이다"에 대한 반론
첫째로, 칼빈(Calvin)의 구원론에 의하면 하나님의 주권적 선택을 받은 사람은 불가항력적 은총(不可抗力積 恩寵, Irresistible Grace)에 의해 성령님의 내적 부르심(Inward Calling) 즉 효과적 부르심(Effectual Calling)을 받게 되고, 또 복음을 접할 때 말씀과 성령의 능력에 의하여 믿음을 선물로 받아 죄를 회개하고, 예수 그리스도를 구세주로 영접함으로 중생하게 되어 칭의(稱義)를 받게 된다고 했다. 그렇다면 택함을 받은 어린이들은 하나님의 예정하신 때가 되면 그때에 하나님의 선행적 은총에 의해 성령님의 내적 부르심(Inward Calling)의 역사를 받게 될 것인데, 왜 미리 유아들에게 인위적(人爲的)으로 세례를 주려고 하는지 알 수 없다. 둘째로, 칼빈(Calvin)이 "세례를 받은 어린이들 안에서 성령이 역사하시기 때문이다"라고 한 사상은 가톨릭교회가 "세례가 성화(개신교가 말하는 칭의)를 시키는 은혜를 주입한다"[39]고 하는 사상과 루터(Luther)가 "세례를 통해 하나님에게 바쳐진 아이들은 하나님의 은총 가운데 참여하게 된다"[40]고 한 말과 매우 같은 사상으로서 세례가 중생을 주입한다는 세례중생설(洗禮重生說, Theory of Baptismal Regeneration)과 무관하다고 할 수 없다. 여하간 유아세례는 세례중생설에 근거하여 생긴 것임을 명심해야 한다.

3. 유아세례의 근거로 제시한 성구에 대하여

1) **예수가 어린이들을 환영하시고 축복하신 것과 유아세례:** 유아세례를 주장하는 사람들은 예수님이 어린이들을 환영하고 축복하신 일(마 18:3; 19: 13-15; 막 10:13-16; 눅 18:15-17)에 근거하여 유아들에게 세례를 주어야 한다고 주장한다. 칼빈은 「기독교 강요」, 제16장, 7-9절에서 그리스도께서 어린이들을 불러 축복하셨으므로 우리는 그들을 세례의 표징과 은혜에서

---

39) Berkhof, 「벌코프 조직신학 下」, P. 889.
40) Theodore G. Tappert ed., *The Book of Concord*, "the Augsburg Confession", IX Baptism, P. 33.

제외해서는 안 된다고 했다. 이에 포겔(H. Vogel)과 존 머리(John Murray)도 동조하고 있다.[41] 그러나 본문을 잘 살펴보면 "그 어린 아이들을 안고 저희 위에 안수하시고 축복하시니라"(막 10:16)고 기록되어 있다. 그런데 이 말씀에 근거하거나 확대해석하여 어린이에게 세례를 주어야 한다는 주장은 성립될 수 없다. 오히려 유아세례보다 헌아식에 대한 성서적 근거가 된다고 본다.[42] 그리고 마태복음 18:3에 "진실로 너희에게 이르노니 너희가 돌이켜 어린 아이들과 같이 되지 아니하면 결단코 천국에 들어가지 못하리라"라고 하셨고, 또 "천국이 이런 자의 것이니라"(마 19:14; 막 10:14; 눅 18:16)고 하셨으니 죄를 모르고 믿음이 무엇인지 이해하지 못하는 유아들은 그리스도의 말씀대로 조건 없이 천국에 들어간다는 것을 믿어야 한다. 다윗도 그렇게 믿었다(삼하 12:23). 만일 유아에게 침례가 필요했다면 예수님께서 안수와 축복 대신에 침례를 주었을 것이다.

2) 그 집(행 16:15)과 그 권속(행 16:33)에 유아세례가 포함되었는가?: 요아킴 에레미아스는 루디아의 집과 빌립보 감옥의 간수장의 권속들이 침례를 받았을 때 가족 중에서 어떠한 사람도 제외되지 않았을 것으로 보고 그때 유아들에게 침례를 주었다고 주장한다.[43] 그리고 비즐리-머리 역시 그때 어린이가 있었다면 유대교의 할례와 헬라적 제의(祭儀)의 수용이라는 유추(類推)로 그들은 분명히 세례를 받았을 것이라고 했다.[44] 이에 대한 반론은 다음과 같다. (1) 칼 바르트는 "그 권속"(행 16:33)에 유아세례가 포함될 수 없는 이유로, 본문에 "온 집이 하나님을 믿었으므로 크게 기뻐하니라"

---

41) 성결교회와 역사연구소 편, 「유아세례 다시보기」, PP. 129-130.
42) Ibid., P. 130.
43) Ibid., P. 77.
44) C. R. Beasley-Murray, PP. 312-313; 성결교회와 역사연구소 편, 「유아세례 다시보기」, P. 132.

고 했으니, 유아가 말씀을 들을 수 없었고, 또 하나님을 믿고, 기뻐할 수 없기 때문이라고 반박했다.[45] (2) 가족뿐만 아니라 종들까지도 가장의 결정에 수동적으로 따른다는 "가족의 일체성 개념"(The Idea of Solidarity)에 의해 루디아 집(행 16:15)의 유아들이 유아세례를 받았다고 한다면, 그 집의 종들까지 모두 침례를 받았다고 보아야 한다. 그러나 빌레몬서를 보면 빌레몬이 사도바울을 돕기 위해 그의 신복(臣僕) 오네시모를 로마로 보냈을 때는 오네시모가 불신자였으나 사도바울로부터 복음을 받아 거듭난 것임을 말해 주고 있다. 이에 따르면 오네시모가 가부장의 권한이 막강한 그 시대에 주인 빌레몬을 따라 신앙을 받아들이지 아니했다면 "가족의 일체성 개념"에 따라 "그 집의 유아들까지 침례를 받았다"는 주장은 단순한 추측일 뿐이다. 오히려 루디아 집(행 16:15)의 경우는 침례가 그리스도를 고백적으로 받아들이는 신앙의 결단에 근거했음을 더 분명히 해주고 있다.[46] (3) "새 언약"에 있어서 구원은 개인적 신앙의 결단에 있다는 점을 주님께서 친히 다음과 같이 말씀하셨다. "무릇 내게 오는 자가 자기 부모와 처자와 형제와 자매와 및 자기 목숨까지 미워하지 아니하면 능히 나의 제자가 되지 못하고"(눅 14:26). "이후부터 한 집에 다섯 사람이 있어 분쟁하되 셋이 둘과, 둘이 셋과 하리니 아비가 아들과, 아들이 아비와, 어미가 딸과, 딸이 어미와, 시어미가 며느리와, 며느리가 시어미와 분쟁하리라 하시니라"(눅 12: 52-53). (4) "주 예수를 믿으라 그리하면 너와 네 집이 구원을 얻으리라"(행 16: 31)는 말씀의 뜻에 대하여는 "주 예수를 믿으라. 그러면 네가 구원을 받을 것이다. 그리고 너의 가족도 동일한 방법으로 구원을 받을 수 있다. 즉 가족들에게도 동일한 길이 열려져 있다는 뜻이다"라고 한 알포드

---

[45] C. K. Barrett, *Acts a shorter Commentary* (T&T Clark, 2002), P. 256; 성결교회와 역사연구소 편, 「유아세례 다시보기」, P. 78.
[46] 성결교회와 역사연구소 편, 「유아세례 다시보기」, PP. 106-118.

(Alford)의 해석이 정당하다.[47]

  3) **고린도전서 7:14과 유아세례**: 본문 "믿지 아니하는 남편이 아내로 인하여 거룩하게 되고 믿지 아니하는 아내가 남편으로 인하여 거룩하게 되나니 그렇지 아니하면 너희 자녀도 깨끗지 못하니라 그러나 이제 거룩하니라"에 대하여 유아세례 옹호자들은 그리스도인의 자녀는 이미 거룩하므로 그들에게 세례를 주어 교회회원이 되게 해야 한다고 주장한다. 그리고 이 구절이 부모 가운데 한쪽 만이라도 믿는 부모가 자녀의 세례에 대한 정당성을 확보해 준다고 해석한다. 이에 대한 반론은 이러하다. (1) 만일 이런 주장을 하게 되면 이 구절은 부모가 세례를 받으면 그 세례의 효력이 자녀에게까지 미친다는 뜻으로 해석하게 된다. (2) 이 구절은 한 그리스도인 부인이 불신 남편을 떠나야 하나? 불신자와의 결혼 자체가 불결한 것인가? 등에 대하여 바울이 "아니오"라고 하면서 그 관계는 하나님의 관점에서 신성화되고 그 자녀도 불결하거나 불법이 아니라는 것을 말히는 것이다.[48] 그런고로 이 성경구절에서 유아세례의 근거를 찾는 것은 타당하지 못하다.

4. 유아세례와 교회회원권에 대하여

  1) 칼빈은 「기독교 강요」, 제16장, 22절에서 예수께서 어린들을 천국의 상속자라고 부르셨으니(마 9:14) 그들은 당연히 교회의 일부로 인정되어야 한다고 했다. 그리고 츠빙글리는 유아세례를 공동체에 대한 동맹과 그 회원권을 증명하는 것이어서 유아세례는 유아가 그 공동체에 소속되었음을

---

47) C. R. Beasley-Murray, P. 319; Alford's *Greek Testament*, vol. II, 7th ed. 1899, P. 184.
48) Brian Russell, P. 64; 성결교회와 역사연구소 편, 「유아세례 다시보기」, P. 85.

증명하는 것으로 보았다.[49] 츠빙글리는 국가(State)와 교회(Church)를 사실상 동일하게 보았으므로 성례전은 단지 교회에 대한 충성심을 나타낼 뿐만 아니라 도시공동체 즉 취리히 도시에 대한 충성을 나타내는 것으로 보았다. 따라서 유아가 세례 받는 일을 허용치 않는 것은 바로 취리히 도시공동체에 대한 불충의 행위로 보았다. 그리하여 유아세례를 거부한 시민들은 추방을 했고, 유아세례를 반대한 그의 제자들이었던 재침례교도들의 지도자들을 반역자, 분열자, 이단자로 취리히 시정부에 고발하여 처형하게 했던 것이다.[50] 루터교파의 신학자 하인리히 포겔(Heinrich Vogel)은 "유아세례가 원죄의 결과를 제거하여 구원케 하는 하나님의 명령이라고 생각지 않는 사람은…국가교회의 연합을 위협하는 것이다"라고 주장했다.[51] 이에 대한 반론은 다음과 같다.

2) 자유교회(Free Church)와 신자의 침례(Believer's Baptism)가 불가분(不可分)의 관계처럼 국가교회는 그 나라 백성이면 누구나 교회의 회원이 되어야 하기 때문에 유아세례를 필요로 한다. 이러한 현상은 콘스탄틴이 기독교를 로마제국의 국교로 만든 이후 더욱 보편화된 것이다.[52] 이에 대하여 칼 바르트(Karl Barth)의 아들 마르쿠스 바르트(Markus Barth)는 "고대교회의 성례주의(Sacramentalism)가 유아세례를 성공시켰으며, 유아세례는 국가교회와 더불어 왕관을 쓰게 된 것이다"라고 말했다.[53]

---

49) 성결교회와 역사연구소 편, 「유아세례 다시보기」, P. 218; Alister E. McGrath, *Reformation Thought: Introduction* (Oxford: Blackwell Publishers, 1993), P. 179.
50) 성결교회와 역사연구소 편, 「유아세례 다시보기」, P. 218; Alister E. McGrath, P. 178.
51) Heinrich Vogel, *Das Wott und die Sakramente* (Munich: Christian Kaiser Verlag, 1936), PP. 17-22.
52) William R. Estep; 정수영 역, 「재침례교도의 역사」, P. 275.
53) Dale Moody, Baptism: *Foundation for Christian Unity* (Philadelphia: Westminster Press, 1967), P. 647 passim.

3) 침례교인들은 에반스(P. W. Evans)가 "침례에 복합적으로 담겨 있는 개념: 믿음, 회개, 중생, 성령의 은사, 교회입문, 그리스도와의 연합 등을 수행할 수 없는 유아들에게 침례를 주거나 교회회원권을 주는 것은 불가능하다."[54]는 주장에 동의한다. 그리고 그리스도인의 어린이들이 예수를 영접하지 못했다 하더라도 악한 세상의 통치를 받고 있다고 보지 아니하며(요일 5:19), 가정과 교회를 통해 하나님의 특별한 돌보심 아래 있다고 믿는다. 따라서 가정과 교회는 어린이들에게 하나님의 은혜를 알 수 있는 기회를 제공해 줄 책임이 있고, 어린이는 예배에 참석할 권리가 있다. 에베소서 6:4의 말씀처럼 믿는 부모와 교회는 어린이들을 "오직 주의 교양과 훈계로 양육하라"는 말씀을 이행할 책임이 있다고 믿는다.[55]

5. 유아세례와 영적 유익에 대하여

칼빈과 개혁교파는 유아세례가 유아 자신과 그 부모에게 영적 유익을 준다고 믿고 있다. (1) 그 부모에게 그들의 어린이가 축복의 서약에 동참하였다는 확신을 주며, (2) 그 어린이들에게는 자라감에 따라 풍요한 위로의 근원이 되고, (3) 무의식적인 상태에서도 서약의 모든 축복을 받을 자라는 칭호를 준다는 확신을 부모들이 갖게 하는 유익이 있으므로 유아에게 세례를 주어야 한다고 주장한다. 그러나 "유아세례의 영적 유익론"은 유아세례를 받은 어린이가 세례 전에 중생되는가? 세례 받는 중에 중생하는가? 혹은 세례 후 오래 있다가 중생하게 되는가? 하는 문제에 대하여 대답을 하지 못하고 있다.[56] 또 이러한 주장은 오늘날 선교현장에서도 발

---

54) Percy W. Evans, *In Infant Baptism To-day* (Birmingham: Berean Press, 1948), PP. 26-36 in Moody, Baptism, P. 246.
55) G. R. Beasly-Murray, "Chidren and Church", *Children and Conversion*, ed. Clifford Ingle (Nashville: Broadman Press, 1970), PP. 133, 135; William B. Coble, "Problems Related to New Testament Teachings", *Children and Conversion*, P. 68.

견할 수 있으나 어디까지나 성경말씀에 근거한 주장은 아니다.

C. 결론

20세기의 대신학자 칼 바르트(Karl Barth)는 유아세례에 대한 주장을 다음과 같이 비판했다.

> 유아세례에 대해 침례(Baptism)의 교리적 관점에서 볼 때, 유아세례는 성경해석상의 책략이나 실제적인 궤변 없이 유지되기는 불가능하다. 그 반대에 대한 증거는 여전히 나와야만 한다(아직 안 나왔음). 침례에 대한 성경적인 관련구절 밖에 서 있을 때만이 사람들은 이 유아세례를 유지할 수 있을 것이다. 그리고 외부에서 오는 이질적인 근거 위에서만 그것을 방어하는 근거를 찾을 수 있을 것이다.[57]

"옷을 입을 때 첫단추부터 잘 끼워야 한다"는 속담이 있다. 유아세례(Infant Baptism by Pouring or Sprinkling)는 유아침례(Infant Baptism by Immersion)에서 유래되었으며, 유아침례는 이단 교리인 "침례중생설"(Theory of Baptismal Regeneration)에 의하여 조작된 것이다. 그리고 유아세례 신학은 터툴리안(Tertullian)의 성례전의 신비주의와 어거스틴(Augustine)의 원죄론을 보강하여 "오직 믿음에 의한 구원"(Salvation by Faith alone)이라는 신약성

---

56) Berkhof: 신복윤 역, 「기독교교리사」, P. 292.
57) Karl Barth, *The Teaching of the Church Regarding Baptism* tr. by Ernest A. Payne, London: SCM, 1948. P. 49.

경적 구원론에서 빗나간 "성례를 더한 믿음에 의한 구원론"(Theory of Salvation by Faith plus Sacraments)에 근거하고 있는 가톨릭교회의 신학이다. 그런데 "오직 믿음에 의한 구원"을 주장하는 개신교가 가톨릭교회의 유아세례 신학을 따르는 것은 결과적으로 "성례를 더한 믿음에 의한 구원론"을 따르는 것이다. 그리고 유아세례 신학이 교부들과 가톨릭교회에 의하여 1800여 년간, 그리고 일부 개신교에 의하여 500여 년간 그 정당성을 위한 이론이 개발되었다 할지라도 잘못 끼운 첫단추인 "침례구원설"을 떼어 버리고 "믿는 자의 침례"라는 단추로 첫단추를 다시 끼우지 않는 한 그 이론들은 모두 궤변이요, 책략일 수밖에 없다.

제 12 장

[빈번한 논제들에 대한 답변]

　본 장은 침례(浸禮)와 세례(洗禮), 그리고 유아세례에 관한 논쟁이 있을 때마다 흔히 쟁점(爭點)이 되고 있는 논제들을 선별(選別)하여 성경말씀과 바른 신학에 근거한 답변을 기술했다. 그 이유는 첫째, 성경지식이나 신학적 지식이 부족하여 침례와 세례 및 유아세례에 대한 논제들에 대한 정답을 알지 못해 궁금해 하거나, 침수침례에 대해 확신을 갖지 못한 분들을 돕기 위한 것이다. 둘째, 그와 같은 논제들에 대한 질문을 받았을 때 신속히 답변을 할 수 있도록 도움을 주기 위함이다. 셋째, 침례와 세례 및 유아세례에 관하여 설명이나 답변을 할 수 있는 충분한 시간적 여유가 없거나, 논쟁이 가열되어 언쟁이 우려될 때, 본서를 주어 대신 설명과 답변을 하도록 하기 위함이다.

A. 한국어 성경에 "세례"로만 표기되어 온 내력[1]

1. 한국어 신약성경에 표기(標記)되어 있는 "세례"(洗禮)의 원어는 헬라어로 "밥티스마"(βάπτισμα)이다. 이 단어는 "물에 잠그다"의 뜻인 동사 "밥티조"(βαπτίζω)의 명사로서 신약성경에 22번 사용되었고, 또 동사 "밥티조"(βαπτίζω)는 81번 사용되었다.[2] 밥티조(βαπτίζω)는 염색공이 옷감을 염색할 때 얼룩지지 않게 그 옷감을 먼저 찬물에 완전히 담근 후, 다시 끓는 물감에 완전히 넣어 염색을 한다는 뜻의 동사로 "물 속에 완전히 잠근다"를 의미한다. 따라서 성경에서 밥티스마(βάπτισμα)나 밥티조(βαπτίζω)는 침례를 집행하는 주례자가 수침자(受浸者)에게 "성부, 성자, 성령의 이름으로 ○○○에게 침례를 주노라" 하고 수침자를 물 속에 완전히 잠근 후 다시 물 위로 끌어 올리는 침수침례(Baptism by Immersion)를 말한다. 이 의식은 예수 그리스도의 "죽음"과 "장사"와 "부활"을 상징하는 것으로 교회가 오직 예수 그리스도를 구세주로 고백한 자들에게만 행하는 것이다.

2. 1882년 로스(John Ross) 선교사와 서상윤 등이 번역 출판한 최초의 우리말 성경, 「예수셩교 누가복음젼서」에는 "밥티스마"(βάπτισμα)를 음역하여 "밥팀네"로 번역하였다. 로스는 1883년 「조선어 신약성서」(Corean New Testament)에서 씻는 의식(세례, washrite)이라는 것은 넌센스(nonsense)이기 때

---

[1] 「A. 한국어 성경에 "세례"로만 표기해 온 내력」중 1항과 6항 외에는 도한호, "펜윅이 우리말 성경에서 사용한 언어의 특성" 침례교신학연구소 편, 「한국 침례교와 신앙의 특성」 (대전: 침례신학대학교 출판부, 2000), PP. 45-73에서 발췌한 것이다.

[2] 1957년 침례신학교 교장 도월태(Ted. H. Dowell) 교수의 "침례교 교리" 강의 Notebook에서; 필자의 조사에 의하면 Robert Young, Analytical Concordance of the Bible, Twenty-second American Edition Revised (Wm. B. Stevenson. New York: Funk and Wagnalls Company, n. d.)와 W. S. Moulton and A. S. Geden, A Concordance to the Greek Testament (Edinburg: T. & T. Clark LTD, 1986)에는 "밥티스마"(βάπτισμα, 침례)가 22번. "밥티조"(βαπτίζω)는 74번으로 나와 있다.

문에 그렇게 번역할 수 없었다고 기록하였다.[3] 그리고 그는 1887년에 최초의 신약성경인 국한문 혼용 「예수성교젼서」를 출판했다.

3. 한국 침례교의 초대 선교사인 펜윅(Malcolm C. Fenwick, 1863-1935년)은 언더우드(Horace G. Underwood) 목사보다 4년 뒤인 1889년 12월 한국에 도착하였으나 이미 1887년에 선교사들로 구성된 성서번역위원회(Committee for Translating the Bible into Korean Language)의 위원으로 역임한 바 있다. 그는 1890년 5월에 모인 "로스 역 개정 위원회"의 요청과 영국성서공회의 지원을 받아 서경조와 함께 요한복음을 국한문 병용(竝用, diglot)으로 제작하는 임무를 받았다. 그리하여 그들은 「예수성교젼서」와 「대표위원회역본」 곧 문리역(文理譯) 한문 신약전서를 대본으로 하여 한문 요한복음 아래에 「요안네복음」을 옮기는 작업을 완료했고, 1891년 2월 서울에서 출판되었다. 이 「국한문 병용(竝用, diglot) 요한복음」에도 로스(John Ross)가 누가복음에서 밥티스마($\beta\acute{\alpha}\pi\tau\iota\sigma\mu\alpha$)를 음역하여 "밥팀네"로 번역한 것을 "밥테례"로 표기했었다.

4. 그러나 1893년에 성서번역위원회(Committee for Translating the Bible into Korean Language)가 상임성서실행위원회(Permanent Executive Bible Committee)로 개편하면서 6명 이상의 선교사를 갖고 있는 선교회만이 위원이 될 수 있다는 규정을 신설하여 개인재단에 의해 독립선교사로 온 침례교파 펜윅(Malcolm C. Fenwick) 선교사를 상임성서실행위원회(Permanent Executive Bible Committee)의 위원이 될 수 없게 한 것이다. 이러한 결정은 성경을 한국어로 번역함에 있어서 더 이상 "밥티스마"($\beta\acute{\alpha}\pi\tau\iota\sigma\mu\alpha$)를 음역하여 "밥팀

---

3) 리진호 저, 「한국성서백년사 I」 (서울: 대한기독교서회, 1996), PP. 444-445.

네"나 "밥테레"로 표기하는 것을 막고, 대신에 "세례"(洗禮)를 넣기 위함이었다.

5. 그 후 상임성서실행위원회(Permanent Executive Bible Committee)는 1900년에 대한성서공회를 통해 「국한문 신약성경」을 간행했고, 1910년에는 「구약」을 완역해 이를 합해 1911년에 「성경전서」를 출판했다. 그리고 1938년에는 이를 개정하여 「성경개역」이라 하였으며, 또다시 1952년, 1956년, 1961년에 개정을 거듭하여 오늘의 「개역한글」 성경과 「貫珠 성경전서 簡易 國漢文 한글」판이 되었다. 물론 이 성경에는 "밥티스마"(βάπτισμα)나 "밥티조"(βαπτίζω)가 "세례"나 "세례를 주다"로 표기(標記)되었다.

6. "밥티스마"(βάπτισμα)나 "밥티조"(βαπτίζω)를 "세례"나 "세례를 주다"로 표기한 이 성경은 다른 번역본이 나오기 시작한 1977년까지 대한성서공회의 공인을 받은 유일한 한국어 성경으로서 지난 100여 년 동안 한국인들에게 읽혀져 온 까닭에 대부분의 한국인들은 "세례"가 원문(原文, Original text)이며, 원형(原形, Original)인 것으로 잘못 알게 된 것이다. 그래서 "침례"라는 말을 오히려 비성서적인 것으로 알고 혹자는 "성경에 '세례'로 되어 있는데 왜 성경에 없는 '침례'를 주장하느냐"고 한다. 이를 두고 주객(主客)이 전도(顚倒)된 현상이라 아니 할 수 없다.

7. 한편 펜윅(Malcolm C. Fenwick) 선교사는 단독으로 1915년에 소위 「원산역본」인 순 한글판 신약전서의 번역을 마쳤으나 출판비용 문제로 1919년에 가서야 일본 요꼬하마 후쿠잉 인쇄합작 회사에서 출판을 하였고, 또

1938년에 이 성경의 개정판을 펴냈다. 당연히 이 성경은 "밥티스마" (βάπτισμα)를 침례(浸禮)로 표기한 것으로 한국 최초의 침례교가 단독으로 출판한 성경이 되었다.

8. 대한성서공회(大韓聖書公會, Korean Bible Society)는 1977년에 와서야 「공동번역」을 출판하면서 "세례"의 난하주(foot note)에 "침례라고도 한다"라고 했고, 1986년에는 침례교단의 요청으로 "침례"를 표기한 성경을 처음으로 출판했다. 또 1990년에는 "말씀보존학회"가 "침례"를 표기한 「새 성경」을 펴내었다. 그리고 1993년 대한성서공회가 출판한 「표준새번역」에는 "침례"라고 표기한 난하주를, 1998년의 「개역개정」판에는 난하주에 "헬, 침례"로 표기했다.

9. 한국어 성경에 "밥티스마"(βάπτισμα)를 "세례"(洗禮)로 표기하는데 가장 많은 영향을 미쳤던 성경은 영국장로교회의 중국 주재 선교사 모리슨(Robert Morrison, 馬禮遜, 1783-1834년)이 대영성서공회의 후원으로 1839년과 1856년에 각각 개정되어 출판된 한문성경(漢文聖經)이다. 이 성경을 "문리역"(文理譯) 또는 "대표위원역"(Delegate Bible)이라고도 한다. 이 성경은 "밥티스마"(βάπτισμα)를 "세례"(洗禮)로 표기한 것으로 조선의 동지사(冬至使)들과 선교사들을 통해 쉽게 한국에 보급되어 한국의 성경번역에 커다란 영향을 끼쳐왔다.

10. 일본 요꼬하마 주재 개신교 선교사들은 1873년 "밥티스마"(βάπτισμα)의 번역 문제로 의견이 상충되자 침례도 세례도 아닌 원문 "밥티스마"(βάπτισμα)의 음을 따서 번역하기로 결정을 보아, 일본어 성경은 "밥

티스마"(パプテスマ)로 표기되어 왔었다. 매우 공평(公平)한 결정이었다고 생각한다. 그러나 지금은 일본도 "洗禮, 혹은 パプテスマ"로 표기하는 새로운 번역본이 나오기도 했다.

B. 하루에 삼천 명에게 침례를 줄 수 있었을까?

세례를 주장하는 사람들 중에는 오순절날 베드로의 설교를 듣고 "그 말을 받는 사람들은 침례를 받으매 이 날에 제자의 수가 삼천이나 더하더라"(행 2:41)고 하신 말씀에 대해 "어떻게 하루에 삼천 명에게 침례를 줄 수 있었을까?" 하며 그 기록된 말씀을 의심하는 사람들이 많다. 이러한 의심은 무엇보다 "성례전은 어떠한 형편을 막론하고 평신도가 집례할 수 없고, 반드시 하나님의 사역자로 부르심을 받은 목사에 의해서 집례되어야 한다"[4]는 오늘날의 교회의 관례나 규정에 준하여 오순절 당시 상황을 해석한 까닭에 생긴 것으로 본다. 그러나 오순절날 베드로만 침례를 집례했다고 생각하면 안 된다. 그 당시는 집사 빌립이 에디오피아 간다게 여왕의 내시에게 침례를 준 것을 보면 12사도들과 7집사들뿐만 아니라 120문도들 중에서도 집례자로 동원되었을 가능성도 있고, 또 침례를 먼저 받은 신자들까지 침례를 주는 일에 참여케 했을 가능성을 감안한다면, 3,000명뿐만 아니라 5,000명까지도 가능했을 것으로 본다. 침례교회는 교회의식을 담임목사가 집례하는 것을 원칙으로 하되 부득이한 경우에는 "전 신

---

4) 대한예수교장로회 헌법 제10장(성례전), 제3항에 "성례전은 어떠한 형편을 막론하고 평신도가 집례할 수 없고, 반드시 목사에 의해서 집례되어야 한다"고 되어 있다. "우주적 교회"(Universal Church)와 "성직자의 목회사역"(The Set-apart Ministry)을 주장하는 교파들(가톨릭교, 성공회, 루터교파, 장로교파, 감리교파)은 이와 같이 성례를 성직자들만이 집례하도록 규제하고 있다.

자의 제사장직분"(The Preisthood of all Believers)과 "전 신자의 봉사사역"(The Ministry of All Believers)이라는 신약성서의 교리에 입각해 교회가 선임한 사람으로 하여금 담임목사의 직무를 대행할 수 있도록 하고 있다.

C. "'밥티조'(βαπτίζω)에 '씻다'의 의미도 있다" 에 대하여

개혁교파 신학자 루이스 벌코프(Louis Berkhof)는 그의 저서 「벌코프 조직신학 下」(권수경, 이상원 옮김, 서울: 크리스챤 다이제스트, 2000) PP. 890-894에서 "'밥토'(βάπτω), '밥티조'(βαπτίζω)에 '씻다', '목욕하다', '씻음으로 정결케 하다' 등과 같은 다른 의미들이 있음이 명백하므로 물로 씻는다는 세례의 방법도 합당하다"라고 주장했다.[5]

〈답변〉

1. 헬라어에 물을 뿌린다(sprinkle)는 "란티조"(ραντίζω)라는 단어가 신약성경에 24번 사용되었지만 한 번도 세례(Baptism by Sprinkling)의 의미로 사용된 적이 없고, 그리고 붓다(pour), 쏟아내다(pour out)의 뜻인 "케오"(χέω)가 신약성경에 24번이나 사용되었지만 그것 역시 사람에게 물을 부어주는 관수례(Baptism by Pouring)를 준다는 뜻으로 쓰인 적이 없다. 정결케 하다, 성결케 하다(cleanse, purify), 깨끗하게 한다(make clean, cleanse, purify)는 단어 "카다리조"(καθαρίζω)는 신약성경에 30번, 씻는다(wash)고 하는 "닙토"(νίπτω)는 17번, 목욕한다(bathe)는 단어 "루오"(λουώ)는 6번이나 사용되었지

---

[5] Louis Berkhof, *Systematic Theology* (Wm B. Eerdmans Publishing Co. 1941), 「벌코프 조직신학 下」, 권수경, 이상원 옮김 (서울: 크리스챤 다이제스트, 2000), PP. 890-894.

만 한 번도 침례에 관계되는 문장에나 단어에 이런 단어를 사용한 적이 없다.[6] 다만 침수침례의 뜻으로 "물 속에 잠김"(immersion)의 뜻인 명사 "밥티스마"(βάπτισμα)가 22번 사용되었고, "침수침례를 준다"는 뜻으로 동사형 "밥티조"(βαπτίζω)가 81번이나 사용되었다. 만일 침례가 물로 죄를 씻는다는 뜻을 상징한다면 "닢토"(νίπτω)라는 단어를 사용했을 것이고, 피를 뿌린다는 뜻을 상징한다면 "카다리조"(καθαρίζω)를 사용했을 것이다.

2. 그런데 "밥토"(βάπτω), "밥티조"(βαπτίζω)의 제2의 의미나 제3의 의미에 "씻다, 목욕하다, 씻음으로 정결케 하다" 등과 같은 다른 의미들이 있다 하여 로마서 6:1-11에 침례(浸禮)라는 실체(實體)가 "물 속에 잠기는 것"으로 분명히 설명하고 있는데도 불구하고, "밥티스마"(βάπτισμα)나 "밥티조"(βαπτίζω)를 물을 뿌리는 세례(洗禮, Baptism by Sprinkling)로 번역하여 "물로 씻는다는 세례의 방법도 합당하다"는 주장은 어원학(Etymology)적으로나 성경해석학적으로 볼 때 어불성설(語不成說)이 아닐 수 없다.

3. 그리고 마가복음 7:4에서는 잔이나 단지 및 놋그릇을 "씻는" 뜻으로 "밥티스모우스"(βαπτισμοῖς)가 사용되었고, 누가복음 11:38에서는 손을 "씻다"의 뜻으로 "헤밥티스데"(ἐβαπτίσθη)가 사용되었으며, 히브리서 9:10에서는 "몸을 씻는다"는 의미로 "밥티모이스"(βαπτιμοῖς)가 사용된 것은 어디까지나 제전적(祭典的) 씻음(ceremony washing)을 설명하는 것이지 침례(Baptism)와는 관계가 없다. 그런고로 "밥티조"(βαπτίζω)에 "씻다", "목욕하다", "씻음으로 정결케 하다" 등과 같은 다른 의미들이 있음이 명백하므

---

6) Stanley Edwin, Anderson, *Your Baptism is Important*. Edinburgh: Marshall, Morgan & Scott, 1960; 이요한 역, 「침례의 중요성」 (서울: 침례회출판사, 1974), PP. 186 & 196.

로 물로 씻는다는 세례의 방법도 합당하다"라고 한 벌코프(Louis Berkhof)의 주장은 타당성이 없다.

D. "결례는 세례가 더 반영한다"에 대하여

이상근 박사는 그의 저서 「신약주해 마태복음」 68쪽에서 "밥티조"(βαπτίζω)의 낱말에는 대체로 세 가지 용법이 있었다. (1) 원칙적으로 '잠근다'는 뜻으로 고전 그릭(Greek)과 구약 70인역에도 많이 보이는 말이다. (2) 씻는다(물로)는 뜻으로 신약에서 자주 사용되어 있다(막 7:4; 눅 11:38; 딛 3:5 등). (3) 비유적으로 '거리에 백성이 쇄도한다.' (Josephus, iv, 3:3), '전신에 충만하다' (마 3:11)는 뜻으로 사용되어 있다(마 10:38 '고난의 세례' 도 참조). 이와 같은 어휘적 배경은 이 낱말이 '세례' 또는 '침례'의 양 길로 번역할 수 있음을 표시한다. 그 뜻으로 볼 때 그리스도와 같이 죽고 같이 사는 진리는 침례가 더 반영되고, 구약의 제사법전에서 결례의 피를 뿌린 것이나(레 14:7), 속죄의 피(레 16:14-15) 또는 물을 뿌린(민 8:7) 사실은 세례가 더 반영하는 듯하다"라고 했다.

〈답변〉

1. "밥티조"(βαπτίζω)의 낱말에 대하여는 이미 「A, 1」과 「C, 1-2」에서 설명했고, "밥티조"(βαπτίζω)가 "(2) 씻는다(물로)는 뜻으로 신약에서 자주 사용되고 있다(막 7:4; 눅 11:38; 딛 3:5 등)"고 했는데, 마가복음 7:4; 누가복음 11:38; 히브리서 9:10 등과 같은 용법에 대해서도 「C, 3」에서 이미 제전적

(祭典的) 씻음 (ceremony washing)을 설명하는 것이지 침례(Baptism)와는 관계가 없다는 것을 설명했다. 그리고 "(3) 비유적으로 '거리에 백성이 쇄도한다' (Josephus, iv, 3:3), '전신에 충만하다' (마 3:11)는 뜻으로 사용되어 있다(마 10:38 '고난의 세례'도 참조)"라고 했는데, 이 용법 역시 침례나 세례와 관계가 없는 것들이다.

2. 문제는 "밥티조"(βαπτίζω)의 낱말이 "(1) 원칙적으로 '잠근다'는 뜻으로 고전 그릭(Greek)과 구약 70인역에도 많이 보이는 말이다"라고 하면서, "(3)…이와 같은 어휘적 배경은 이 낱말이 '세례' 또는 '침례'의 양 길로 번역할 수 있음을 표시한다"고 한 점이다. 이상근 박사는 한국의 대신학자로서 신약성경에 "물 속에 잠김"(immersion)의 뜻인 명사 "밥티스마"(βάπτισμα)가 침례의 뜻으로 22번 사용되었고, "침수침례를 행한다"는 뜻으로 동사형 "밥티조"(βαπτίζω)가 81번이나 사용되었다는 사실과 "밥티조"(βαπτίζω)가 "세례"의 의미로 한 번도 사용된 적이 없다는 사실을 잘 알면서 "이 낱말이 '세례' 또는 '침례'의 양 길로 번역할 수 있음을 표시한다"고 한 주장은 억지 해석이며, 헬라어를 잘 아는 신학자로서 해서는 안 될 말이라고 생각한다.

3. "그 뜻으로 볼 때 그리스도와 같이 죽고 같이 사는 진리는 침례가 더 반영되고, 구약의 제사법전에서 결례의 피를 뿌린 것이나(레 14:7), 속죄의 피(레 16:14-15) 또는 물을 뿌린(민 8:7) 사실은 세례가 더 반영하는 듯하다"고 말했는데, 침수침례(浸水浸禮, Baptism by Immersion)의 주된 목적이 복음의 핵심인 그리스도의 "죽음"과 "장사" 그리고 만유의 머리 되시는 그리스도의 권능과 영광과 위엄의 승리인 "부활"을 상징하며 선포하는 데 있다. 물론

제2의 의미로 그리스도의 피로 죄 씻음의 뜻이 내포되어 있지만, 침례는 기독교의 복음 그 자체를 의미하는 것이다. 그런고로 복음을 설명할 수 없고, 기독교의 특징인 부활을 선포할 수 없는 세례는 침수침례와 같을 수도 없고 대신할 수도 없다.

E. "침례나 세례가 구원의 조건이 아니다"에 대하여

세례를 주장하는 목회자들과 침례의 정당성에 대한 논쟁을 하게 되면 흔히 그들은 "(1) 침례나 세례가 기독교의 본질인 구속(救贖)의 조건도 아니고, (2) 성경 전체를 놓고 보면 침례와 세례는 지엽적(枝葉的)인 것이며, (3) 어느 한쪽만 지나치게 강조하면 성경 전체의 뜻을 놓칠 수 있으니, (4) 침례와 세례를 함께 인정하고 수용하는 것이 원만하다"라고 한다. 보편적인 인간의 생각으로 그 말을 들으면 중도적(中道的) 입장에서 매우 공평하고 원만하며 합리적인 생각이라고 여겨진다. 그러나 성경말씀에 비추어보면 이러한 말이 극히 인간적 생각에서 나온 것으로 비성경적 사상임을 바로 알수 있다. 이에 대하여 (1), (2), (3), (4)로 나누어 성경말씀에 근거하여 먼저 아래와 같이 "(1) 침례나 세례가 기독교의 본질인 구속(救贖)의 조건도 아니고"에 대한 답변을 한다.

1. 유아의 머리에 물을 붓는 유아관수례(幼兒灌水禮, Infant Baptism by Pouring)는 "침례가 중생을 주입한다"는 고대 교부들이 주장한 "세례중생설"(Theory of Baptismal Regeneration)에 근거하여 생긴 것이다. 즉 유아들이 홍역(紅疫)이나 다른 질병으로 죽기 전에 미리 침례를 주어 중생을 확보(確

(保)해 놓아야 한다는 인간적인 발상(發想)에 의해 만들어진 제도다.

2. 관수례(灌水禮, Affusion)는 유아들에게나 위독한 병약자에게 죽기 직전에 중생(重生)을 주입(注入)해 주기 위해 물 속에 전신을 잠그는 침수침례(Baptism by Immersion)를 행하는 것이 무리하고 불편하다 하여 가톨릭교회가 약식(略式)으로 고안해 만든 것이다.

3. 가톨릭교회는 지금도 성례(聖禮)가 신비한 하나님의 은혜의 통로라는 "성례주의 사상"과 세례가 중생을 주입시킨다는 "세례중생설"에 근거하여 유아세례와 성인세례를 행하고 있다("제7장 중세기에 침례가 변질된 과정"- C. 스콜라주의의 세례관을 다시 읽어보라). 그리고 물을 이마에 뿌리는 세례(洗禮, Baptism by Sprinkling)는 가톨릭교회의 관수례(灌水禮, Baptism by Pouring)에서 유래된 것으로 그 형식이 똑같다. 그런고로 관수례와 세례는 이단적 교리인 "세례중생설"과 "성례주의 사상"을 내포하고 있기 때문에 "세례"를 반대한다.

4. "제11장, 유아세례에 대한 고찰"에서 이미 언급한 바와 같이 유아세례는 신약성경이 가르치고 있는 "믿는 자의 침례"(Believer's Baptism)가 아니다. 자신의 신앙고백 없이 부모의 의지에 의하여 받은 유아세례는 "신자의 가족"이라는 조건을 전제하여 주어졌기 때문에 이는 분명히 그 부모의 신앙이 "구원의 조건"이 되는 "세례중생설"에 해당된다. 따라서 침례교인들이 침례가 구원의 조건이라 침례를 강조하는 것이 아니라, 오히려 유아세례가 구원의 조건으로 행해지고 있기 때문에 "믿는 자의 침례"(Believer's Baptism)를 강조하는 것이다.

F. "침례와 세례는 지엽적인 것이다"에 대하여

1. 기독교의 본질이 구속이라면, 구속(救贖)의 본질(本質)은 예수 그리스도의 "십자가의 죽음"과 "장사"와 "부활"이다. 하나님의 구속사역(救贖事役)을 히말라야 산맥(山脈)으로 비유한다면 예수 그리스도의 "십자가의 죽음"과 "장사"와 "부활"은 히말라야 산의 정상(頂上)과 같은 것이라 하겠다. 그런고로 기독교의 본질 중 본질인 복음(福音): 즉 그리스도의 "십자가의 죽음"과 "장사"와 "부활"을 선포하는 복음전달의 매체(媒體)인 침례의식(浸禮儀式)은 성경 전체를 놓고 보면 오히려 중심이요 핵심인 것이다. 그런데 세례교인들이 "성경 전체를 놓고 보면 침례와 세례는 지엽적(枝葉的)인 것이다"라는 사상을 갖고 있는 이유는 침례도 세례의 뜻과 같이 죄를 씻는 것을 상징하고, 거듭난 자의 표징(標徵)이며, 인호(印號)가 되고, 교회의 입교식(入敎式)의 표식 정도로만 생각하고, 침수침례가 케뤼그마(κήρυγμα, 복음선포, proclamation)의 구체적 표현으로서 복음에 대한 메시지(massage)의 핵심이라는 사실을 미처 깨닫지 못하고 있는 까닭으로 본다.

2. 침례교인들은 침수침례를 케뤼그마(κήρυγμα, 복음선포, proclamation)의 구체적 표현으로서 복음에 대한 메시지(massage)의 핵심이며, 중심으로 보는 동시에 예수 그리스도의 "부활의 개가"(고전 15:50-58)와 "구원의 개가"(롬 8:31-39) 그리고 세계선교에 대한 대분부(The Great Commission, 마 28:18-20)를 드라마(Drama)적으로 실연(Demonstration)하는 매개체(媒介體)로 본다. 이보다 더 힘찬 설교가 어디 있으며, 이보다 더 우렁찬 찬송가와 구호가 어디 있는가?[7] 이것이 바로 침례교인과 세례교인이 "침례의식"을 보는 차이점이

---

7) W. F. Flemington, *The New Testament Doctrine of Baptism* (London: S. P. C. K., 1945), P. 49; Stanley Edwin, Anderson, 이요한 역, 「침례의 중요성」, PP. 84-85.

라고 생각한다.

3. 칼빈은 그의 저서 「기독교 강요」 제4권, 제1장, 10항에서 "말씀을 순수하게 전파하며, 그리스도께서 제정하신 성례를 지키는 것을 우리는 교회인지 아닌지를 구별할 수 있는 교회의 표지(標識)로 결정했다"고 했다. 그리고 개혁교파는 교회의 삼대 표지(三大 標識, The Three Marks)를 말씀과 성례를 진정으로 행하고, 권징(勸懲)을 신실하게 시행하는 것이라고 규정하고 있다. 따라서 침례는 참된 교회와 거짓된 교회를 구별하는 중요한 표지(標識) 중의 하나이다. 그런데 어떻게 침례를 지엽적 문제(枝葉的 問題)라고 할 수 있는가?

G. "한쪽만 강조하면 성경 전체의 뜻을 놓칠 수 있다"에 대하여

1. "침례나 세례 중 어느 한쪽만 지나치게 강조하면 성경 전체의 뜻을 놓칠 수 있으니"라고 했는데, 성경 전체의 뜻은 하나님의 구속사역(救贖事役)의 본질(本質)인 예수 그리스도의 "죽음"과 "장사"와 "부활"이다. 침례는 바로 예수 그리스도의 "죽음"과 "장사"와 "부활"을 설명하고 선포하는 복음전달의 매체(媒體)이다. 그런고로 침례를 지나치게 강조하면 성경 전체의 뜻을 놓치는 것이 아니라, 오히려 성경의 핵심인 복음이 더 분명해진다. 그러나 세례는 예수 그리스도의 "죽음"과 "장사"와 "부활"을 상징하는 것이 아니고 "죄를 씻는 것"을 상징하는 것이므로 이를 강조하면 할수록 교인들로 하여금 "세례나 세례에 사용된 물이 죄를 씻는다"는 "성례주의 사상"을 갖게 만들고 또 "세례중생설"(Baptismal Regeneration)의 교리적

오류(誤謬)에 빠지게 할 수 있다.

2. 이상근 박사 역시 그의 저서 「신약주해 마태복음」 68쪽에서 "그러나 그 의식(침례)의 절대성을 고집한다면 본의(本意)를 잃어버린 것이다"라고 했다. 그러나 첫째, 침수침례의 방법과 그 의의(意義)에 대하여 성경말씀(롬 6:3-11)에 구체적으로 명시되어 있고, 그리스도께서 친히 모범으로 침례를 받으셨으며(마 3:13-17), 또 이를 지상명령(至上命令)으로 행하라고 분부하셨기 때문에 침례는 주님이 재림하실 때까지 교회가 행해야 할 의무로서 절대성을 갖는다. 둘째, 침례는 케뤼그마(κήρυγμα)의 구체적 표현이며, 복음의 핵심인 예수 그리스도의 "죽음"과 "장사"와 "부활"을 선포하는 매개체(媒介體)로서 선교의 절대성을 내포하고 있다. 그런데 "침례의식의 절대성을 고집한다면 본의를 잃어버릴 것이라"는 말은 모순이다. 침례교가 선교의 할아버지로 부르는 윌리엄 캐리(William Carey, 1761-1834년)를 배출했고, 또 세계선교의 선봉(先鋒)을 달리고 있는 원인 중의 하나가 바로 침례교회가 케뤼그마(κήρυγμα)의 구체적 표현인 침수침례를 강조함으로 얻은 결과임을 알아야 한다.

H. "침례와 세례를 함께 수용하는 것이 원만하다"에 대하여

1. "침례와 세례를 함께 인정하고 수용하라"는 말은 침례교인에게는 "세례중생설"(洗禮重生說, Theory of Baptismal Regeneration)을 인정하고, 유아세례(Infant Baptism)를 수용하여 중세기 종교개혁(1517년) 이전의 가톨릭교회로 돌아가라는 뜻으로 받아들여진다.

2. "원만하다"는 말은 "성격이나 행동이 모나지 않고 두루 너그럽다"는 뜻인데, 침례와 세례를 함께 인정하고 수용하는 문제는 성격과 행동을 모나지 않게 너그럽게 할 문제가 아니라, 성경말씀에 비추어 분별한 후, "예" 혹은 "아니요"(마 5:37)라 하고 진리를 사수(死守)해야 할 문제다.

I. "어떤 경우에 침례를 다시 받아야 하나?"에 대하여

1. 신약성경에서 침례를 다시 받은 경우

1) 사도행전 19:1-7은 에베소교회 교인들이 침례를 다시 받은 사건으로 성경 중 침례를 다시 받은 유일한 기록이다. 이것은 예루살렘의 "오순절 성령강림" 이후 약 22년경에 있었던 일이다.

○ 사도행전 19:1-7

⑴아볼로가 고린도에 있을 때에 바울이 윗지방으로 다녀 에베소에 와서 어떤 제자들을 만나 ⑵가로되 너희가 믿을 때에 성령을 받았느냐 가로되 아니라 우리는 성령이 있음도 듣지 못하였노라 ⑶바울이 가로되 그러면 너희가 무슨 침례를 받았느냐 대답하되 요한의 침례로라 ⑷바울이 가로되 요한이 회개의 침례를 베풀며 백성에게 말하되 내 뒤에 오시는 이를 믿으라 하였으니 이는 곧 예수라 하거늘 ⑸저희가 듣고 주 예수의 이름으로 침례를 받으니 ⑹바울이 그들에게 안수하매 성령이 그들에게 임하시므로 방언도 하고 예언도 하니 ⑺모두 열두 사람쯤 되니라

2) 사도 바울은 2차 전도여행 마지막에 고린도에서 브리스길라와 아굴

라 부부를 데리고 에베소에 도착하여 그들 부부를 에베소에 머물러 있게 한 후, 배를 타고 가이사랴에 들려 안디옥으로 돌아갔다. 그리고 얼마 후 3차 전도여행을 시작하여 안디옥에서 육로로 갈라디아와 브루기아 땅을 다녀 에베소에 도착했던 것이다(행 18:18-23; 19:1). 그 때 아볼로는 고린도로 떠난 뒤였고, 교인 수가 12명 정도였다고 한다(행 19:7). 이들은 브리스길라와 아굴라 부부를 제외하고, 모두 아볼로의 전도를 받고 성경을 배운 사람들인 것 같다.

3) 우선 여기에서 사도행전 19:1-7의 해석을 돕기 위해 "제2장, 침례요한의 침례"와 "제5장, 그리스도인의 침례"를 다시 한 번 읽어보기 바란다.

4) 사도행전 19:2-7의 해석

(2절) 사도 바울이 그들에게 "너희가 믿을 때에 성령을 받았느냐?"고 물었고, 그들은 "아니라, 우리는 성령이 있음도 듣지 못하였노라"라고 했다.

(3절) 바울이 "그러면 너희가 무슨 침례를 받았느냐?"고 묻자 그들은 "요한의 침례라"고 했다. 그들은 24여 년 전에 예루살렘의 한 다락방에서 일어났던 "오순절 성령강림"의 사건에 대하여 전혀 듣지도 못했고, 또 요한의 침례를 받을 때 요한의 "회개의 침례"가 예수 그리스도가 주실 "성령과 불의 침례"를 받기 위한 것임을 모르고 다만 구약의 결례(潔禮)와 같이 죄를 씻는 의식으로 생각하여 받은 것으로 보인다. 따라서 그들은 예수 그리스도에 대하여 알고는 있었지만, 성령을 받은 체험이 없으니 거듭난 그리스도인이라 할 수 없다. 여하간 오순절의 성령강림이 벌써 22여 년이 지났지만 "믿는 자의 침례"(Believer's Baptism)를 알지도 못하고 있다는 사실은 복음전파의 활동이 얼마나 중요한지를 알려주는 대목이라 아니

할 수 없다.

(4절) "바울이 가로되 요한이 회개의 침례를 베풀며 백성에게 말하되 내 뒤에 오시는 이를 믿으라 하였으니 이는 곧 예수라 하거늘" 이는 요한이 회개의 침례를 베풀면서 예수를 메시아로 증거하고, 그분이 성령과 불로 침례를 베푸실 것을 외친 메시지(message)를 말한다. 그 내용은 요한복음 1:26-27, 마태복음 3:11, 마가복음 1:8, 누가복음 3:16, 요한복음 1:29-34 등에 있다.

(5절) "저희가 듣고 주 예수의 이름으로 침례를 받으니"는 저희가 주 예수를 구세주로 믿고 거듭남으로 하나님 아버지와 성령과 예수의 이름으로 침수침례를 주었다.

(6-7절) "바울이 그들에게 안수하매 성령이 그들에게 임하시므로 방언도 하고 예언도 하니"는 침수침례를 받은 자들에게 바울이 안수를 하니 성령의 충만을 받아 방언도 하고 예언도 했다는 것이며, 그들의 수가 "모두 열두 사람쯤 되니라"라고 했다.

2. 침례를 다시 받을 수 있는 경우

우리는 사도행전 19:1-7에 나타난 에베소교회의 사건에서 침례를 다시 받아야 할 경우와 원칙을 다음과 같이 찾아낼 수 있다.

1) "침례요한의 침례"는 받았으나 22여 년 동안 예수 그리스도의 구속적인 십자가의 죽으심과 부활에 대한 복음, 오순절의 성령강림의 사실, 성령과 말씀으로 거듭나는 구원의 진리, 그리고 그리스도인의 침례(믿는 자의 침례) 등에 대하여 듣지도 못하고 알지도 못했던 에베소교회 교인들과 같은 경우에 처해 있는 사람들에게는 복음을 전하여 예수를 하나님의 아

들과 구세주로 믿고, 회개하여 거듭나게 하고, 또 거듭난 사실을 고백하면 "믿는 자의 침례"(Believer's Baptism)를 다시 받게 해야 한다.

2) 에베소교인들이 "침례요한의 침례"가 예수를 하나님의 아들로 믿고, 메시아로 영접하여 죄를 회개한 후 예수 그리스도가 베푸실 "성령과 불로 주실 침례"를 받을 준비가 되어 있는 자에게 주어진 것을 모르고, 다만 구약에서 죄를 씻는다는 의미로 행한 결례(潔禮)와 같은 의식으로 잘못 알고 받았던 에베소교회 교인들과 같은 경우에 처해 있는 사람에게는 주님이 명하신 교회의 두 가지 의식에 대하여 설명을 해주고 "믿는 자의 침례"(Believer's Baptism)를 다시 받게 해야 한다.

3) 사도행전 19:1-7은 에베소교인들이 받은 침례가 요한의 침례로 시효가 지나 무효가 되었으므로 주님이 명하신 참다운 "믿는 자의 침례"를 주는 것은 정당함을 말해 준다.

3. 실제적 적용

1) 유아세례(幼兒洗禮, Infant Baptism by Sprinkling)나 유아관수례(幼兒 灌水禮, Infant Baptism by Pouring)를 받은 사람이 죄를 깨닫고 회개할 수 있는 나이가 되었어도 거듭나지 아니했으면, 복음을 전하여 예수를 하나님의 아들과 구세주로 믿고, 회개하여 거듭나게 하고, 또 거듭난 사실을 고백한 후 본인이 원하면 "믿는 자의 침수침례"(Believer's Baptism by Immersion)를 다시 받을 수 있다.

2) 유아세례와 유아관수례를 받은 사람이 장성하여 복음을 깨닫고 예수를 하나님의 아들과 구세주로 믿어 회개하여 거듭난 후 유아세례가 비성경적이라는 것을 알고 주님의 명령에 순종하여 침수침례(Baptism by Immersion)를 받기 원하면 다시 받을 수 있다.

3) 세례나 관수례를 받은 교인이 늦게나마 침수침례(Baptism by Immersion)만이 예수 그리스도가 십자가에서 당하신 구속적 고난의 죽음과 장사, 그리고 부활을 상징하고, 또 수침자가 영적으로 그리스도와 연합하여 함께 옛사람이 죽고, 장사되었다가, 그리스도와 함께 부활하여 영생을 얻었으며, 주님의 재림과 함께 죽은 성도들이 부활할 것을 상징할 수 있다는 사실과 또 침례만이 주님이 명하신 원래의 의도와 목적을 성취할 수 있다는 것을 깨닫고 본인이 원하면 침수침례를 다시 받을 수 있다.

4) 침례교회의 회원이 되고 싶을 때는 꼭 침수침례를 받아야 한다.

J. "재침례파는 역사적 계속성을 부인했다"에 대하여

김의환 박사는 그의 저서 「기독교회사」(서울: 성광문화사, 1982), 292-293쪽에서 다음과 같이 말했다.

> 재침례파는 루터파와 개혁파에서 가톨릭교회의 역사적 계속성 (Historic Continuity)을 인정하며 개혁하려는 입장을 거절했다. 개혁가들이 성경에 의하여(by) 가톨릭을 개혁시켜 초대교회로 돌아가는 것보다 한걸음 더 나아가 성경으로부터(from) 얻는 진리로 새로운 교회건설을 시도했다. 중세교회가 완전히 타락하여 교회의 역사적 계속성을 잃어버렸으므로 오직 초대교회를 모델로 개혁 아닌 혁명을 지향하려 하였다.

⟨반론⟩

1. 재침례교파(Anabaptist)는 신자의 침례(Believer's Baptism)와 회심자의 교회회원권(Regenerate Church Membership)을 주장했고, 유아세례(Infant Baptism)와 국교(State Church)를 반대하기 위해 1525년 1월 21일 콘라드 그레벨(Conrad Grebel)과 게오르게 블라우로크(George Blaurock)를 위시한 10여 명으로 결속된 스위스 형제단(Swiss Brothern)으로부터 시작된 종교개혁파 단체다. 이들은 스위스 취리히(Zurich)에서 종교개혁을 하고 있던 츠빙글리(Ulrich Zwingli, 1484-1531년) 밑에서 헬라어로 성경공부를 하던 문하생들로서 츠빙글리가 취리히(Zurich) 시의원의 반대에 굴복해 변질되어 종교개혁을 늦추고 있다 하여 형제단을 구성해 당시 종교개혁 대가들인 츠빙글리, 루터, 칼빈 등보다 더 철저한 개혁을 시도했다. 특별히 국교와 교황제도를 반대하고, 유아세례를 무효화하며, 개인의 신앙고백에 의해 침례를 다시 주었기 때문에 가톨릭교회뿐만 아니라 츠빙글리, 루터, 칼빈 등에 의해 박해와 순교를 당했다. 역사가들은 이들을 종교개혁의 급진주의 또는 좌파라고 부른다.[8]

2. 루터교파의 "신앙고백서"(The Book of Concord)를 보면 자기들의 교리를 설명한 문장 뒤에 "(루터교의 주장을 반대)하는 재세례파 사람들을 배격한다"라고 한 말을 삽입해 넣어 놓았다. 그리고 칼빈의 저서 「기독교 강요」 제4권, 16장 1항에서 "그러나 현재 일부의 열광적인 사람들이 유아세례 문제로 소란하게 선동을 그치지 않으므로 나는 그들의 광태(狂態, 미치광이 같은 태도)를 억제하기 위해…"란 말을 볼 수 있다. 그리고 츠빙글리는 자기의

---

[8] 재침례교파에 대하여는 「교회사 대사전 III」 (서울:기독지혜사, 1994), P. 40과 William R. Estep, *The Anabaptist Story* (Grand Rapids, Michigan: William B. Eerdmans Publishing Company, 1963); 정수영 역, 「재침례교도의 역사」 (서울: 요단출판사, 1990)를 참고하기 바란다.

제자였던 재침례교도들을 관헌에 고발하여 물에 잠겨 죽이고, 불에 태워 죽게 했다. 이것은 한마디로 유아세례를 반대한다 하여 가톨릭교회를 위시해 츠빙글리, 루터, 칼빈 등이 얼마나 미워하고, 비난하며, 저주하고, 박해했는지를 말해 주고 있다. 특별히 루터와 칼빈은 침수침례가 성경적인 것임을 인정하면서도 그들의 교회에서 그것을 실천하기를 거절하고, 가톨릭교회의 행습인 관수례를 행했다. 그 이유는 재침례교도들에 대한 반감 때문이었다고 한다.[9]

3. 안타까운 것은 종교개혁이 일어난 지 벌써 500여 년이 되고 있는 지금도 종교개혁가들이 쓴 글을 읽고 앵무새와 같이 그대로 흉내를 내어 재침례교도들을 비난하며 이단시하는 사람들이 있다. 1950년대까지만 해도 침례교인들 중에서도 재침례교파를 잘못 평가하는 사람들이 많았지만, 윌리엄 에스텝(William R. Estep)의 저서 「재침례교도의 역사」(The Anabaptist Story, Grand Rapids, Michigan: William B. Eerdmans Publishing Company, 1963; 정수영 역, 서울: 요단출판사, 1990)가 출판된 이후로는 재침례교파가 재평가 되고 있다. 그런데 역사학자인 김의환 박사가 그의 저서 「기독교회사」(서울: 성광문화사, 1982), 292-293쪽에서 말한 재침례교파에 대한 평가는 모순이 많으므로 이를 바로잡기 위해 다음과 같이 반론한다.

1) "재침례파는 루터파와 개혁파에서 가톨릭교회의 역사적 계속성(Historic Continuity)을 인정하며 개혁하려는 입장을 거절했다"에 대한 반론.

---

9) S. E, Anderson, 이요한 역, 「침례의 중요성」, P. 144.

가톨릭교회의 신부였던 루터(Martin Luther)는 면죄(Indulgence)부 교리의 왜곡과 그러한 부패를 가능하게 한 교황의 권위에 도전할 적절한 계기라고 확신하여 신학자들 간의 토론을 위해 95개 조항을 작성하였다. 그리고 그는 그 당시 가톨릭교회를 분열시킨다거나 또 새로운 종교운동을 시작한다는 생각은 전혀 하지 않았다. 루터는 다만 의로운 행위가 아니라 그리스도에 대한 믿음을 통하여 은혜로 구원을 얻는다는 규범과 더불어 신약성경의 기독교를 발견하였다고 주장하였다. 그러므로 루터는 재침례교파가 그랬던 것처럼 교회의 직접적인 과거와 근본적으로 단절하거나 또는 제도로서의 교회를 폐지하는 것을 전혀 지지하지 않았다. 그러나 루터가 제기한 종교적 문제의 본질과 강도를 교황이 깨닫지 못한 것과 그 시대의 분위기가 어우러져서 마침내 로마 가톨릭교회와 결별하기에 이르렀다. 종교개혁은 이신득의(以信得義)에 대한 설교와 더불어 퍼져나갔고, 교황의 권위 대신에 성경의 권위, 신자의 제사장직분, 7가지 성례(七聖禮) 대신에 두 가지 성례를 주장하기에 이르렀다. 1521년에 보름스에서 황제와 교황당국에 맞서 루터가 자신의 견해를 철회하기를 거절하자 가톨릭교회와의 단절(斷絶)이 확실해졌다.

위의 글은 기독교지혜사 편, 「교회사 대사전 Ⅲ」, PP. 130-132에서 "종교개혁"을 설명한 내용의 일부를 발췌한 것이다. 이 글을 보면 루터가 가톨릭교회의 역사적 계속성(Historic Continuity)을 인정하며 개혁하려는 입장"에 따라 가톨릭교회와 단절을 원치 않았으나 기독교의 본질적 문제 때문에 결국 단절하고 말았다는 것이다. 칼빈 역시 루터와 같은 결과를 초래했던 것이다. 그렇다면 재침례파가 "루터교파와 개혁교파에서 가톨릭 교회의 역사적 계속성(Historic Continuity)을 인정하며 개혁하려는 입장"을 거절한 것이 왜 잘못된 것으로 평가를 하는지 이해할 수 없다. 오히려 재침례파가 루터교파와 개혁교파보다 가톨릭교회에 대한 통찰력이나 종교개혁방법이 더 적중했다고 평가를 해야 할 것이다.

2) "(재침례교파는) 중세교회가 완전히 타락하여 교회의 역사적 계속성을 잃어버렸으므로 오직 초대교회를 모델로 개혁 아닌 혁명을 지향하려 하였다"에 대한 반론.

> 종교개혁의 중요한 일부이지만 흔히 간과(看過)되는 세력이 급진적 종교개혁자들이다. 급진적 종교개혁의 옹호자들은 로마가톨릭에서 떨어져 나오는 운동에서 급진적이었으며, "개혁"보다 "복원"을 강조했다. 재침례파와 좀더 좌익이었던 다른 급진주의자들은 그동안 축적된 중세 가톨릭교회의 모든 관습들과 전통들과 의식들을 폐지하고, 그 대신 전적으로 신약성경의 원칙들에 근거하여 원상태로 회복된 교회(저자 註: New Testament Church)를 세우려 하였다. 재침례교파의 다수는 참된 교회가 지역적이며(저자 註: Local Church), 자치적이고(저자 註: Autonomy), 민주적인 체제(저자 註: Congregational Polity)에 따라 지배되며, 예수 그리스도에 대한 믿음을 고백한 자에게 침례를 주고(저자 註: Believer's Baptism), 참으로 거듭난 자들로만 구성되어야 한다(저자 註: Regenerate Church Membership)고 생각했다. 대부분의 급진주의자들은 정치에 참여하지 않았으

며, 평화주의자들이었다. 또한 그들은 근대에 최초로 완전한 종교의 자유(저자 註: Religious Liberty)와 교회와 국가의 분리(저자 註: Separation of Church and State)를 요구한 집단이었다.

위의 글도 역시 기독교지혜사 편,「교회사 대사전 Ⅲ」, PP. 132-133에서 "종교개혁"을 설명한 내용의 일부를 발췌한 것이다. 김의환 박사는 "재침례교파가 초대교회를 모델로 개혁 아닌 혁명을 지향하려 하였다"고 했는데, "혁명이란 비합법적 수단으로 정치권력을 잡는 일, 또는 국가나 사회의 조직 및 형태 따위를 폭력으로 급격하게 바꾸는 일"이라고 「동아 새국어사전」이 정의하고 있다. 혹시 박해로 인해 독일 스트라스부르(Strasbourg)에 모여 임박한 종말론을 믿고 공동 소유생활을 하다가 가톨릭(정부) 측과 무력충돌까지 일으켰던 호프만(Melchior Hoffman, 1500경-1543)이나 마티스(John Matthys), 그리고 라이덴(John Leiden)의 추종자들을 재침례교도들로 오해하여 재침례교도들이 혁명을 했다고 말했는지는 모르지만, 그들이 재침례교도들의 영향을 받았던 것은 사실이나 진정한 재침례교도들은 아니었다. 왜냐하면 진정한 주류파 재침례교도들은 평화주의자들이었으며 반전주의자들로서 비합법적 수단이나 폭력을 사용하여 혁명을 시도한 적이 없었기 때문이다. 그들은 다만 신약성경의 원칙들에 근거한 신약성서적 교회(New Testament Church)의 "복원"(復元, Restoration)을 강조했을 뿐이다. 만일 김의환 박사의 논법을 따른다면 로마가톨릭 당국의 승인을 받아 세루베투스를 화형에 처한 칼빈(John Calvin)도 개혁이 아닌 혁명을 했다고 보아야 한다.

4. "개혁가들이 성경에 의하여(by) 가톨릭을 개혁시켜 초대교회로 돌아

가는 것보다 한 걸음 더 나아가 성경으로부터(from) 얻는 진리로 새로운 교회 건설을 시도했다"에 대한 반론.

"새로운 교회 건설을 시도했다"는 말은 역사상 없었던 가상적 교회(假想的 敎會)의 건설을 시도했다는 뜻으로밖에 해석이 안 되는데, 재침례교도들은 앞에서 말한 바와 같이 다만 신약성경에 나타나 있는 신약성서적 교회(New Testament Church)의 "복원"(復元, Restoration)을 강조한 것이다. 그렇다면 "종교개혁가들이 성경에 의하여(by) 가톨릭을 개혁시켜 초대교회로 돌아가는 것"과 재침례교도들이 "성경으로부터(from) 얻는 진리로 신약성서적 교회의 회복을 시도한 것"간에 무엇이 어떻게 다른가? 이러한 언어적 유희에 유감을 표명한다.

부록

A. 신약교회 의식과 가톨릭교회 성례전의 대조표

1. 명칭(名稱), 수(數), 개념(槪念) 등의 차이점

신약교회의 견해	가톨릭교회의 견해
〈명칭〉 흠정역(欽定譯, King James Version) 신약성경에 사용된 영어 "ordinances"(儀式)는 네 가지의 헬라어가 포함되어 있다. (1) 히 9:1, 10에 사용된 δικαιωμα(regulation: 규약, 규칙 또는 requirement: 요구조건, commandment: 계명), (2) 고전 11:2에 사용된 παραδοσισ(tradition: 전통, 유전, 전승), (3) 벧전 2:13에 사용된 κτισι(institution: 제도), (4) 행 17:7에서 사용된 δογμα(decree: 칙령, ordinance: 법령, command: 명령) 등을 ordinances로 번역한 것이다. 그런고로 신약교회는 예수 그리스도가 제자들을 통해 교회가 행하라고 명하신 침례와 주의 만찬을 교회의식(敎會儀式, Ordinances of The Church)이라고 부른다. 〈수(數)〉 신약성서적 교회는 예수 그리스도께서 제자들을 통하여 교회에 명령하신 의식(儀式, Ordinance)은 두 가지로서 침례(Baptism by Immersion, 마 28:19-20)와 주의 만찬(Lord's Supper, 마 6:26-28; 막 14:22-24; 눅 22:17-20)뿐인 것을 믿는다.	〈명칭〉 가톨릭교회는 교회의식(Ordinances of the Church)을 "성례"(Sacrament) 혹은 "성례전"(聖禮典, Sacraments)이라 칭한다. 영어 Sacrament는 신비(神秘, Mystery)라고 하는 라틴어 Sacramentum에서 왔으며, 또 이것은 헬라어 "무스테리온"(μυστήριον)에서 유래된 것이다. 터툴리안(Tertullian, 160경-220년경, 고대교부, 변증가)이 "주의 만찬과 침례가 구원의 신비적(神秘的)인 효력을 발휘한다"고 믿어 교회의식을 성례(聖禮, Sacrament)라고 제일 처음 칭하였다. 따라서 어거스틴도 성례전을 상징(象徵)과 실체(實體)라 했고, 성례는 불가시적 은총(不可視的 恩寵)의 가시적 형태(可視的 形態)라고 했다. 중세기의 스콜라 신학자들과 가톨릭교회도 어거스틴의 성례관을 그대로 이어받아 "성례는 불가사의(不可思議, Magically)하게 역사(役事)한다"고 했으며, 현재까지도 그렇게 믿고 있다.

⟨개념⟩
신약교회의 교회의식은 그 교회 회원들이 주님의 구속적 죽음과 부활을 믿고 거듭난 영적 체험을 외적으로 상징하여 기억하는 기념행사(記念行事)인 동시에 신앙고백에 대한 표징(表徵, a Sign)이다. 그리고 교회 의식에 대한 영적 효과(靈的 效果)는 어디까지나 침례를 받는 대상자나 주의 만찬의 떡과 잔을 받는 사람의 주관적 상태(主觀的 狀態)에 달려 있다고 본다.

⟨수(數)⟩
주후 313년 기독교가 로마의 국교가 됨으로 인하여 이교도(異敎徒)들이 기독교인이 되어 서로 융화(融和)되는 과정에서 이방종교의 의식(儀式)들이 유입되어 중세의 가톨릭교회 의식이 30여 종이 넘었다고 한다. 그래서 롬바드 피터(Peter the Lombard)가 그중 일곱 가지(영세, 견신례, 성찬식 또는 미사, 고해성사, 임직수임례, 결혼식, 임종도유례)만 선별하여 칠성례(七聖禮, the seven sacraments)라 칭하였다. 이것을 1439년 피렌체 공의회(The Council of Florence)에서 가톨릭교회의 성례전(Sacraments)으로 공인했다. 따라서 가톨릭교회의 성례의 수는 일곱 가지가 된다.

⟨개념⟩
가톨릭교회는 어거스틴의 사상을 따라 성례(Sacraments)를 무형적 은혜(無形的 恩惠)의 유형적 표시(類型的 表示)요, 매개(媒介)라고 보며, 성례(聖禮)의 객관적 시행(客觀的 施行)에 의하여 그 효과(效果)가 발생한다고 믿는다. 따라서 성례는 신비한 하나님의 은혜를 주입하는 통로라고 믿는다.

2. 침례와 관수례의 차이점

신약교회의 견해	가톨릭교회의 견해
신약교회의 침례는 주 예수 그리스도를 하나님의 아들로 믿고 구세주로 영접함으로 거듭난 자에게만 베푸는 믿는 자의 침례(Believer's Baptism)로서 그 형식은 침수침례(Baptism by Immersion)를 주장한다. 1. 침례의 뜻 침례의 근본적 의미는 로마서 6:1-11이 설명하고 있는 바와 같이 침례를 받는 사람과	가톨릭교회는 보편적으로 이마에 물을 세 번 붓는 삼중 관수례(三重 灌水禮, Trine Affusion)를 행하고 있다. 가톨릭교회의 관수례(혹은 세례)는 충족은총(充足恩寵)으로 복음의 말씀에 순종하고, 성령의 인도함을 따라 성화의 은혜를 받을 준비가 된 자에게 주입은총(注入恩寵)을 주입(注入)해 주는 신비(神秘)한 성사(聖事)이다.

예수 그리스도와의 영적 연합을 의미하며, 그 구체적 의미는 다음과 같다.

첫째로, 물 속에 들어가는 것은 예수 그리스도께서 인류를 구속하시기 위해 십자가에 못박혀 피를 흘리시고 죽어 무덤에 장사되었음을 뜻하는 것이고, 동시에 수침자(受浸者)의 옛 사람이 그리스도의 죽음에 연합하여 함께 장사되었다는 뜻이다.

둘째로, 물 속에서 올라오는 것은 예수 그리스도께서 장사된 지 3일 만에 사망을 이기고 부활하셨다는 뜻이며, 동시에 수침자가 그리스도와 연합하여 새 생명을 얻어 의인(義人)의 신분으로 다시 살아났다는 뜻이다.

셋째로, 주님의 부활을 상징하며, 재림 때 모든 그리스도인들이 부활 혹은 변화하여 승천할 것이라는 뜻이다.

2. 침례의 목적
첫째, 예수님을 믿고 거듭난 사람으로 하여금 예수님께서 명령하신 대분부(大分付, The Great Commission, 마 28: 18-20 & 행 1:8)에 순종(Obedience)하는 것이다. 이 지상명령(至上命令)은 부활하신 주님께서 그의 구속사역을 성취하심으로 하나님 아버지로부터 위임받은(빌 2:5-11) "하늘과 땅의 모든 권세" 즉 메시아 왕국의 통치권에 근거하고 있다는 점을 강조하고 있다. 근본사상은 예수 그리스도가 왕 되심(The Kingship)을 말한다. 그런고로 이 지상명령은 가장 엄중한 신적 권위(神的 權威)의 명령으로서 그의 제자들로 하여금 이 명령을 소홀히 하거나 무엇을 적당히 바꿀 수 없는 것임을 주지시키고 있다.

둘째, 수침자(受浸者)가 믿음에 의해 자신의 내면에서 일어난 영적 체험을 가시적으로

관수례(혹은 세례)를 받으면 다음과 같은 하나님의 은총과 예수 그리스도의 공로가 기계적으로 주입(注入)된다고 한다.

(1)중생과 칭의(稱義, Justification)의 은혜를 받게 된다. 즉 원죄에서 온 죄, 세례를 받을 때까지 범한 죄, 죄의 오염(汚染), 죄의 자연적 결과를 제외한 영원한 형벌(刑罰)과 모든 일시적인 형벌 등에서 구원함을 받게 된다.

(2)성화(聖化, Sanctification)의 은혜와 믿음(형성된 신앙, fides formata), 소망, 사랑의 초자연적 선(善)을 불어넣어 줌으로 영적 갱신(更新)을 가져온다.

(3)가톨릭교회의 신입회원이 되어 교회의 권한(權限)에 굴복함으로써 성도의 단체와 신자의 유형교회(有形敎會)에 가입하게 된다. 이렇게 주입은총(注入恩寵)으로 주입된 은혜를 상존은총(尙存恩寵)이라 한다.

표시(Sign)하는 데 있다. 즉 수침자로 하여금 예수를 그리스도로 믿음으로 주님의 죽음과 장사와 부활로 이룩하신 구속의 은혜에 의해 거듭나 영생을 얻었고, 또 그리스도와 연합하여 새사람이 되었음을 상징적(Symbolic)으로 표시함으로 이를 기념하며 영원히 기억나게 하는 것이다.

셋째, 예수님을 믿고 거듭난 수침자가 자신이 하나님의 자녀가 되었음을 교회 앞에 선포함으로써 그 교회의 회원(Membership)이 되게 하는 것이다.

넷째, 수침자 자신이 그리스도의 증인임을 깨닫고, 땅 끝까지 복음을 전파해야 한다는 사명감을 다짐하며, 이를 위해 성령의 권능을 받도록 간구함에 있다.

마지막으로 침수침례 자체가 예수 그리스도의 "죽음"과 "장사"와 "부활"을 상징적(象徵的)으로 실연(實演, demonstrate)하여 보이는 매개체(媒介體)로 삼아 복음을 보다 더 효율적으로 전파하기 위함이다.

3. 유아세례에 대한 견해 차이

신약교회의 견해	가톨릭교회의 견해
첫째, 신약교회는 로마서 3:28에 "그러므로 사람이 의롭다 하심을 얻는 것은 율법의 행위에 있지 않고 믿음으로 되는 줄 우리가 인정하노라"고 했다. 원죄(原罪)이든 자범죄(自犯罪)이든 믿음으로 의롭게 되며, 죄의 고백과 회개를 통하여 그리스도의 피로 죄 사함을 받는 것이지 침례나 세례가 죄를 제거할 수 없다고 믿는다. 둘째, 로마서 4:11 상반절에 "아브라함은 할	스콜라시대의 유아세례에 대한 견해는 "성례(聖禮)가 하나님의 은총을 받는 길이며, 세례는 죄책(guilt)으로서 원죄(Original Sin)를 모두 제거한다"고 했고, 또 "유아의 원죄를 제거하기 위해 유아세례(Infant Baptism)가 절대로 필요하다"고 한 어거스틴의 주장을 그대로 따랐다. 그리고 세례를 받지 못하고 죽은 어린이들은 버림을 받을 것으로되, 보호자의 보호를 받아 세례를 받은 어린이들의 경우에는 교회의 신앙이 바

례를 받기 전에 이미 믿음으로 의롭다는 인정을 받은 표로서 후에 할례를 받았습니다"(현대인의 성경)라고 했다. 따라서 침례도 믿음으로 의롭다는 인정을 받은 사람에게 그 징표로 주어야 한다. 그런고로 믿음으로 중생과 칭의(稱義, Justification)를 받았다는 자신의 신앙고백도 없고, 또 할 수도 없는 유아들에게 그리스도인의 자녀로 태어났다는 이유로 세례를 주어 장차 믿음으로 칭의(稱義)를 받게 될 것이라고 가정하는 것은 성경의 가르침이 아니다.

셋째, 신자의 회원권(Believer's Church Membership)의 원칙에 준하여 유아는 교회의 정회원이 될 수 없다. 누구든지 하나님의 말씀과 성령에 의해 거듭난 자로서 침례를 받은 자만이 교회의 정회원이 될 수 있다.

넷째, 마태복음 18:3에 예수님께서 "진실로 너희에게 이르노니 너희가 돌이켜 어린아이들과 같이 되지 아니하면 결단코 천국에 들어가지 못하리라"고 하셨다. 죄를 모르고 믿음이 무엇인지를 이해하지 못하는 유아들은 그리스도의 말씀대로 조건이 없이 천국에 들어간다고 믿는다. 사무엘하 12:22-23을 보면 다윗도 그렇게 믿었다.

로 그 유아의 신앙으로 받아들여질 수 있다고 주장했다. 더욱이 세례는 그것이 그리스도와 그의 교회에 속해 있기 때문에 지워버릴 수 없는 특징을 어린이들에게 인(印)쳐주는 것이라고 했다.

4. 주의 만찬에 대한 견해 차이

신약교회의 견해

주의 만찬(Lord's Supper)은 예수 그리스도께서 십자가에 돌아가시기 전날 밤, 제자들과 유월절 만찬을 나누시면서 "저희가 먹을 때에 예수께서 떡을 가지사 축복하시고 떼어 제자들을 주시며 가라사대 받아먹으라 이것이 내 몸이니라 하시고 또 잔을 가지사 사례하시고 저희에게 주시며 가라사대 너희가 다 이것을 마시라 이것은 죄 사함을 얻게 하려고 많은 사람을 위하여 흘리는 바 나의 피 곧 언약의 피니라"(마 26:26-28)고 하신 말씀에 의해 제정된 교회의식(儀式)이다.

그리고 누가복음 22:19 하반절에는 "너희가 이를 행하여 나를 기념하라"고 하셨다. 따라서 신약교회는 침례를 받은 정회원들이 일정한 기간에 주기적으로 주의 만찬을 나눈다. 이 의식은 축사(祝辭)된 "무교병"(無酵餅)을 그리스도께서 십자가에서 찢기신 그리스도의 "몸"으로, "포도주"는 십자가에서 흘리신 속죄의 "피"로 상징(象徵)하여 나누어 먹으면서 그리스도께서 당하신 고난을 기억하며 기념하는 잔치다(고전 11:24-25).

주의 만찬의 목적은 (1) 모든 성도들이 함께 떡과 잔을 받아 먼저 예수 그리스도의 희생적 구속사역에 감사를 드리고, 주님과의 연합을 다시 확인하는 것이며; (2) 교회의 머리 되시는 주님을 중심으로 성도들이 사랑의 교제(交際, 코이노니아, κοινωνία)를 통해 하나로 연합하는 것이고; (3) 하나로 연합된 그리스도의 몸이 성령의 능력을 힘입어 복음을 땅 끝까지 전파할 것을 다짐함에 있다.

가톨릭교회의 견해

가톨릭교회는 사제가 축사를 한 떡과 포도주가 성찬을 받는 사람의 입에 들어가는 순간 실제로 예수의 몸과 피로 변한다고 하는 화체설(化體說, Transubstantiation)을 믿는다.

그리고 트렌트 공의회(Council of Trent, 1545-1563)에서 화체설의 정당성을 재확인하는 결의문에 "그리스도 전체(全體)는 성찬과 성찬의 각 부분에 임재하기 때문에 성찬의 한 부분을 받는 사람은 그리스도 전체를 다 받는 것이 된다"라는 조문을 삽입(挿入)함으로 인해 미사 때 교인들에게 떡은 나누어 주지만 포도주 잔(盞)은 나누어 주지 않고 있다. 그 이유는 실수로 그리스도의 보혈을 흘리거나 쏟는 것을 막기 위한 미신적(迷信的) 생각 때문이다.

B. 침례와 세례의 대조표

	침수침례	세례
1. 침례에 대한 성경의 기록	(1) 마 3:13-17(예수님이 침례를 받으심), (2) 요 3:22(주님이 침례를 주심), (3) 요 4:2(제자들이 침례를 줌), (4) 마 28:19-20(침례를 주라고 명하심), (5) 행 2:41(오순절날 삼천 명이 침례를 받음), (6) 행 8:12(사마리아인들이 빌립으로부터 침례를 받음), (7) 행 8:38(빌립이 에디오피아 내시에게 침례를 줌), (8) 행 9: 18(사울이 침례를 받으심), 행 10: 48(고넬료와 그 가족이 침례를 받음), 행 16: 15(루디아와 그 집이 침례를 받음), 행 16: 33(빌립보의 간수와 그 권속이 침례를 받음), 행 19: 5(바울이 에베소 교인들에게 침례를 줌), 고전 12:13(고린도교회 교인들이 침례를 받았음) 등등을 예로 들 수 있다.	성경에 세례를 주었다는 기록이 한 곳도 없다.
2. 성경 원어 해석	(1) "침례를 주다"($\beta\alpha\pi\tau\iota\zeta\epsilon\iota\nu$)의 원동사 "밥티조"($\beta\alpha\pi\tau\iota\zeta\omega$)의 의미는 "잠그다", "물감을 들이다"의 뜻이다. (2) 수침자를 물 속에 넣었다가 다시 들어올린다는 뜻이다. (3) 침례의 방법(Mode)을 가장 잘 묘사한 단어다. 신약성경에 동사 "밥티조"($\beta\alpha\pi\tau\iota\zeta\omega$)는 81번, 명사 "밥티스마"($\beta\acute{\alpha}\pi\tau\iota\sigma\mu\alpha$)는 22번이나 사용되었다.	(1) "밥티조"($\beta\alpha\pi\tau\iota\zeta\omega$)의 2차적 의미인 "씻는다"는 뜻을 따라 물을 이마에 뿌리는 "세례"로 번역을 했다. 어원학적으로나 성경해석학적으로 볼 때 잘못 된 해석이다. (2) 침례가 물을 뿌리는 뜻이었다면 성경원어를 "밥티조"($\beta\alpha\pi\tau\iota\zeta\omega$) 대신에 "카다리조"($\kappa\alpha\theta\alpha\rho\iota\zeta\omega$)를 사용했을 것이다.
	(1) 침례의 가장 큰 목적은 복음의 핵심인 그리스도의 죽음, 장사, 부활을 나타내는 것이다. (2) 침례는 케뤼그마($\kappa\acute{\eta}\rho\nu\gamma\mu\alpha$, 복음 선포)의 연극적 표현(演劇的 表現)	

3. 목적	으로써 복음의 핵심인 주님의 "죽음"과 "장사"와 "부활"을 상징적으로 실연(實演)해 보이는 매개체(媒介體)가 되게 하는 것이 목적이다. (3) 침례는 예수 그리스도의 대분부와 모범에 순종하는 것이 목적이다. 이 지상명령(至上命令)은 부활하신 주님께서 그의 구속사역을 성취하심으로 하나님 아버지로부터 위임받은(빌 2:5-11) "하늘과 땅의 모든 권세" 즉 메시아 왕국의 통치권에 근거하고 있다는 점을 강조하고 있다. 근본사상은 예수 그리스도가 왕 되심(The Kingship)을 말한다. 그런고로 이 지상명령은 가장 엄중한 신적 권위(神的 權威)의 명령으로서 그의 제자들로 하여금 이 명령을 소홀히 하거나 무엇을 적당히 바꿀 수 없는 것임을 주지시키고 있다. (4) 침례는 거듭난 자가 영적으로 그리스도와 연합하여 옛 사람이 죽고, 새 생명으로 다시 태어나 하나님의 자녀가 되었다는 신분(Identification)과 그 교회의 회원이 되었음을 선포하는 것이 목적이다.	(1) 세례는 복음의 핵심인 "그리스도의 구속적 죽음"과 "장사"와 "부활"을 나타낼 수 없다. (2) 복음을 상징적으로 실연하여 보여줄 수 있는 매개체가 될 수 없다. (3) 주님의 지상명령과 모범을 따르지 아니하는 불순종의 행위다.
4. 방법(Mode)	(1) 주례자가 "성부, 성자, 성령의 이름으로 ○○○에게 침례를 주노라" 하고 수침자를 물 속에 완전히 넣었다가 다시 들어 올린다. (2) 방법이 옳아야 그 의미를 잘 나타낼 수 있으며, 목적을 달성할 수 있다.	(1) 주례자가 "성부, 성자, 성령의 이름으로 ○○○에게 세례를 주노라" 하고 수세자의 머리나 이마에 물을 세 번 뿌린다. (2) 세례는 그 형식이 이마에 물을 붓는 관수례와 같고, 가톨릭교회의 이단적 세례구원설과 미신적 성례주의의 사상이 담겨 있는 것으로서 주님이 명령하신 방법이 아니다. (3) 의미가 중요하지 방법(Mode)은 주요하지 않다고 하는데, 올바르지 못한 방법은 올바른 의미를 나타낼 수 없다.

5. 의미	침례의 총체적 의미는 예수님을 믿고 거듭난 자가 침례를 받음으로 중재자(agent) 성령에 의해 예수 그리스도와 영적 연합을 이루게 된 것을 뜻한다. 그 구체적 의미는 다음과 같다. (1) "물 속에 들어가는 것"은 예수 그리스께서 인류를 구속하시기 위해 십자가에 못박혀 피를 흘리시고 죽어 무덤에 장사되었음을 뜻하는 것이고, 동시에 수침자(受浸者)의 옛 사람이 그리스도와 연합하여 함께 죽었다는 뜻이다. (2) "물 속에서 올라오는 것"은 예수 그리스도께서 장사된 지 3일 만에 사망을 이기고 무덤에서 다시 부활하셨다는 뜻이며, 동시에 수침자가 그리스도와 연합하여 새 생명을 얻어 의인의 신분으로 다시 살아났다는 뜻이다. 이는 성령 안에서 새로운 삶을 살게 되었음을 의미한다. (3) 주님이 재림하실 때 모든 그리스도인들이 부활 혹은 변화하여 승천할 것을 뜻하는 것이다.	(1) 예수 그리스도의 구속적 십자가의 피가 신자의 죄를 씻어 사함을 받았다는 뜻이다(겔 36:25; 히 10:22). (2) 죄 사함으로 정결(Purification)하게 되었다는 징표(a sign)이며, 인장(Sealing)이다.
6. 유래(由來)	예수 그리스도께서 요단강에서 침례 요한으로부터 침례를 받으셨다(마 3:13-17). 그리고 주님이 부활하신 후 갈릴리 어느 산에서 제자들에게(18)… 하늘과 땅의 모든 권세를 내게 주셨으니 (19) 그러므로 너희는 가서 모든 족속으로 제자를 삼아 아버지와 아들과 성령의 이름으로 침례를 주고 (20) 내가 너희에게 분부한 모든 것을 가르쳐 지키게 하라 볼지어다 내가 세상 끝날까지 너희와 항상 함께 있으리라 하시니라(마 28:18-20)고 하신 지상명령(至上命令)에 따라 순종하여 사도들	(1) 주후 117년경부터 고대 교부들에 의해 침례중생설(Theory of Baptismal Regeneration)이 교회 안에 만연되기 시작했다. (2) 주후 180년경 이레네우스(Irenaeus)가 처음으로 침례중생설에 유아세례를 주기 시작하여 3세기 초에는 오리겐(Origen)에 의해, 3세기 중반에는 키프리안(Cyprian)에 의해 널리 보급되었다. (3) 420년경부터 어거스틴의 원죄설에 의해 유아침례가 더욱 강화되었다. (4) 407년, 교황 인노센트 1세(Innocent I)가 칙령을 내려 유아세례를 강제로 시행하게 했다.

이 그대로 행하였으며, 오늘날 우리도 주님의 말씀에 순종하여 그대로 행하고 있다.

(5) 411년 북아프리카의 카르타고 회의에서 67명의 감독들이 만장일치로 구약의 할례처럼 태어나서 8일 안에 유아세례를 베풀기로 합의했다. 그리하여 3세기 중엽부터 5세기 말까지 신자의 침례(Believer's Baptism)와 유아세례(Infant Baptism)를 병행하다가 유아세례가 점점 일반화되기 시작했다.

(6) 754년 교황 스데반 3세(Pope, Stephen Ⅲ)가 불란서, 브리타니(Brittany)의 승려들에게 병든 어린이를 위해 침수침례(Baptism by Immersion) 대신 머리에 물을 붓는 관수례(Affusion)를 허락했다.

(7) 1311년에 있었던 라벤나 종교회의에서 삼중 관수례나 삼중 침수침례로 행하여야 한다고 결정했다. 이후로 가톨릭교회가 삼중 관수례를 공식으로 행하고 있다.

(8) 1517년 종교개혁이 있은 후 칼빈은 1536년에 출간한 「기독교 강요」에서 세례의 방법(Mode)은 중요하지 않으므로 나라에 따라 교회가 정할 일이라고 했다. 그러나 1541년부터 그가 담임한 제네바교회에서 관수례를 행했다.

(9) 그리하여 머리나 이마에 물을 뿌리는 세례는 칼빈의 제자 존 낙스(John Knox)에 의해 1559년부터 스코틀랜드에서 처음으로 행해졌으며, 다시 영국으로 퍼졌다.

(10) 웨스트민스터 회의가 1644년 8월 5-7일 침례와 세례를 하나로 통일시키기 위해 투표를 한 결과 24:24가 되었으나 사회자 라이트푸트 감독이 세례를 지지함으로 세례로 결정되어 침례교파를 제외한 대부분의 개신교들이 오늘날까지 세례(Baptism by Sprinkling)를 행하고 있다. 결론적으로 세례는 가톨릭교회의 이단적 세례중생설과 미신적 성례주의의 유물인 관수례에서 유래된 것으로 성경적 교회의식이 아니다.

참고문헌(BIBLIOGRAPHY)

성경(Bibles)

American Bible Society. *The Holy Bible*. King James Version, New York: American Bible Society, 1974.

대한성서공회.「貫珠 聖經全書(簡易 國漢文 한글판)」. 서울: 대한성서공회, 1964.

_____. 공동번역 성서(외경포함). 서울: 대한성서공회, 1977.

_____. 성경전서(개역개정판). 서울: 대한성서공회, 1998.

_____. 성경전서(표준새번역 개정판). 서울: 대한성서공회, 2001.

생명의 말씀사.「한영 현대인의 성경」. 서울: 생명의 말씀사, 1990.

주석(Commentaries)

Kent, Homer A., Jr. *The Epistle to the Hebrews*. Grand Rapids:

Baker Book House, 1972.

Rackham, Richard B. *The Acts of the Apostles*. Grand Rapids: Baker Book House, 1978.

Smith, T. C. *Act. In The Broadman Bible Commentary, vol. 10*. Nashville: Broadman Press, 1970.

Stagg, Frank. *The Book of Acts*. Nashville: Broadman Press, 1955.

Westcott, Brooke F. *The Epistle to the Hebrews*. Grand Rapids: William B. Eerdmans Publishing Company, 1971.

강병도 편, 「호크마 종합주석, 사도행전」. 서울: 기독지혜사, 199.

강병도 편, 「호크마 종합주석, 베드로전서」. 서울: 기독지혜사, 1992.

이상근 지음, 「신약주해 마태복음」. 서울: 대한예수교장로회 총회교육부, 1981

黑埼 저, 「新約聖書註解, 사도행전」. 곽철영 역, 서울: 제일출판사, 1968.

_____. 「新約聖書註解, 사베드로전서도」. 곽철영 역, 서울: 제일출판사, 1968.

단행본(Books)

Anderson, Stanley Edwin, *Your Baptism is Important*. Edinburgh: Marshall, Morgan & Scott, 1960; 이요한 역, 「침례의 중요성」, 서울: 침례회출판사, 1974.

Baker, Robert A. *The Baptist March in History*. Nashville: Convention Press, 1958; 허긴 역, 「침례교발전사」, 대전: 침례회출판사, 1968.

Barth, Karl, *The Teaching of the Church Regarding Baptism* tr. by Ernest A. Payne, London: SCM, 1948.

Beasley-Murray, C. R. *Baptism in the New Testament*. Grand Rapids, Michigan: William B. Eerdmans Publishing Company, 1962.

Berkhof, Louis, *The History of Christian Doctrine*; 신복윤 역, 「기독교교리사」, 성광문화사, 1984.

_____. *Systematic Theology*. Wm B. Eerdmans Publishing Co., 권수경, 이상원 역, 「벌코프 조직신학 下」, 서울: 크리스챤 다이제스트, 2000.

Calvin, John, *Institutes of the Christian Religion*.(Philadelphia: The Westminster Press); 김종흡 외 3인 공역, 「기독교개요 Vol. I and Ⅲ」. 서울: 생명의 말씀사, 1988.

Christal, James, *A History of the Modes of Christian Baptism*. Philadelphia: Lindsay & Blackiston, 1861.

Cote, Walfred Nelson, *The Archaeology of Baptism*. London: Yates & Alexander, 1876.

Cottrell, J. W. *Covenant and Baptism in the Theology of Huldreich Zwingli*. Ann Arbor: University of Michigan Microfilms, 1971.

Dana, H. E. *A Manual of Ecclesiaology*. Second Edition Revised in Collaboration with L. M. Sipes Kansas City, Kansas: Central Seminary Press, 1944.

Estep, William R. *The Anabaptist Story*. Grand Rapids, Michigan: William B. Eerdmans Publishing Company, 1996); 정수영 역, 「재침례교도의 역사」. 서울: 요단출판사, 1990.

Evans, Percy W., *In Infant Baptism Today*. Birmingham: Berean Press, 1948.

Fickett, Harold L., *A Layman's To Baptist Beliefs*. Grand Rapids, Michigan: Zondervan Publishing House, 1965; 도한호, 정익환 역, 「침례교인의 신앙」. 침례회출판부, 1975.

Flemington, W. F. *The New Testament Doctrine of Baptism*. London: S. P. C. K., 1948.

Forster, Werner, *From the Exile To Christ*.; 문희석 역, 「신구약 중간사」, 서울: 컨콜디아사, 2002.

Gonzalez, Justo L. *A History of Christian Thought Vol. Ⅲ*.; 이형기, 차종순 옮김, 「기독교사상사 Ⅲ」. 서울: 대한예수교장로회 총회출판국, 2001.

Ingle, Clifford, ed. *Children and Conversion*. Nashiville: Broadman Press, 1970.

Jackson, S. M.(ed.), *The Latin Works and the Correspondence of Huldreich Zwingli IV*. "Commentary on Epistle to the Romans" New York: G. P. Putnam's Sons, 1912-1929,

Jewett, Paul K., *Infant Baptism*. Grand Rapids, Michigan: William B. Eerdmans Publishing Company, 1978.

Krahn, *Meno Simons*. Karlsruhe: Heinrich Schneider, 1936.

Lehmann, Helmut T. ed. *Luther's Works*. Volume 35., "Word and Sacrament" Philadelphia: Muhlenberg Press, 1960.

Locher, G. W. *Die Theologie Huldrych Zwingli im Lichte seiner Christologie*. Zurich: Zwingli Verlag, 1952.

Lumpkin, William L. *A History of Immersion*. Nashville, Tennessee: Broadman Press, 1962; 노윤백 역, 「침례(浸禮)의 역사」. 서울: 침례회출판부, 1976.

Migne, Jacques Paul, *Patrologiae Cursus Competus*. Paris: Migne, 1844.

Moody, Dale, *Baptism: Foundation for Christian Unity*. Philadelphia: Westminster Press, 1967,

Morris, Leon. *The Gospel According to Matthew*. Grand Rapids, Michigan: William B. Eerdman's Publishing Co., 1992.

Murry, Andrew. *The Spirit of Christ*. 벧엘서원 역, 「성령」, 서울: 벧엘서원, 2003.

Roberts, Alexander, and Donaldson, James, (eds.), *Ante-Nicene Fathers, Vol. V*. New York: Charles Scribners Sons, 1925.

Robertson, O. Palmer, *The Christ of the Covenants.*; 김의원 역, 「계약신학과 그리스도」. 서울: 기독교문서선교회, 1990.

Robinson, Robert, *The History of Baptism*. Boston: Press of Lincoln & Edmands, 1817,

Russell, Brian, *Baptism sign and seal of the covenant of grace*. Grace Publications, 2001,

Russell, D. S., *Between The Testaments*.; 임태수 역, 「신구약 중간사」. 서울: 컨콜디아사, 1984.

Stander, H. F. & Louw, J. P., *Baptism in the Early Church*. South Africa: Didaskalia Publishers, 1988.

Strong, A. H., *Systematic Theology Ⅲ*. Nashville: American Baptist Publication Society, 1909.

Surburg, Raymond F. *Introduction to the Intertestamental Period*. 김의원 역, 「신구약 중간사」. 서울: 기독교문서선교회, 1991.

Sweet, William Warren, *The Story of Religion in America*. 김기달 역, 「미국교회사」. 서울: 보이스사, 1994.

Tappert, Theodore G. ed., *The Book of Concord*. "Apology of Augsburg Confession" Philadelphia: Fortress Press, 1959.

Torbet, Robert G. *A History of the Baptists. Third Edition*. Valley Forge, Pennsylvania: Judson Press, 1963; 허긴 역, 「침례교회사」. 대전: 침례신학대학출판부, 1994.

Turner, J. Clyde, *The New Testament Doctrine of the Church*. Nashville, Tennessee: Broadman Press, 1951.

Vedder, Henry C. *A Short History of Baptists*. Philadelphia: The Judson Press, 1907,

Vogel, Heinrich, *Das Wott und die Sakramente*. Munich: Christian Kaiser Verlag, 1936,

Walker, Williston *A. HISTORY OF THE CHRISTIAN CHURCH. 4th edition*. Edingburgh: T. & T. Clark Ltd., 1986; 송인설 역, 「기독교회사」. 서울: 크리스챤 다이제스트, 2001.

Wendt, Harry, *Crossways*. Indianapolis, Indiana: Shekinah Foundation Inc., 1986. 한국어, 「크로스웨이 성경연구」. 서울: 신망애출판사, 1986.

White, James F., *Documents of Christian Worship*. Louisville, Kentucky: Westminster/John Knox Press, 1992).

White, R. E. O. *The Biblical Doctrine of Initiation*. Wm., B. Eerdmans Publishing Company, 1960.

Wiley, H. Orton and Culbertson, Paul T., *Introduction to Christian Theology*. Kansas City, Missouri: Beacon Hill Press, 1946); 전성용 역, 「웨슬리안 조직신학」. 서울: 도서출판 세복, 2002.

Wilkinson, Bruce and Boa, Kenneth, *Talk Thru The Bible*. Nashville: Thomas Nelson Publishers, 1983.

강병도 편, 「교회사 대사전 II」. 서울: 기독교지혜사, 1994.

김의환 저, 「기독교회사」. 서울: 성광문화사, 1991.

서호승 저, 「하늘나라를 향한 순례」. (성공회 입문). 대한성공회 출판부, 2001.

성결교회와 역사연구소 편, 「유아세례 다시보기」. 서울: 도서출판 바울서신, 2004.

리진호 저, 「한국성서백년사 I」. 서울: 대한기독교서회, 1996.

박형룡 저, 「敎義神學/敎會論」. 서울: 改革主義信行協會, 2002.

이상훈 저, 「성령은 과연 불인가?」, 도서출판 진흥, 2004.

이인한 저, 「오순절과 성령세례」. 서울: 은혜출판사, 1979.

전성용, 「세례론: 칼 바르트의 성령론적 세례론」. 서울: 한들출판사, 1999.

정수영 저,「신학의 역사」. 대전: 도서출판 명희, 2002.

정철범 저,「성공회 입문」. 서울: 성베다니교회 출판부, 1989.

침례교신학연구소 편,「한국 침례교와 신앙의 특성」. 대전: 침례신학대학교, 2000.

허긴 저,「한국침례교회사」. 대전: 침례신학대학교출판부, 1999.

현용수 저,「IQ는 아버지, EQ는 어머니 몫이다」. 서울: 조선일보사, 2000.

백과사전과 사전(Encyclopedias and Dictionaries)

Cox, Norman Wate. ed. *Encyclopedia of Southern Baptists. Vol. II.*, Nashville: Broadman Press, 1958.

Douglas, James Dixon, ed. *The New International Dictionary of the Christian Church.* Grand Rapids: Zondervan Publishing House, 1979.

Jackson, Samuel Macauley, ed. *The New Schaff-Herzog Encyclopedia of Religious Knowledge.* Grand Rapids, Michigan: Baker Book House, 1950.

Kittel, Gerhard, ed. *Theological Dictionary of the New Testament.* Vol. III. Grand Rapids: Eerdmans, 1965.

Meagher, Paul Kevin and Thomas C. O'Brien, ed. *Encyclopedic Dictionary of Religion.* Washington, D.C.: Corpus publication, 1979.

Moulton, W. S. and Geden, A. S., *A Concordance to the Greek Testament*. Edinburg: T. & T. Clark LTD, 1986.

Packer, J. I. (ed.) *New Dictionary of Theology*. Inter-Varsity Press, 1988; 정영철 편, 「아가페 신학사전」, 서울: ㈜아가페출판사, 2001.

Thayer, Joseph Henry. *Greek-English Lexicon of the New Testament*. Grand Rapids: Zondervan, 1967.

Webster's Encyclopedic Unabridged Dictionary of the English Language. New York: Gramercy Books, 1989.

Young, Robert, *Analytical Concordance of the Bible*, Twenty-second American Edition Revised. Wm. B. Stevenson. New York: Funk and Wagnalls Company, n. d.

기독지혜사, 「교회사 대사전 I-Ⅲ」. 서울: 기독지혜사, 1994.

朴環 編, 「聖書 헬라어 辭典」. 서울: 대한기독교서회, 1969.